## Zu diesem Buch

Seit zwanzig Jahren beraten «Fünf Weise» die Wirtschaftspolitik der Bundesregierungen: Die Zahl der Arbeitslosen nimmt stetig zu, die Beschädigungen der Natur und die sozialen Folgen von Fehlentwicklungen der Industriegesellschaft ebenfalls – dem Sachverständigenrat ist es gelungen, all diese Folgen verfehlter Wirtschaftspolitik aus seinen Ratschlägen herauszuhalten. Die «Fünf Weisen» sind von einem Instrument zur wissenschaftlichen Hilfe für wirtschaftliche Entwicklungen zu einer Institution der Rechtfertigung rechtskonservativer Wirtschaftspolitik geworden.

«Die Zahl der Arbeitslosen bewegt sich auf drei Millionen zu. Unabhängig vom stotternden Motor wirtschaftliches Wachstum vollzieht sich eine umfassende Arbeitsplatzvernichtung. Für die neunziger Jahre prophezeien die Prognostiker selbst bei vergleichsweise hohen und nicht erstrebenswerten Wachstumsraten einen Anstieg der Arbeitslosigkeit auf ca. fünf Millionen.

Das Angebot an Arbeitsplätzen wird rationiert wie die lebensnotwendigen Nahrungsmittel im Nachkriegsdeutschland. Mit dieser perversen Arbeitszeitverkürzung auf Null, die den Umstieg in das Heer der Sozialeinkommensempfänger erzwingt, aber auch Lebenszusammenhänge zerschlägt, wächst die ökonomische, soziale und psychische Not bei den bereits Betroffenen und akut Bedrohten.»

Die zwölf Autoren dieses Bandes untersuchen Interessenlagen, die Wirtschaftstheorie und die Politik dieses Gremiums. Sie möchten damit den Anstoß geben zu einer grundsätzlichen volkswirtschaftlichen Diskussion, um beides, das wirtschaftspolitische Denken und Handeln, aus ihrer gefährlichen Sackgasse herauszuholen. Wo Reaganomics und Thatcherismus das Wirtschaftsdenken und -handeln des Westens bestimmen, müssen Alternativen die vielen als abgeblockt erscheinende Zukunft wieder aufbrechen.

Neben einem Porträt der derzeit amtierenden Ratsmitglieder bietet der Band aber nicht nur wirtschaftspolitische Überlegungen, sondern auch sehr handfeste Kritik an der öffentlichen Heiligsprechung der «Fünf Weisen», entlarvt die Magie des Sachverstandes, die häufig herhalten mußte, um Marktideologie auch dort durchzusetzen, wo der Markt längst versagt hat.

Rudolf Hickel / Harald Mattfeldt (Hg.)

# Millionen Arbeitslose!

## Streitschrift gegen den Rat der Fünf Weisen

## Eine Bilanz nach zwanzig Jahren

rororo

Rowohlt

rororo aktuell – Herausgegeben von Freimut Duve

Originalausgabe

Veröffentlicht im Rowohlt Taschenbuch Verlag GmbH,
Reinbek bei Hamburg, November 1983

Umschlagentwurf: Werner Rebhuhn (Foto: dpa)
Satz Times (Linotron 404)
Gesamtherstellung Clausen & Bosse, Leck
Printed in Germany
1080-ISBN 3 499 15338 6

# Inhalt

# Epilog ... statt eines Prologs

*Rudolf Hickel/Harald Mattfeldt*

«Unsicherheit darüber, auf welchen Ursachen Fehlentwicklungen beruhen und wie diese beseitigt werden können, kann jedoch kein Argument sein, eine bestimmte Strategie nicht in Betracht zu ziehen. Sicheres Wissen gibt es nicht» (Jahresgutachten 1978, Ziff. 287).

«Wir wissen, daß es auch anders kommen kann. Und in diesem Jahr spricht vieles dafür, daß das, was tatsächlich geschieht, eher besser als schlechter sein wird als jene Entwicklung, die wir für am wahrscheinlichsten halten. Aber das ist zu ungewiß» (Jahresgutachten 1977, Ziff. 339).

## 1. Die «Fünf Weisen» in der Krise

Die Zahl der Arbeitslosen, rechnet man zu den auf den Arbeitsämtern registrierten die, die die aussichtslose Suche nach einem Arbeitsplatz abgebrochen haben, hinzu, bewegt sich zum Ende dieses Jahres bei weit über drei Millionen. Vergleichsweise unabhängig vom stotternden Motor wirtschaftlichen Wachstums vollzieht sich eine umfassende Arbeitsplatzvernichtung. Für die neunziger Jahre prophezeien die Prognostiker selbst bei vergleichsweise hohen und nicht erstrebenswerten Wachstumsraten einen Anstieg der Arbeitslosigkeit auf ca. fünf Millionen.

Das Angebot an Arbeitsplätzen wird rationiert wie die lebensnotwendigen Nahrungsmittel im Nachkriegsdeutschland. Mit dieser perversen Arbeitszeitverkürzung auf Null, die den Umstieg in das Heer der Sozialeinkommensempfänger erzwingt, aber auch Lebenszusammenhänge zerschlägt, wächst die ökonomische, soziale und psychische Not bei den bereits Betroffenen und akut Bedrohten. Angst macht sich breit. Und genau diese Not und Angst wird von der Wirtschaft zur Disziplinierung der Beschäftigten sowie zur Durchsetzung verschlechterter Arbeits- und Entlohnungsbedingungen genutzt.

Was der «stumme Zwang der Verhältnisse» an Anpassungsbereitschaft bei den von der Gewinnwirtschaft Abhängigen nicht bewirkt, das übernimmt die erzkonservative Wirtschafts- und Sozialpolitik, die überall Schuldige an der Krise sucht, nur nicht im Machtzentrum der Wirtschaft selbst. Dieser Politik geraten die Opfer der Krise zu den Verursachern. Reform- und Gewerkschaftspolitik, auf den Schutz der Abhängigen ausgerichtet, gelten den radikalen Marktpropheten als die Schurken gegenüber einer heilen, aber sensiblen Unternehmenswirtschaft.

Die Instrumente dieser Politik im Dienste der Wirtschaft sind sattsam bekannt: Sozialabbau zur Finanzierung der Gewinnwirtschaft sowie Abbau politischer Schutzrechte und Zurückdrängung von Tarif- und Mitbestimmungsrechten. Diese Sanierungsstrategie, die die *Reichen noch reicher machen* will, läßt sich mit dem Roßäpfeltheorem, das J. K. Galbraith zur bissigen Beschreibung der Wirtschaftspolitik à la Reagan in den USA angeboten hat, zusammenfassen: Werden die Pferde mit bestem Hafer gefüttert, dann bleibt am Ende auch etwas für die Spatzen übrig. Hinzuzufügen wäre, daß die Spatzen die Felder bestellen, den Hafer ernten und die Pferde füttern müssen, bevor sie über die Roßäpfel am Ertrag ihrer Arbeit beteiligt werden.

Die praktischen Erfahrungen mit dieser kapitalismusradikalen Roßkur, die den Teufel mit dem Beelzebub auszutreiben versucht, in den USA, in Großbritannien, aber auch der Bundesrepublik zeigen: Diese Therapierung der Krise durch das Nadelöhr der Gewinnwirtschaft vertieft die Arbeitslosigkeit, verschlechtert die ökonomische Versorgungslage, *zersetzt die soziale Infrastruktur, polarisiert die Gesellschaft* über das ohnehin vorhandene Ausmaß hinaus, *steigert die Umweltzerstörung* und läßt die *öffentlichen Haushaltsdefizite ansteigen*.

Derartige, gegen die Mehrheit der Bevölkerung gerichtete Katastrophenpolitik bedarf der wissenschaftlichen Rechtfertigung bzw. Absicherung. Dazu steht in der Bundesrepublik ein «Sachverständigenrat zur Begutachtung der gesamtwirtschaftlichen Entwicklung» (SVR) zur Verfügung. Am 14. August 1963 wurde dieser Areopag wissenschaftlichen Sachverstands per Bundesgesetz eingerichtet. Im November dieses Jahres legt dieser Rat mit fünf Wirtschaftswissenschaftlern sein zwanzigstes Jahresgutachten vor.

Rückblickend besehen war die Gründung mit guten Absichten verbunden. Die ersten Gutachten bis 1968 trugen schließlich auch dazu bei, den Staat als Garant wirtschaftlicher und sozialer Entwicklung zu nutzen. Im Zusammenspiel von Wirtschaft, Staat, Notenbank und Gewerkschaften – in der «konzertierten Aktion» also –

sollten die Krisentendenzen minimiert werden. Wie naiv diese Auffassung auch immer gewesen sein mag, sie widerspricht dem Glauben an die totale Selbstheilungsfähigkeit kapitalistischer Wirtschaften.

Mit der sich seit Anfang der siebziger Jahre ausspreizenden Wirtschaftskrise sollte sich diese Grundauffassung gehörig verändern. Den Kurswechsel leitet der SVR 1972/73 ein. Die beschäftigungs- und sozialpolitische Verantwortung des Staates wird zugunsten einer stetigen Geldpolitik (Monetarismus), die die Ansprüche des Reformstaats und der Gewerkschaften einzuzäunen hat, abgebaut. Krise und Arbeitslosigkeit als Instrumente der Durchsetzung von Unternehmensansprüchen sind damit etabliert. Nach einem atemberaubenden Loblied auf die Leistungsfähigkeit der Marktwirtschaft unter der wohl nur rhetorisch gemeinten Frage «Krise der Marktwirtschaft?» 1975 wird 1976 endgültig die Wende zu einer Angebotspolitik, d. h. einer ausschließlichen Politik privatwirtschaftlicher Gewinnpflege vollzogen. 1982 schließlich wird die «Reinigungsfunktion der Krise», die also auf die Arbeitslosigkeit als Instrument der Disziplinierung setzt, angedeutet.

Dieser Positionswechsel läßt sich jedoch nur um den Preis interner Differenzierung bei den «Fünf Weisen» durchsetzen. Einer nach außen festgeschmiedeten Vierer-Mehrheit steht ein Vertreter gewerkschaftsnahen Sachverstands gegenüber. Die Mehrheitsmeinung muß sich seit diesem Rückfall in die kapitalistische Harmonielehre des letzten Jahrhunderts ein Minderheitsvotum jeweils gefallen lassen.

Mit diesem Rückschritt von der sozialen zur entfesselten Marktwirtschaft wird der Mehrheitsrat frühzeitig zum *Urheber der Stichworte für die politische Wende*: Sozialdemontage, Absenkung der Lohnzuwächse, Umverteilung des Steuersystems zugunsten der Wirtschaft, Abbau von Schutzrechten (Mieter-, Jugendarbeitsschutz etwa).

Der verbissene Kampf für marktwirtschaftliche Positionen richtet sich gegen den Reformstaat, die Gewerkschaften und Bürgerinitiativen, die alle auf die kapitalistischen Spielregeln eingeschworen werden sollen.

Arbeitszeitverkürzung bei Lohnausgleich, aktive Beschäftigungspolitik, soziale Sicherung und ökologische Zukunftsvorsorge geraten zu den Feindbegriffen, ganz wie es der *Tabu-Katalog* der Unternehmensverbände vorzeichnet.

Diese Eingrenzung wirtschaftlichen Sachverstands auf eine äußerst eng definierte «marktwirtschaftliche Grundordnung» hat ihren Preis:

*Besserwisserei, Trugschlüsse, Leerformeln, Immunisierungen und Tabuisierung* lassen sich durch den Dauerschwur auf die Selbstheilungskräfte des Marktes wider die Krisenerfahrungen kaum vermeiden.

Dazu nur eines aus den vielen Beispielen. Behauptet wird, daß zu hohe Löhne zu Arbeitslosigkeit führen würden und deshalb das «vollbeschäftigungskonforme Lohnniveau» gefunden werden müsse. Wie macht aber der Mehrheits-SVR diese Behauptung wasserdicht? Das Argumentationsmuster kennt die folgenden Stufen (vgl. etwa das Jahresgutachten von 1978, Ziff. 286ff):

1. Die Löhne sind zu hoch, es besteht deshalb ein Korrekturbedarf.

2. Wie hoch aber der Korrekturbedarf ist, dazu wird angemerkt: «Eine wissenschaftliche Methode, mit der festgestellt werden könnte, wie hoch das vollbeschäftigungskonforme Lohnniveau ist, gibt es nicht.»

3. Deshalb bleibt es Aufgabe der «Tarifparteien, das zur Vollbeschäftigung passende Lohnniveau im Rahmen der Tarifautonomie herausfinden» zu müssen.

4. Woher aber weiß der SVR, wenn dies nicht Aufgabe der Wissenschaft sein kann, daß die Löhne zu hoch sind und weshalb diese korrigiert werden müssen?: «Es gibt gewichtige Anhaltspunkte dafür, daß die gegenwärtige Arbeitslosigkeit nicht zuletzt, wenn auch nicht ausschließlich, mit Störungen auf dem Arbeitsmarkt zu tun hat, weil sich bestimmte Probleme als Probleme eines zu hohen Lohnniveaus darstellen. Die realen Lohnkosten, etwa gemessen an der Reallohnposition der Arbeitnehmer, haben ein Niveau, das weit höher ist als in all den Jahren, in denen Vollbeschäftigung geherrscht hat.» Das ist kein Beweis, sondern eine Tautologie, denn alle wichtigen Einflußfaktoren auf die Arbeitslosigkeit werden nicht untersucht (technischer Fortschritt, Weltmarkt, private und staatliche Nachfrage, veränderte Gewinnverwendung). Die Empfehlungen zur Lohnpolitik basieren auf der Tautologie:

*Weil die Löhne zu hoch sind, existiert Arbeitslosigkeit, weil Arbeitslosigkeit herrscht, wenn die Löhne zu hoch sind!* Dieser brüchige Boden muß herhalten, wenn in jüngster Zeit empfohlen wird, die Löhne nicht mal mehr mit dem Anstieg der Arbeitsproduktivität wachsen zu lassen, um den Gewinnanteil am Volkseinkommen zu steigern. Andere Aussagen – etwa zum Verhältnis von Konjunktur- und Angebotspolitik – gleichen der Weissagung des Lyderkönigs Kroisos, der da prophezeite: Wenn ich den Halys-Grenzfluß gen Persien überschreite, dann werde ich ein großes Reich zerstören. Er überschritt den Grenzfluß, und sein Reich ward vernichtet. Derartige Aussagen, die Sieg und Niederlage zulassen, gehören in das «Sachverständigen»-Reich der Leerformeln.

Dieser Sachverständigenrat ist wissenschaftlich, politisch, ökonomisch und finanziell ein Ärgernis, wie die Kritik belegt.

Wissenschaftlich, weil affirmativ und widersprüchig; politisch, weil im Gewande von Objektivität konservative Wirtschaftspolitik verstärkt wird und Reformabweichungen gegeißelt werden; ökonomisch, weil die Politik des sozialen Opfergangs die Arbeitslosigkeit erhöht und Strukturprobleme schafft; und finanziell, weil dieser Rat mit Steuergeldern finanziert wird. Um beim letzten Hinweis zu bleiben: Ein Ratsmitglied erhält zu seinem stattlichen Professorengehalt in diesem Jahr neben Spesen zusätzlich 47025 DM. Die Steuern zahlenden abhängig Beschäftigten finanzieren zum einen überproportional diesen Rat. Daß der Anteil der Lohnsteuern am gesamten Steueraufkommen gestiegen ist, bleibt letztlich Resultat einer auch vom SVR empfohlenen Steuerpolitik zugunsten der Wirtschaft. Zum anderen aber sind die Lohnsteuerzahler die von der Mehrheitsfraktion entdeckten Lastträger der wirtschaftlichen Krisenkosten. Daraus den Schluß ziehen zu wollen, steuerlich finanzierter Sachverstand sei unzulässig, ist zweifellos vorschnell. Worum es geht, ist die Verankerung unterschiedlicher Interessen im Prozeß wissenschaftlicher Diskussion. Mit seinem 4:1-Proporz muß der heutige SVR diese Zusammenhänge bereits eingestehen, nur daß dieser Proporz der Interessenlage nicht entspricht.

Dieser Olymp der *Verdolmetschung von Unternehmerinteressen* ist ob seiner Wirkung auf die Öffentlichkeit und das Alltagsbewußtsein der Kritik zu unterziehen. Die hier präsentierten Beiträge aus der Politik, den Gewerkschaften sowie der Wirtschafts-, Rechts- und Umweltwissenschaft belegen die resümierende Feststellung: *Der SVR ist in seiner Mehrheit eine Instanz der Problemverschärfung, soweit seinem Ratschlag gefolgt wird.*

## 2. Prognose: Die «Roaring Twenties» der Marktwirtschaft beginnen – Das SVR-Gutachten des Jahres 2000 in Kurzform

Kaum besser kann die Kritik der zwanzigjährigen Beratungspraxis zusammengefaßt werden als mit der bangen Frage, deren Beantwortung den hier bereits vorweggenommenen Epilog auf die Kritik an diesem SVR nach dem Jahr 2000 liefert:

Was wird das Orakel von Wiesbaden im 37. Jahresgutachten das, so die Strukturen bleiben wie sie sind, Ende November des Jahres 2000 vorgelegt wird, weissagen?

Die Prognose ist vergleichsweise einfach, behält der Rat seine Aussagerobustheit gegenüber anhaltender Krisenrealität bzw., in seiner Mehrheitsfraktion, seinen unerschütterlichen Glauben an die Gegenwart und Zukunft der kapitalistischen Marktwirtschaft bei. Die Fortschreibung der marktorthodoxen Beratungsfloskeln, die sich vor allem in den siebziger Jahren verfestigt haben, gibt hier eindeutig Anhaltspunkte für das «sachverständige» Beratungsszenario gegen Ende dieses und zu Beginn des nächsten Jahrtausends. Die in diesem Band zusammengetragene Kritik zeigt bei allen Abweichungen im einzelnen, daß der in Praxis umgesetzte Kurs dieses Professorenrats die Arbeitslosigkeit weiter erhöht, die Wachstumskrise vertieft und die Umweltqualität verschlechtert. Die technologische Entwicklung wird, wenn in den Bahnen traditioneller ökonomischer und politischer Steuerung weiter agiert wird, dazu führen, daß mit immer weniger menschlicher Arbeit mehr produziert wird. Die Arbeitslosigkeit nimmt, trotz demographischer Entlastungen, zu. Bleibt es bei der Tabuisierung der Arbeitszeitverkürzung in massivem Ausmaß sowie dem Nichtvollzug einer Umverteilung der Produktivitätsgewinne zugunsten der abhängig Beschäftigten in und außerhalb der Erwerbswirtschaft, dann wird sich zwangsläufig die Wachstums- und Versorgungskrise vertiefen. Staatliche Spar- und Umverteilungspolitik im deklarierten Dienst der Gewinnwirtschaft führt zu einer ökonomisch-sozialen Entwicklung weit unterhalb des technisch und sozial möglichen Entwicklungspfades. Die Verelendung, die ökonomische, soziale und politische Marginalisierung großer Teile der Bevölkerung wäre das Ergebnis. Der Verzicht auf planvolle Struktur- und Regionalpolitik zur Sicherung einer ökologisch verträglichen Energieversorgung sowie Umwelt führt zu empfindlichen Belastungen.

Was aber verkündet nun der Rat auf seiner Pressekonferenz Ende November des Jahres 2000 im unerschütterlichen Glauben seiner Mehrheit an das kapitalistische System als der besten aller ökonomischen Welten und seiner Selbstheilungskräfte, auch und gerade im Angesicht der ungeheuren Probleme im Bereich von Arbeitsmarkt und Umwelt? Der Mehrheitsmeinung steht einsam ein Minderheitsvotum gegenüber. Während der Gewerkschaftsnahe auf einen Interessenausgleich bei der Krisenbekämpfung drängt, fordert die Mehrheitsfraktion mit ihrem eiskalten «Unabhängigkeits-Zynismus» eine Intensivierung jener Politik, die die bereits beschriebenen Resultate zustande gebracht hat. Auch im 37. Jahresgutachten bleibt es bei der Immunisierungsklausel: Arbeitslosigkeit sowie die Wachstums- und

Umweltkrise sind Ausdruck einer noch zuwenig konsequent betriebenen Politik kapitalistischer Sanierung.

Auf der Pressekonferenz werden die folgenden Eckwerte der Mehrheitsmeinung mitgeteilt:

– Weil die Arbeitslosigkeit wieder gestiegen ist und dieses Indiz für zu hohe Löhne ist, wird ein weiterer Abbau der Reallöhne und der Lohnnebenkosten verlangt. Obwohl die Reallöhne endlich das Niveau der fünfziger Jahre erreicht haben, hält der Rat diesen fortgesetzten Lohnabbau für unvermeidbar. Der unbestreitbare Kaufkraftausfall soll durch die Realaufwertung der konsumtiven Nachfrage derjenigen Beschäftigten, die als leitende Angestellte höhere Einkommen beziehen, kompensiert werden. Die potentielle Steigerung ihrer konsumtiven Nachfrage wird durch erhebliche Steuersenkungen für diese Einkommensgruppe erreicht.

– In den sechs Millionen amtlichen Arbeitslosen (die wirkliche Zahl dürfte weit höher liegen) sieht der Rat erneut einen Beweis mangelnder Leistungsbereitschaft. Um die Arbeitsbereitschaft zu erhöhen, werden die Essenzuweisungen, die ab 1990 das System monetärer Leistungen (Arbeitslosenversicherung) abgelöst haben, quantitativ und qualitativ gekürzt. Außerdem wird der Umfang der zu erbringenden «freiwilligen Arbeitsleistungen», die die Erwerbslosen zu erfüllen haben, damit die Essen- und Quartierzuweisungen für diese Gruppe überhaupt erfolgen, weiter heraufgesetzt. Eine entsprechende Änderung des im Jahre 1988 (ein Jahr nach der Bundestagswahl) erlassenen «Gesetzes zur Privatisierung der Arbeitsvermittlung» wird in «Alternative II» des Gutachtens durchgerechnet.

– Die Altersversorgung und die Gesundheitsvorsorge, die 1992, zusammen mit den Krankenhäusern und der Müllentsorgung, privatisiert wurden, hat die Inanspruchnahme von Sozialhilfe, wie vom SVR vorhergesagt, nicht erhöht. Das ist darauf zurückzuführen, daß ja nicht nur die Eltern und direkten Nachkömmlinge (Kinder), sondern inzwischen auch die Großeltern und Enkel in die «solidarische Familienhaftung» im Sozialhilfefall einbezogen wurden («Geißler-Albrecht-Gesetz»).

– Die Einsparungen im Sozialsystem bei gleichzeitiger Anhebung der Mehrwertsteuer auf 25 % werden zum Abbau der steuerlichen Belastung der Wirtschaft genutzt. Eine «Schonzeit für die Wirtschaft» sieht den Verzicht auf Steuern für Unternehmergewinne und auf Vermögen bis zum Jahre 2010 (Alternativrechnung IV des neuen Gutachtens) vor. Der Rat sieht in diesem Vorschlag das entscheidende Element des von ihm erneut propagierten «Beschäftigungspolitischen Paktes» als Teil seiner langfristigen Verstetigungsstrategie.

– Um der privaten Wirtschaft Investitionsfelder öffentlich zu sichern, wird, in Verlängerung des Main-Donau-Kanals, die Schiffbarmachung der Zugspitze (240 Staustufen) vorgeschlagen. Nicht nur für die Bauindustrie liegen hier zusätzliche Möglichkeiten der Kapazitätsauslastung, sondern so läßt sich die inzwischen fast völlig abgebaute Produktionskapazität der Werften neu aufbauen. Der Bau von Spezialschiffen zum Transport der Ski-Touristen sowie der notwendigen Spezialeisbrecher ist eine der Ideen, die der Rat hier vorausschauend beisteuert. Die Neuverkabelung der Bundesrepublik zum Empfang von 30 Schulfernsehprogrammen zur weiteren Einsparung von Lehrern (Senkung konsumtiver Staatsausgaben) sowie zur Einführung der «zweiten Generation» der Straßen- und Wohnungsüberwachungssysteme (vgl. sog. «Orwell-Gesetz» von 1984), sei notwendig. Der Rat wendet sich dabei entschieden gegen die politische Berücksichtigung von Bürgereinsprüchen. Um hier einen Investitionsstau zu vermeiden, empfiehlt er dem Bundeskanzler sowie dem Minister der zusammengefaßten Ressorts Innen, Verteidigung und Wirtschaft weiterhin «Mut zur autoritären Hand».

– Die Arbeitszeitverlängerung bei gleichem Lohn wird erneut befürwortet, insbesondere für Auszubildende. Der Rat wiederholt zur Begründung die damit erreichbare steigende Wettbewerbsfähigkeit der deutschen Wirtschaft vor allem gegenüber den Niedriglohnländern der Packeisregion. Die Mehrheit im Rat setzt dabei auf die Chance zurückgehender Ansprüche der durch das neue Verbändegesetz auf das Gemeinwohl festgelegten und auch sonst eingeschränkten Gewerkschaften. Durch eine weitere Einschränkung der Tarifautonomie, ein Streikverbot als gemeinwohlschädigend und durch das Verbot der Erhebung von Gewerkschaftsbeiträgen will der Rat gesichert wissen, daß der «Reinigungscharakter der Arbeitsmarktkrise» auch voll wirksam wird.

– Gegenüber der rückläufigen Binnennachfrage fordert der Rat – neben den oben genannten Maßnahmen – eine auch politisch gestützte Exportoffensive, die sich auf die inzwischen dicht besiedelten Regionen der Antarktis und vor allem die zukunftsträchtigen Märkte der neuen Kolonien auf dem Mars und der Venus konzentrieren sollte.

– Der vorangeschrittenen Umweltkatastrophe setzt der SVR seine marktwirtschaftliche Lösung entgegen: Die letzten Einheiten sauberer Umwelt werden über Umweltzertifikate verteilt. Wer diese exorbitant teuren Zertifikate an der Umweltbörse erwirbt, erhält das Recht zur Umweltverschmutzung. Mit den Einnahmen aus diesen Zertifikaten wird die Erweiterung der mit künstlichem Sauerstoff angereicherten und mit natürlicher Flora und Fauna ausgestatteten Wandelhallen subventioniert, die von der «Umwelt AG», einer Tochterfirma der privatisierten Energieversorgungsunternehmen und der Chemieindustrie, betrieben werden und die im Jahre 1999 eine Rendite von 27 % abgeworfen hat, ein Erfolg des neuen Vertriebssystems der «Wandel-Abonnements» dieser Unternehmung.

– usw., usw., usw.

# «Sachverstand»: Von wem, für wen?

ODER

# Die Vorsänger der Wende

> «Der Rat der Weisen sang schon immer im Chor der wirtschaftspolitischen Analytiker, Meinungsmacher und Importeure amerikanischer Rezepte. Manchmal vielleicht auch als Vorsänger. Komponist war er nie.»

*Rudolf Hickel / Harald Mattfeldt*

# 20 Jahre Sachverständigenrat – der teure Rat der Ratlosen?

## *I. Die Krise als «Mutter» sozialwissenschaftlicher Erkenntnis*

Im November 1983 wird der Sachverständigenrat zur Begutachtung der gesamtwirtschaftlichen Entwicklung (SVR) sein zwanzigstes Jahresgutachten vorlegen. Es ist nicht schwer zu prognostizieren, welche wesentlichen Inhalte auch dieses Gutachten wieder enthalten wird. Für diese Vorhersage ist es lediglich notwendig, zumindest für die Mehrheitsfraktion des Rates gilt dies, den von seiner Gründung an und insbesondere in den letzten zehn Jahren ungebrochenen Trend zu verlängern. Der Markt mit seinen Selbstheilungskräften wird weiterhin als Allheilmittel zur Beseitigung der wirtschaftlichen Probleme der Bundesrepublik propagiert werden, und das auch völlig unabhängig von der realen Entwicklung der Marktwirtschaft in unserem Land, vor allem von der ständig weiter zunehmenden Massenarbeitslosigkeit und den sich anbahnenden Umweltkatastrophen. Diese Linie hat der SVR prinzipiell niemals in seiner zwanzigjährigen Geschichte verlassen. Auch das kleine Intermezzo im Vorfeld und im Anschluß an die 1966/67-Krise war lediglich ein notwendiges Ausweichmanöver (gegenüber der unwirksamen Maßhalteappellpolitik Erhards) auf der sonst schnurgeraden Spur der «marktwirtschaftlichen Ordnung» des SVR. Deshalb ist für den SVR auch in keiner Weise eine «Wende» oder «geistige Erneuerung» im Sinne der Regierungserklärungen des Bundeskanzlers der CDU/CSU/F.D.P.-Koalition von Oktober 1982 und Mai 1983 erforderlich. Der SVR bewegte sich schon immer auf der nun auch durch die neue Regierung verstärkten Bepflasterung der Straße des rückwärts marschierenden konservativen Blocks, der eine breiter werdende Spur von Reformleichen hinterläßt. Der SVR kann mit seiner Mehrheitsfraktion nahtlos in diesen Block eingereiht werden, gehörte er doch in der Vergangenheit mit dieser Fraktion zur Avantgarde dieses Blocks, der ihn nun eingeholt hat.

Wenn in einer Untersuchung über den SVR steht, daß es das «gute» Recht des SVR sei, immer dieselbe Melodie zu singen, so ist dem grundgesetzlich zuzustimmen. Dies gilt aber ebenfalls für die Feststellung, daß «im Rahmen der marktwirtschaftlichen Ordnung» auch andere Töne möglich seien, der Rat sie aber kaum erprobt habe. Die Behauptung aber, daß die Adressaten – die wirtschaftspolitischen Instanzen und die Öffentlichkeit – den SVR vom Podest geholt hätten und er deshalb nicht mehr die Melodie bestimme, kann in dieser Allgemeinheit nicht akzeptiert werden.[1] Der Rat der Weisen sang schon immer mit im Chor der wirtschaftspolitischen Analytiker, Meinungsmacher und Importeure amerikanischen Rezepte, manchmal vielleicht auch als Vorsänger. *Komponist aber war er nie.* Die Melodie war ihm von der eingeschränkten Notenskala der Marktrationalität vorgegeben, die im Rahmen seines gesetzlichen Auftrages mögliche Bedienung der viel umfangreicheren Tastatur der Problemrationalität ist nicht geschehen. Dies ist Ausdruck dafür, daß in einer privatwirtschaftlichen Ordnung generell asymmetrische Auswahlkriterien für Problemlösungen bestehen, die einseitig die Kapitalbesitzer bevorzugen.

Mag bei den alten Griechen noch der Krieg der Vater aller Dinge gewesen sein, so gilt dies für kapitalistische Marktwirtschaften nicht mehr. Für Gesellschaften mit dieser Wirtschaftsordnung ist die ständig wiederkehrende Wirtschaftskrise die Mutter aller Dinge geworden (*einschließlich* des Krieges und seiner rüstungsmäßigen Vorbereitung). Deshalb ist die Wirtschaftskrise auch das beste «Hilfsmittel» für den Sozialwissenschaftler, insbesondere auch für den Wirtschaftswissenschaftler, um die herrschenden Gesetzmäßigkeiten in Gesellschaften mit marktwirtschaftlichen Ordnungen zu studieren und aufgestellte Hypothesen zu überprüfen. Die Krise selbst gehört zu diesen Gesetzmäßigkeiten, wie wir in der Bundesrepublik spätestens seit Mitte der 1960er Jahre wieder erfahren. Ökonomische Prozesse und politische Entwicklungen sowie ihr Zusammenspiel lassen sich also gut in Krisenzeiten untersuchen. Dies gilt damit auch für die Analyse des Sachverständigenrats, d. h. für die Einschätzung seiner Funktion und seiner Bedeutung für das ökonomische und politische System der BRD. Die schon länger anhaltende Wirtschaftskrise in der Bundesrepublik mußte daher den Blick für die Theorie und Praxis, die Diagnose und Therapie des SVR schärfen. Nicht zufällig sind deshalb in den siebziger Jahren verschiedene Analysen über den SVR veröffentlicht worden, die sich kritisch mit diesem Wissenschaftlergremium und seinen Untersuchungsergebnissen und wirtschaftspolitischen Vorstellungen auseinandergesetzt haben.

Die Gründung des SVR wurde von allen Parteien und «sozialen Gruppen» begrüßt. Gerade die Gewerkschaften erhofften sich von einem der wissenschaftlichen Aufklärung verpflichteten «neutralen» Wissenschaftlergremium Anstöße für eine rationalere, d. h. problemadäquatere Wirtschaftspolitik als während des neoliberalen Meinungsmonopols in der Erhard-Ära. Gerade Anfang der 1960er Jahre lief ja die Diskussion, auch im Zusammenhang mit der «Bildungskatastrophe», um die Notwendigkeit einer stärkeren gesamtgesellschaftlichen Planung und Steuerung an. Ein Sachverständigenrat zur Beurteilung der gesamtwirtschaftlichen Entwicklung konnte hier Potenzen im wirtschaftspolitischen Sinne entwickeln, deren Realisierung eine geringere Krisenanfälligkeit zur Folge gehabt hätte und so den Arbeitnehmern zugute gekommen wäre. Gerade die Erfahrungen der Gewerkschaften mit Diagnose und Therapie des SVR spätestens seit Anfang der siebziger Jahre haben ihnen diese Illusionen genommen. Den Arbeitnehmern nahestehende Positionen, vertreten durch das SVR-Mitglied, das von den Gewerkschaften «mitbestimmt» wird, schlagen sich allerbestens in Minderheitenvoten nieder, ohne die geringste Chance, zur Mehrheitsmeinung im Rat zu werden. In den Publikationen der Gewerkschaften finden sich deshalb auch regelmäßig harte Kritiken an den Mehrheitsaussagen des SVR. Die Wirtschaftskrise hat also zu einer Krise der allgemeinen Akzeptanz und Glaubwürdigkeit des SVR als wissenschaftlichem und «neutralem» Gutachtergremium geführt. Dies ist damit auch ein «Erfolg» der Wirtschaftskrise, die gewissermaßen im Nebenprodukt als «Reinigungskrise» der SVR-Wirtschaftswissenschaft mit ihrer seit zehn Jahren einseitigen Präsentation und Interpretation der Wirtschaftskrise in der Öffentlichkeit durch den SVR fungiert. Diese aufklärerische Arbeit als Kuppelprodukt der Tätigkeit des SVR ist selbstverständlich nicht gewollt. Hat hier eine «invisible hand» wissenschaftlicher Aufrichtigkeit korrigierend eingegriffen?

## *II. Die mystisch-irrationalen Formeln oder Der Sachverständigenrat als Teil des konservativen Blocks der Bundesrepublik*

Wenn wir eingangs behauptet haben, daß der SVR Bestandteil des konservativen Blocks der Bundesrepublik ist, so muß dies erläutert werden. Dabei geht es keineswegs darum, diese Einschätzung des SVR bzw. seiner Mehrheitsfraktion allein mit den Personen zu verknüpfen, die jeweils als Sachverständige in diesem Wissenschaftlergremium arbeiten. Die Untersuchung von Personen, ihres Werdegangs, ihrer Interessenverknüpfungen usw. können ein Bestandteil von Analysen sein, reicht jedoch allein niemals aus, um eine gründliche Untersuchung gesellschaftlicher Erscheinungen abzugeben. Es läßt sich sogar umgekehrt behaupten, daß jemand, der seine Untersuchungen allein im Sinne einer personalisierenden Methode aufbaut, entweder bewußt oder unbewußt von den *system*atischen Zusammenhängen ablenkt.[2]

Um die Behauptung erläutern zu können, daß der SVR Teil des konservativen Blocks der BRD ist, benötigen wir Indikatoren für das, was wirtschaftspolitisch Konservatismus ausmacht. Ebenso wie die Betonung der Familie als Urzelle des Staates ein Indikator für konservatives Denken ist, so ist die ständige Betonung der Notwendigkeit systemkonformer Steuerung bei restriktiver Auslegung des Begriffs der «marktwirtschaftlichen Ordnung» und in dem Zusammenhang die *Überakzentuierung der Geldwertstabilität* – und nicht etwa eines hohen Beschäftigungsgrades, geschweige denn der Vollbeschäftigung als oberstes Ziel wirtschaftspolitischen Handelns – ein Indikator für eine im Prinzip konservative Wirtschafts- und darüber hinaus allgemeine Politik. In fast der Hälfte aller Gutachten, einschließlich der Sondergutachten, taucht der Begriff der Stabilität im Sinne der Geldwertstabilität und nicht eines hohen Beschäftigungsgrades im Titel auf. Konservative Wirtschafts- und allgemeine Politik heißt, daß die Beibehaltung des Wirtschafts-Systems, einer einseitig interpretierten «marktwirtschaftlichen Ordnung» ohne Berücksichtigung des sozialstaatlichen Verfassungsauftrages des Art. 20 Abs. 1 des Grundgesetzes, vor allen anderen Zielsetzungen, einschließlich der Erhaltung des demokratisch-politischen Systems, rangiert. Hierin zeigt sich auch die Vorherrschaft einer *systemrationalen*, also eng marktwirtschaftlich angelegten Beratungspraxis des SVR vor einer *problemrationalen*. Würde dagegen die Lösung wirtschaftlicher Probleme wie der laufend zunehmenden Massenarbeitslosigkeit in den Vordergrund der Beratungspraxis des SVR gerückt, was selbstverständlich mit dem Sachverständigenratsgesetz in Übereinstimmung stehen würde, so wäre dem «Primat der Problemrationalität» Rechnung getragen. Dies bedeutete keineswegs eine radikale sozialistische Systemveränderung, sondern würde lediglich zu einer adäquaten Ausweitung der bisher extrem einseitigen Interpretation der marktwirtschaftlichen Ordnung unter Anerkennung des Demokratie- und Sozialstaatlichkeitsgebots des Grundgesetzes führen. Die marktwirtschaftliche Ordnung wäre so wirtschaftspolitischen Reformen zugänglich gemacht, die vor allem auch vor dem Hintergrund der sich anbahnenden Umweltkatastrophen notwendiger denn je sind.

Der SVR hat in diesem Sinne seinen gesetzlichen Auftrag in der Zeit der lang anhaltenden Krise sehr eng ausgelegt und sich im Zweifelsfall für die Selbstheilungsdoktrin entschieden. Als es allerdings darum ging, die sehr wohl im Zeichen der Vollbeschäftigung marktgerechten Lohnforderungen der Gewerkschaften als Inflationsursache («Anspruchsinflation») zu brandmarken und einzudämmen, machte es dem SVR keinerlei Schwierigkeiten, für nichtmarktgerechte Lohnleitlinien zu plädieren bzw. mit Hilfe des von ihm vorgeschlagenen Instruments der Konzertierten Aktion zurückzudrängen. Auch wenn die Erfahrungen der Vergangenheit und in vielen Ländern, von Chile bis Großbritannien, gezeigt haben, daß die kapitalismusradikalen Sanierungsstrategien keinesfalls das beste Mittel zur Lösung bzw. Behebung von wirtschaftlichen Mängeln sind, ist der SVR in seiner Mehrheit trotzdem diesen Weg gegangen. Weil die Wirklichkeit dieser Strategie entgegensteht, fehlten dem SVR sehr häufig die Argumente zur Begründung seiner Entscheidung für den Markt. Er griff, greift und wird gewiß auch in Zukunft deshalb zu *mystischen bis irrationalen* Formulierungen greifen, wie sich an zig Beispielen aus den Gutachten nachweisen läßt und in verschiedenen Beiträgen in diesem Band auch nachgewiesen wird. Nun ist Irrationalismus und Mystizismus und der Appell daran ja ebenfalls ein typischer Bestandteil des Konservatismus, der deshalb auch in Krisenzeiten, deren Ursachen für große Teile der Bevölkerung nicht leicht zu durchschauen sind und die Angst um das Erreichte haben, leider gut ankommt.

Es ist inzwischen allgemein bekannt, daß in der Regel nicht alle wirtschaftspolitischen Zielsetzungen, wie sie im Sachverständigenratsgesetz oder, genauer, im «Gesetz über die Bildung eines Sachverständigenrats zur Begutachtung der gesamtwirtschaftlichen Entwicklung» vom 14. August 1963 (mit einer Änderung vom 8. November 1966) bzw. im «Gesetz zur Förderung der Stabilität und des Wachstums der Wirtschaft» vom 8. Juni 1967 (Stabilitätsgesetz) formuliert wurden (hoher Beschäftigungsgrad, stetiges und angemessenes Wachstum, Stabilität des Preisniveaus, außenwirtschaftliches Gleichgewicht), im Rahmen einer marktwirtschaftlichen Ordnung gleichzeitig erreichbar sind, auch wenn dies nach dem Gesetzesauftrag anzustreben ist («magisches Viereck»). Das stellt die wirtschaftspolitischen Entscheidungsträger und ihre Berater vor die Notwendigkeit, in der jeweiligen Situation Prioritäten bezüglich der aktuell anzustrebenden Zielsetzungen zu setzen. Der SVR hat sich, wie schon angeführt, häufig, neben dem Wachstumsziel, für die Geldwertstabilität (bei eng ausgelegter marktwirtschaftlicher Ordnung) als oberster Zielsetzung entschieden. Dies liegt eben nicht an der Willkür der einzelnen Wissenschaftler in diesem Gremium, sondern ergibt sich zwangsläufig aus der Funktionsweise einer eng begriffenen und definierten marktwirtschaftlichen kapitalistischen Ordnung. Mit Hilfe dieser Zielsetzung der Geldwertstabilität lassen sich prinzipiell alle

Arten wirtschaftspolitischer und sozialer Reformen zu Fall bringen, die nicht im Unternehmerinteresse liegen. Der SVR benutzt die berechtigte Angst vor der Inflation in diesem Wirtschaftssystem als «systemrationale Notbremse», mit der er im Zweifelsfall politische Reformvorhaben oder gewerkschaftliche Umverteilungs- und Beschäftigungsforderungen im Sinne einer besseren Verwirklichung des Sozialstaats- und Demokratiegebotes des Art. 20 Abs. 1 des Grundgesetzes zur marktwirtschaftlichen Ordnung rufen kann. Wer die Entstehungsgeschichte des SVR genauer studiert, wird sehr schnell feststellen, daß hier bewußt eine Art *wirtschaftspolitischer Nebenregierung* bzw. ein wirtschaftspolitischer Zensor installiert wurde, der allen Abweichungen vom «Geist» des Marktsystems entsprechende Ordnungsrufe in der Öffentlichkeit erteilen kann und dabei sogar, «im Namen der marktwirtschaftlichen Ordnung», Verfassungsgebote hintanstellt.

Es ist nicht zufällig, daß jede sog. unabhängige Zentralbank, die auf das Ziel der Geldwertstabilität verpflichtet ist, objektiv ebenfalls ein Hort konservativen Denkens und Handelns wird, was sich wiederum am besten in der Krise zeigen läßt. Da sich die Geldwertstabilität «im Rahmen der marktwirtschaftlichen Ordnung» nie über mittlere Fristen erreichen läßt – es gibt kein kapitalistisches Land, in dem dies jemals erreicht wurde –, kann also jederzeit auf diese wirtschaftspolitische Zielsetzung als Notbremse zurückgegriffen werden, um jegliche Reformbestrebungen, zumindest im ökonomischen Bereich, von vornherein zu desavouieren. Für die anderen drei Zielsetzungen des Sachverständigenratsgesetzes bzw. des Stabilitätsgesetzes ist dies nicht so leicht möglich. Viele wirtschaftspolitische Reformbestrebungen wenden sich daher gegen solche Nebenregierungen von Zentralbanken bzw. gegen die absolute Priorität des Geldwertstabilitätszieles zuungunsten der Beschäftigungszielsetzung. Das geschieht nicht, um die Inflation zu fördern (um sie zu bremsen, gibt es sehr viel wirksamere Mittel als eine restriktive Geldpolitik der Zentralbank mit ihren negativen Beschäftigungsfolgen), sondern um das ständige Abblokken wirtschaftlicher Reformen durch die objektiv gegebene *konservative Asymmetrie* von Institutionen, die vor allem die Geldwertstabilität (vordergründig) im Wappen führen, aber die Kapitalrentabilität meinen, zu verhindern.

Diese kurzen Ausführungen sollten zeigen, daß der SVR in seiner Mehrheitsfraktion durch seine restriktive Auslegung des Gesetzesauftrages und durch seine darauf aufbauende Beratungspraxis zum integralen Bestandteil des konservativen Blocks der Bundesrepublik geworden ist. Dies gilt in jedem Fall für die zweite Dekade des SVR seit 1972/73, seitdem also dieser Block versucht – vor dem Hintergrund der Krise – die Reformpolitik zu stoppen bzw. rückgängig zu machen und wieder politisch der bestimmende Faktor für die BRD zu werden, um seine einseitigen Krisensanierungsstrategien zu Lasten des ökonomisch schwächeren Teils der Bevölkerung durchziehen zu können. Dies läßt sich eben nicht allein an den Personen, die den SVR bilden, festmachen, sondern läßt sich u. a. ablesen an der einseitigen Betonung der Geldwertstabilität, einer äußerst restriktiven Interpretation des Terminus «im Rahmen der marktwirtschaftlichen Ordnung», die sehr viel enger ist, als es die Sozialstaatsbestimmungen des Grundgesetzes hinsichtlich der Wirtschaftsordnung der BRD verlangen. Die jetzt herrschende Interpretation des SVR (in seiner Mehrheitsfraktion) läuft auf die Definition dieser Ordnung als «real existierende kapitalistische Wirtschaftsordnung ohne Reformmöglichkeiten» hinaus. Auch die Interpretation der Zielsetzung in § 2 des Sachverständigenratsgesetzes, daß der SVR seine Untersuchungen unter Einbeziehung der Verteilung von Einkommen und Vermögen vornehmen soll, untermauert dies. Der SVR verstand hierunter in der Vergangenheit, auch wieder in seinen neuesten Ausführungen, lediglich die Diskussion von Modellen der Vermögensbildung in Arbeitnehmerhand im Sinne einer Beteiligung von Arbeitnehmern am Produktivvermögen der Unternehmen, die durch Lohnverzicht erreicht werden soll. Nicht zuletzt erweist sich der SVR als Teil des konservativen Blocks durch seine monetaristischen und angebotsorientierten Sanierungsstrategien gegenüber der Wirtschaftskrise, deren konservativ-unternehmerfreundliches Gedankengut unbestreitbar, auf das aber hier nicht näher einzugehen ist, da dies in den einzelnen Beiträgen noch genauer geschehen wird.

## *III. Die Bilanz des SVR – ökonomisch und politisch*

Wenn wir die Arbeit des SVR nach zwanzig Jahren bilanzieren wollen, so ist neben einer Inventur der Konzepte und Rezepte des SVR zur Erstellung einer gesamtgesellschaftlichen Bilanz für den SVR auch ein Kosten- und Ertragsvergleich für seine Tätigkeit vorzunehmen. Unter «Kosten und Erträgen» können dabei nicht allein betriebswirtschaftliche und finanzielle Posten verstanden werden, sondern in einem weiteren Sinne sind darunter auch Kosten und Erträge volkswirtschaftlicher Art, wie sie der Produktionsausfall durch Nichtauslastung der vorhandenen Kapazitäten, die Arbeitslosigkeit mit ihren Aufwendungen für die Arbeitslosenunterstützung und -hilfe etc. darstellen, zu verstehen. Da ökonomische und politische Entwicklungen nicht zu trennen sind und, wie die Vergangenheit gezeigt hat, wirtschaftliche Krisen Veränderungen des politischen und demokratischen Systems hervorrufen können, ist auch dies bei einer Kosten- und Ertragsaufstellung einzubeziehen. Ein Kosten- und Ertragsvergleich kann also nach einzelwirtschaftlichen, gesamtwirtschaftlichen und gesamtgesellschaftlich-politischen Kriterien vorgenommen werden. Im «einzelwirtschaftlichen Teil», der den SVR quasi als Betrieb oder Unternehmung sieht, wäre zu zeigen, was der SVR den Steuerzahler bis jetzt gekostet hat, wie seine Lohn- und Gehaltssituation aussieht, auch im Vergleich zur Entwicklung dieser Größen für andere «Einzelwirtschaften». Die gesamtwirtschaftlichen Kosten und Erträge ergeben sich aus den Abweichungen von den wirtschaftspolitischen Zielsetzungen des Sachverständigenratsgesetzes, des Stabilitätsgesetzes und des Grundgesetzes von der tatsächlichen Entwicklung in der BRD. Die Frage wäre, ob der SVR durch sein Wirken die gesamtwirtschaftlichen Kosten der Erreichung der gesetzlich vorgegebenen Zielsetzungen gesenkt, die Erträge in diesem Sinne erhöht hat oder ob er als Verfechter solcher wirtschaftspolitischen Konzeptionen anzusehen ist, die lediglich die gesamtwirtschaftlichen (einschließlich der sozialen Kosten und sozialen «externen Effekte») Kosten erhöhen, ihre Erträge senken. Sind seine einzelwirtschaftlichen und gesamtwirtschaftlichen Kosten höher als die Erträge, so hat sich die bisherige «Investition» der bundesrepublikanischen Gesellschaft bei zwanzigjähriger Laufzeit in den SVR nicht gelohnt. Es wäre zu fragen, ob die zukünftigen Ertragserwartungen in dieses Unternehmen ausreichen oder ob man es nicht lieber rechtzeitig in Liquidation gehen lassen sollte, um weitere gesamtwirtschaftliche Wohlfahrtsverluste durch den SVR zu verhindern.

Der gesamtgesellschaftlich-politische Kosten- und Ertragsvergleich spricht explizit die Unterstützung zur Erreichung der Ziele unserer Verfassung an. Die Frage ist hier, ob die einzel- und gesamtwirtschaftliche Kostenstelle SVR der Verwirklichung des Sozialstaats- und Demokratiegebotes des Grundgesetzes nach Art. 20 als einem der obersten Verfassungsgrundsätze, die unter keinen Umständen abbedingbar oder änderbar sind («Ewigkeitsklausel» nach Art. 79 Abs. 3 des Grundgesetzes), gedient hat. Es besteht der Verdacht, daß sich der SVR dieser Aufgabe kaum bewußt war, sich ihr jedenfalls nicht ausdrücklich verpflichtet fühlte, sich ihr nicht gestellt und systematisch die Reflexion seiner Konzepte und Rezepte im Sinne des Art. 20 des Grundgesetzes und anderer Verfassungsauflagen vernachlässigt hat. Die Notwendigkeit einer Untersuchung seiner Stellungnahmen und Gutachten in diesem Sinne ist hier schon einmal anzusprechen. In einem späteren Beitrag dieses Bandes wird genauer auf diese Zusammenhänge eingegangen. Politökonomische Zusammenhänge hierzu, d. h. zu der Frage, ob die Tätigkeit des SVR zur Stabilisierung und Weiterentwicklung des politisch-demokratischen Systems der Bundesrepublik beigetragen und ob er überhaupt das Spannungsverhältnis zwischen marktwirtschaftlicher Ordnung und liberaldemokratisch-pluralistischem politischem System thematisiert hat, wie dies etwa von Liberalen und Neoliberalen noch geschieht,[3] sind hier zu skizzieren.

## 1. Pareto-Optimalität und SVR oder was kostet und was bringt der SVR dem Steuerzahler?

Im Bundeshaushaltsplan werden die Kosten des SVR für den Staatsbürger und Steuerzahler im Etat des Statistischen Bundesamtes in Wiesbaden ausgewiesen. Im Sinne der volkswirtschaftlichen Gesamtrechnung handelt es sich bei diesen Beträgen um staatliche Konsumausgaben, die ja nach Meinung des SVR im wesentlichen unproduktiv sind. Diese Ausgaben sind in der Zeit von 1964 bis 1983 um mehr als 500 Prozent gestiegen. Ins Verhältnis zum Bruttosozialprodukt gesetzt, das in der gleichen Periode um ca. 300 Prozent gestiegen ist, bedeutet dies eine überproportionale Erhöhung, auch verglichen mit der Steigerung der Bruttolohnsumme, die in etwa der des Bruttosozialprodukts entspricht. Die Steigerung der «Entschädigung» der SVR-Mitglieder für ihre Bemühungen nimmt sich dagegen bescheiden aus. Sie stieg von 40000 DM im Jahre 1964 auf 55000 DM im Jahre 1977 und ist im Jahre 1983 mit nur 47025 DM veranschlagt worden. Ist das ein Ausdruck für die abnehmende Relevanz bzw. den abnehmenden «Marktwert» des erstellten «Produkts» dieses Gremiums bzw. seiner Mitglieder? Insgesamt hat der SVR den Steuerzahler in seiner zwanzigjährigen Geschichte immerhin mehr als 23 Millionen DM gekostet, die Sachverständigen haben insgesamt etwa 5 Millionen DM an Vergütungen erhalten. Im Durchschnitt machen die Ausgaben des Bundes für den SVR aber weniger als ein halbes Prozent des gesamten Staatsverbrauchs von Bund, Ländern und Gemeinden aus, also einen sehr geringen Anteil. Trotzdem muß die Frage erlaubt sein, ob der Nutzen des SVR-Produktes in irgendeiner Weise mit der Höhe des Preises übereinstimmt. Immerhin handelt es sich hier um eine Art eines staatlich voll subventionierten Monopols, das allein vom staatlichen Auftrag lebt und so in keiner Weise einem

Wettbewerb ausgesetzt ist, sondern im Gegenteil, aber durchaus marktwirtschaftlich rational, sich jeglichem Qualitätswettbewerb systematisch entzieht.

In der Tendenz ist das erste Gossensche Gesetz vom abnehmenden Grenznutzen auf die SVR-Gutachten anwendbar: Mit zunehmendem «Genuß» der Gutachten hat der Grenznutzen, zumindest bezüglich des Informationsgehalts einer zusätzlichen SVR-Einheit (also eines Gutachtens) rapide abgenommen. Der Grenznutzen dürfte schon vor einiger Zeit hinsichtlich seiner Wissenschaftlichkeit in der Nähe von Null, wenn nicht sogar im Negativen, angelangt sein. Da sich die fast 2 Millionen DM, die der SVR inzwischen jährlich kostet, sehr gut in anderen wissenschaftlichen Verwendungsarten vorstellen lassen, bei denen der Grenznutzen nicht negativ ist (man denke an die Untersuchung von Arbeitsbeschaffungsmaßnahmen, an Forschung im Bereich Ökologie und Umweltschutz, an Friedensforschung, an Stipendien usw.), würde eine entsprechende Umverteilung zu einer Erhöhung des Gesamtnutzens im Bereich der Wissenschaften und somit in der gesamten Volkswirtschaft führen. Es ließen sich auch mit den SVR-Etats mehrere hundert Ausbildungs- oder Umschulungsplätze finanzieren. Der SVR verletzt also die Bedingung für einen paretooptimalen Einsatz der volkswirtschaftlichen Ressourcen. In diesem Sinne würde die Wegrationalisierung des SVR die Gesamtwohlfahrt in der Bundesrepublik erhöhen. Außerdem sei noch auf einen weiteren negativen «Nutz»effekt der Tätigkeit des SVR, bezogen auf das Wissenschaftssystem, hingewiesen.

Da sich die Prognosen des SVR in der Vergangenheit stets als falsch erwiesen haben,[4] ist es zu einem erheblichen Vertrauensschwund gegenüber den Wirtschaftswissenschaften in der Öffentlichkeit gekommen. Hält man allerdings insgesamt nicht allzuviel von den Prognosefähigkeiten der Nationalökonomie, kann dieser Effekt auch als (positive) Aufklärung auf dem SVR-Konto verbucht werden und damit als ungewollter Versuch des SVR, auf diese Weise seinem gesetzlichen Aufklärungsauftrag gerecht zu werden. Damit sind wir bei der gesamtwirtschaftlichen Sichtweise der Tätigkeit des SVR angelangt.

Seit Beginn der siebziger Jahre vertritt der SVR in seiner Mehrheitsfraktion monetaristische Positionen, die ab Mitte der siebziger Jahre in einen dogmatisch vertretenen und empfohlenen angebotsorientierten wirtschaftspolitischen Kurs einmünden. Schuld an der Wirtschaftskrise und an der zunehmenden Arbeitslosigkeit sind danach die zu hohen Reallöhne, d. h. die Arbeitnehmer und ihre Organisationen sowie die Reformpolitik in der sozialliberalen Ära bzw. die zu starken wirtschaftlichen und sozialen Eingriffe des Staates überhaupt. Dieser monetaristische und angebotsorientierte US-Import des SVR und anderer bundesrepublikanischer Ökonomen führt als praktizierte Wirtschaftspolitik aber in keiner Weise zu einer Verringerung der Wirtschaftskrise, sondern zumindest auf dem Arbeitsmarkt zu ihrer Verschärfung.

Führt man einen Teil des Produktionsausfalls durch unausgelastete Kapazitäten, die schon jahrelang anhaltende Pleitewelle insbesondere bei kleinen und mittleren Unternehmen und den Hauptteil der hohen Arbeitslosigkeit auf die im Anschluß an die ersten Krisenzeichen durchgeführte verfehlte Wirtschaftspolitik und ihre wissenschaftlichen Protagonisten zurück («Brüning-Syndrom»), so summieren sich die gesamtwirtschaftlichen Posten dieser Politik auf Hunderte von Milliarden DM. Addiert man weiterhin die Lohnausfälle hinzu, die aufgrund der konzentrischen Angriffe von Regierung, Bundesbank und Unternehmerverbänden mit Hilfe der monetaristischen und angebotsorientierten Leuchtspurmunition des SVR zustande kamen, so erhöhen sich diese Summen erheblich. Die Zurechnung ist aber im letzteren Fall nicht so einfach, da Lohnminderungen für die Arbeitnehmer als «Kosten», für die Unternehmer aber eher als «Erträge» zu verbuchen wären. Inventur und Bilanz ergeben für diesen Bereich nur bei einem disaggregierten Modell mit mindestens zwei Sektoren (Arbeitnehmersektor und Unternehmersektor) einen Sinn.

Nun erfüllt der SVR mit seiner Tätigkeit nicht nur beratende Funktionen, deren Kosten und Erträge sich aus seinem Einzeletat oder auch seinen Fehlprognosen sowie den Kosten und Erträgen der von ihm vertretenen wirtschaftspolitischen Rezepturen ablesen lassen. Diese «praktischen» Aufgaben müssen ergänzt werden durch seine «ideologische» Funktion, d. h. seine impliziten oder expliziten Rechtfertigungen für bestimmte Konzepte und Maßnahmen. Er erbringt in diesem Sinne Legitimationsleistungen für die Anhänger einer radikalen «marktwirtschaftlichen Ordnung». Stellt man die Aufwendungen für den SVR den entsprechenden Kosten vergleichbarer Institutionen und Ideologiefabriken gegenüber, so arbeitet der SVR ausgesprochen preiswert. Definieren wir den SVR in dieser Weise als eine Art Werbeagentur für das Unternehmersystem der Bundesrepublik, so ist der Etat verglichen mit den Etats großer Werbefirmen in Sachen Waschmittel und ähnlichem sehr gering. Nimmt man die kostenlose TV-Werbung, die kostenlose Werbung in den Zeitungen usw. während der Zeit der Präsentation der Regel- und Sondergutachten dazu, so dürfte sich die Kostenrechnung pro Gutachtenseite weiter verbessern.

Bezüglich bestimmter Einzelheiten, nicht aber der marktwirtschaftlichen Grundeinstellung, lassen sich zwei Phasen (mit einer dazwischenliegenden Übergangsphase) in der zwanzigjährigen Geschichte des SVR feststellen. In den ersten zehn Jahren läßt sich die Tätigkeit des SVR vergleichen mit derjenigen der «dynamischen Unternehmer» im Schumpeterschen Sinne. Der SVR war in dieser ersten Phase mit seinen wirtschaftsanalytischen und wirtschaftspolitischen Konzepten einfallsreich und produktiv. In den zweiten zehn Jahren dagegen verhält er sich mehr wie ein Schumpeterscher «Wirt», d. h., er beschränkt sich auf die Verwaltung und Wiederholung bisheriger Produktionen, allerdings mit sich steigernder Radikalität. Er lebt von der Substanz, die dann langsam aufgezehrt wird.

Haben wir gerade versucht, einige Andeutungen über die Möglichkeit einer Inventur und Bilanz unter einzel- und gesamtwirtschaftlichen Gesichtspunkten zu machen, so soll jetzt die Frage angesprochen werden, welches gesellschaftspolitische Leitbild der SVR und welche politischen Implikationen die ökonomischen Positionen des SVR haben können.

## 2. Die SVR-Konzeption und das politische System in der BRD

Nicht nur vom SVR selbst, sondern auch in bisherigen Untersuchungen über den SVR wird die Frage, welches gesellschaftspolitische Leitbild hinter den wirtschaftspolitischen Positionen des SVR und seiner Beraterpraxis stehen, kaum analysiert. Für eine Bilanzierung der Tätigkeit des SVR nach zwanzig Jahren ist es aber notwendig, seine Vorstellungen über und Wirkungen auf das demokratische politische System zu berücksichtigen. Deshalb soll hier zumindest in einigen Absätzen darauf eingegangen werden. Da der SVR sich nicht selbst als Gesamtheit dazu äußert, wird es in diesem Fall einmal notwendig sein, die Äußerungen einzelner SVR-Mitglieder, die an den Konzeptionen tragend mitgewirkt haben, heranzuziehen.

Der Zusammenhang zwischen marktwirtschaftlicher und demokratisch-politischer Ordnung wird, wie schon festgestellt wurde, vom SVR in keinem seiner Gutachten explizit untersucht. Nun ist aber allgemein bekannt und läßt sich an vielen Länderbeispielen zeigen, daß «im Rahmen der marktwirtschaftlichen Ordnung» keineswegs identisch sein muß mit «im Rahmen einer demokratischen Ordnung». Lateinamerikanische Länder wie Chile oder Argentinien, ostasiatische Staaten wie Südkorea, die Philippinen oder Singapur, aber auch das Apartheidsregime in Südafrika zeigen dies eindringlich. Der Rahmen der marktwirtschaftlichen Ordnung ist in diesen Ländern ausgefüllt mit «Bildern» autoritärer, rassistischer und faschistischer Regime, die darüber hinaus häufig die Unterstützung insbesondere konservativer Regierungen westlicher Demokratien besitzen. Die Gleichung, daß liberale und pluralistische Demokratien allein mit marktwirtschaftlich-kapitalistischen Wirtschaftsordnungen vereinbar seien und umgekehrt, ist vielfach durch die Realität widerlegt. Das ändert aber offenbar nichts daran, daß immer wieder der Versuch gemacht wird, diese eindeutige Zuordnung vorzunehmen, um von vornherein Eingriffe in die Sachgesetzlichkeit der marktwirtschaftlichen Ordnung als Anschlag auf die politische Demokratie und als erste Schritte auf den «Weg in die Knechtschaft» (Hayek) zu desavouieren.

Der SVR versteht seine Politikberatung als Aufklärungsarbeit über die «Sachgesetzlichkeiten der marktwirtschaftlichen Ordnung», die quasi unabhängig vom bewußten menschlichen Wollen und ohne menschliches Zutun existieren. Aufgabe der politischen Instanzen ist es danach, den Sachgesetzlichkeiten der marktwirtschaftlichen Ordnung zum Durchbruch zu verhelfen, ihnen freie Bahn zu verschaffen. Dies wird von Habermas als technokratisches Politikberatungsmodell bezeichnet. Eine technokratisch verstandene Politikberatung, wie sie der SVR betreibt, indem er immer wieder auf die Sachgesetzlichkeiten der marktwirtschaftlichen Ordnung hinweist, macht aber letztendlich jede demokratische Willensbildung gegenstandslos.[5] Der Versuch nämlich, durch bewußtes politisches Handeln Einfluß zu nehmen auf die Ergebnisse des marktwirtschaftlichen Prozesses, kann nach SVR-Meinung nur solange erfolgreich sein, wie er sich an den Sachgesetzlichkeiten orientiert. Eine Verletzung dieser Gesetzmäßigkeiten zum Zwecke einer Korrektur der marktwirtschaftlichen Ergebnisse wäre damit längerfristig zum Scheitern verurteilt und würde vom Marktsystem mit entsprechenden Sanktionen wie Arbeitslosigkeit, Inflation, vermindertem Wachstum usw. gekontert.

Sachverständige und «unabhängige» wissenschaftliche Kommissionen[6] sind in einem demokratischen System nur notwendig, wenn in diesem System die «Gefahr» besteht, daß die marktwirtschaftlichen Gesetzmäßigkeiten verletzt werden könnten. Würden sie in der Demokratie unter allen Umständen beachtet bzw. würden sie «automatisch» niemals verletzt, so bräuchte die liberale Demokratie keine «Nebenregierungen» wie die «unabhängige» Bundesbank oder einen «unabhängigen» Sachverständigenrat. Unabhängigkeit kann hier doch immer nur heißen, abgekoppelt von den sonstigen, in einer Demokratie üblichen Entscheidungsstrukturen. Die Existenz des SVR ist also ein Beweis dafür, daß in der Demokratie nicht automatisch die marktwirtschaftlichen Gesetzmäßigkeiten beachtet werden, sondern sie unbewußt oder sogar bewußt durch die demokratischen Entscheidungsinstanzen verletzt werden könnten, weil diese Instanzen mit den Ergebnissen des marktwirtschaftlichen Prozesses nicht einverstanden sind, sondern unter politischen und sozialen Gesichtspunkten andere Ergebnisse anstreben. Der SVR als Hüter des Instrumentenkastens der marktwirtschaftlichen Ordnung erteilt dann öffentlich lautstarke Ordnungsrufe.

Die Herausnahme des ökonomischen Teilsystems einer Gesellschaft aus dem Sozialstaats- und Demokratiegebot des Grundgesetzes mit den Hinweisen – wie sie der SVR-Konzeption entsprechen –, daß in diesem Teilsystem autonome Sachgesetzlichkeiten und Marktzwänge herrschen, kann sich aus der Perspektive des demokratisch-politischen Systems als trojanisches Pferd einer antidemokratischen Entwicklung herausstellen. Dies gilt auch und gerade vor dem Hintergrund einer lang anhaltenden Krise mit Massenarbeitslosigkeit. Die SVR-Konzeption impliziert die Auslieferung des Gemeinwohls und der demokratischen Entscheidungsregeln an die Autonomieansprüche der wirtschaftlichen Sachgesetzlichkeiten, d. h., dem traditionellen Alleinherrschaftsanspruch der «freien Marktwirtschaft» und nicht des politisch-demokratischen Systems für das Gemeinwohl wird damit Vorschub geleistet.[7] Von daher wird es nicht verwundern, wenn ein langjähriges und für die Arbeit des SVR insbesondere in den ersten Jahren sehr einflußreiches Mitglied des SVR die Frage aufwirft, ob nicht die politischen «Spielregeln» geändert werden sollten. Das Spiel von Regierung und Opposition, integraler Bestandteil einer pluralistischen Demokratie, wird als «zerrissene Parteienlandschaft» geschildert, die maßgeblich zur «Fesselung der Marktwirtschaft» beigetragen habe und somit eine Ursache der Wirtschaftskrise sei.[8] Hier wird ein Mißtrauen in die Funktionsweise der repräsentativen Demokratie zumindest für Krisenzeiten deutlich, das die vielbeschworene Komplementarität von Demokratie und Marktwirtschaft von den Anhängern der marktwirtschaftlichen Ordnung selbst in Frage stellt. Spätestens in einer länger anhaltenden Krise mit Stagnation und Massenarbeitslosigkeit gibt also der Kapitalismus sein bisher mit Hilfe liberalistischer Ideologien beschütztes und vom SVR verschwiegenes Geheimnis des Konfliktes zwischen marktwirtschaftlich ökonomischem und liberaldemokratischem politischem System preis. Indem der SVR seine wesentliche Aufgabe in der Aufklärung über die Sachgesetzlichkeiten der marktwirtschaftlichen Ordnung sieht, gesteht er objektiv ein, daß sich in dieser Gesellschaft zur Wahrung der marktwirtschaftlichen Ordnung eine strukturelle Asymmetrie zuungunsten des demokratisch-politischen Systems ergeben kann. Entweder beherzigt das politische System die durch die Sachgesetzmäßigkeiten der marktwirtschaftlichen Ordnung gegebenen Grenzen für Reform- und Umverteilungsmaßnahmen, dann erfüllt es seinen Zweck, oder aber es verletzt diese Grenzen, ist damit aus der Sicht der marktwirtschaftlichen Ordnung nicht mehr zweckrational und muß deshalb verändert werden.

Eine im Sinne des SVR belehrte Öffentlichkeit wird erkennen, daß die Krise die Folge einer nicht mehr systemkonformen Steuerung der Wirtschaft ist. Die politische Verletzung der marktwirtschaftlichen Gesetzmäßigkeiten wäre somit die Ursache der Krise und nicht selbst eine Art «Naturgesetzlichkeit» des marktwirtschaftlichen Systems. Die Krise wird hier nicht immanent aus dem instabilen Marktsystem erklärt, sondern sie ist die Folge fahrlässigen oder schuldhaften Handelns des politischen Bereichs bzw. der Arbeitnehmer, die sich ebenfalls durch ihr systemwidriges Anspruchsverhalten, durch ihre Lohnforderungen, der «Gesetzesverletzung» schuldig machen. Die *funktionale Notwendigkeit der Einrichtung des SVR und seiner Argumentation besteht darin, die Legitimationsbasis des ökonomischen, marktwirtschaftlichen Systems unabhängig zu machen von der diesem System immanenten Instabilität.* Der Stauraum der ökonomischen Krise wird damit das demokratische System mit seinen Gewerkschaften. Die SVR-«Theorie» zur Erklärung der Wirtschaftskrise verhindert, daß die ökonomische Krise zu einer Legitimationskrise des marktwirtschaftlichen Systems wird. Wenn es stimmt, daß die Reform- und Umverteilungspolitik von Staat und Arbeitnehmerverbänden die Ökonomie in «Unordnung» gebracht haben, dann ist letztendlich die Struktur unseres demokratisch verfaßten politischen Systems «schuldig». Aus der Sicht der Marktwirtschaft ist es dann konsequent, Einschnitte in die Entscheidungsregeln der Demokratie vorzunehmen, oder aber es muß eine «gewendete» Parlamentsmehrheit und entsprechende Regierung her, die ebenfalls als oberste Zielsetzung die Erhaltung der Marktwirtschaft auf ihre Fahnen geschrieben hat bzw. sich den Sachgesetzlichkeiten der Marktwirtschaft vor allem anderen unterwirft. Bei vorhandenen möglichen Konflikten zwischen Demokratie- und Sozialstaatsgebot des Grundgesetzes auf der einen und der marktwirtschaftlichen Ordnung auf der anderen Seite schlägt sich der SVR als Diagnostiker und Therapeut der Krise auf die Seite der Marktwirtschaft. Die pluralistisch-demokratische Gesellschaft kommt in den Gutachten der Mehrheitsfraktion des SVR schlecht weg.[9] Daß dies wiederum nicht eine personalisierbare, d.h. auf die Mitglieder des SVR beschränkte Tendenz ist, sondern an der engen und einseitigen Auslegung des Terminus «marktwirtschaftliche Ordnung» liegt, belegen weitere Beiträge in diesem Band.

Da in industrialisierten Ländern mit demokratischen Systemen die Mehrheit der Bevölkerung Arbeitnehmer sind bzw. als Rentner waren, besteht immer die Gefahr, daß sich diese Mehrheit unter demokratischen Bedingungen ein Parlament und eine Regierung wählt, die Arbeitnehmerinteressen und sozialstaatliche Zielsetzungen vor Unternehmerinteressen stellen. Um dem vorzubeugen, werden tatsächliche und ideologische Pflöcke eingeschlagen, die die Stützen eines juristisch, wissenschaftlich und mit wirtschaftlicher und politischer Macht aufgeladenen dichten marktwirtschaftlich-kapitalistischen Zaunes sind, über den die demokratische und sozialstaatliche Verfassung und eine daran ausgerichtete Politik nicht so leicht springen kann, will sie sich nicht ganz erheblich die Finger verbrennen. Zu den ideologischen Ladungen dieses Zaunes sind solche Aussagen zu zählen, wie sie etwa einer der Väter der bundesrepublikanischen Wirtschaftsordnung, Müller-Armack, verwendet. Er spricht davon, daß die Demokratie ihre Grenzen begreifen muß und nicht zu «einer Diktatur der Mehrheit» werden darf. Die Demokratisierung ist danach «in der Reflexion auf das Lebensgesetz unserer Wirtschaftsordnung ... unter das Gesetz einer Verfassung zu stellen, die sie hindert, tyrannisch zu werden gegen Andersdenkende oder durch Mehrheitsbeschlüsse in eine Diktatur auszuarten, die das Recht der Minderheit, frei zu sein, beseitigt».[10] Hier wird durch eine völlige Umkehrung des bisherigen Demokratieverständnisses im Namen eines «Lebensgesetzes unserer Wirtschaftsordung», das offenbar über den Demokratiegeboten des Grundgesetzes steht, ein «Minderheitenschutz» für die Kapitalinteressen auf Kosten des Mehrheitenschutzes der Arbeitnehmer postuliert.

Zusammenfassend kann bezüglich dieser vorläufigen Kosten- und Ertragsrechnung aus einzelwirtschaftlicher, gesamtwirtschaftlicher und politischer Sicht festgehalten werden, daß die «Kosten» des SVR bei weitem die «Erträge» seiner Tätigkeit zumindest in den letzten zehn Jahren für die Mehrheit der Bevölkerung übersteigen. In der letzten Zeit ist dabei eine erhebliche Kostenprogression festzustellen. Die einzelnen folgenden Beiträge werden auf verschiedene Bilanzposten als Ergebnis der SVR-Aktivitäten genauer eingehen.

# Anmerkungen

1 Vgl. Meißner, W., Die Lehre der Fünf Weisen, Köln 1980, S. 164.

2 Ein im Jahr 1983 aktuelles Beispiel (50 Jahre nach der nationalsozialistischen Machtergreifung) einer falschen, da allein personalistischen Analyse sind die Versuche, den deutschen Faschismus allein auf Hitler als Person zurückzuführen. Nicht Hitler hat den Faschismus erfunden und als Person in Deutschland eingeführt, obwohl er ihn in wichtigen Erscheinungsformen mitgeprägt hat.

3 Vgl. Zacher, H. F., Soziale Marktwirtschaft – ihr Verhältnis zur Rechtsordnung und zum politischen System, in: Zukunftsprobleme der Sozialen Marktwirtschaft, Schriften des Vereins für Socialpolitik, Neue Folge, Band 116, Berlin 1981, S. 817 ff.

4 Siehe Roberts, Ch. C., Konjunkturprognosen und Wirtschaftspolitik: eine kritische Betrachtung, Köln 1981.

5 Vgl. Habermas, J., Technik und Wissenschaft als «Ideologie», 3. Auflage, Frankfurt a. M. 1969, S. 128.

6 Siehe Giersch, H., Rationale Wirtschaftspolitik in der pluralistischen Gesellschaft, in: Schneider, E. (Hg.), Rationale Wirtschaftspolitik und Planung in der Wirtschaft von heute, Schriften des Vereins für Socialpolitik, Neue Folge, Band 45, Berlin 1967, insbesondere S. 118 und S. 127.

7 Vgl. Blum, R., Organisationsprinzipien der Volkswirtschaft, Frankfurt a. M. 1983, S. 167.

8 Siehe Giersch, H., Die gefesselte Marktwirtschaft, in: «Frankfurter Allgemeine Zeitung» vom 19. 2. 1983, S. 13.

9 Vgl. hierzu auch die Bemerkungen von Krengel, R., zu dem o. g. Vortrag von Giersch, in: Schneider, E. (Hg.), a. a. O., S. 151: «Es ist mir heute aufgefallen, daß Sie einen Begriff, der in Ihrem Referat eine große Rolle spielte, nämlich die ‹pluralistische Gesellschaft›, im Grunde genommen ziemlich schlecht wegkommen lassen. Sie haben nicht allzuviel Liebe für diese pluralistische Gesellschaft gezeigt, ...» und weiter unten: «Es könnte im Jahre 1995, ..., einmal irgendein nationalökonomisches Fachteam den unwiderleglichen Beweis führen, daß es für die Wachstumsrate und die Einkommensverteilung von außerordentlicher Bedeutung sei, das Bundesverfassungsgericht abzuschaffen. Ich muß ganz ehrlich und offen gestehen, daß ich mich in diesem Falle auch und gerade als Nationalökonom ganz entschieden auf den Standpunkt stellen würde: Es ist mir vollkommen egal, was das Modell sagt, ...» Es ist nur zu hoffen, daß sich in einem solchen Falle der Bedrohung der Demokratie durch die Ökonomie möglichst viele Ökonomen, und anders als vor und nach 1933, dieser Position von Prof. Krengel anschließen werden.

10 Vgl. Müller-Armack, A., Die wissenschaftlichen Ursprünge und die künftige Verfassung der Sozialen Marktwirtschaft, in: Dettling, W. (Hg.), Macht der Verbände – Ohnmacht der Demokratie?, München – Wien 1976.

*Dieter Kampe*

# «Fünf Weise» in der Wirtschaft

## Sachverstand live erlebt

*Politiker mißt man an ihrem Auftreten, Wissenschaftler an ihren Aussagen. Doch was ist mit den Politikberatung treibenden Wissenschaftlern? Sie sonnen sich in der Anerkennung und der Achtung des politischen Lebens, verstecken aber ihre Personen hinter dem Schutzschild «Wissenschaftler». Nur ihre gedruckten Erkenntnisse stehen zur Disposition, sollen zitiert, gelobt, aufgegriffen werden. Das vereinfacht das Leben, denn in Publikationen sind Argumentationsketten leichter aufzubauen als im Gespräch, wo Zwischen- oder Nachfragen möglich sind. In der Diskussion wirken Personen als Ganzes; wo Argumente mit Glaubenssätzen wechseln, wo Erkenntnisse mit Weltbildern vermischt werden, wo Logik gekrümmt und gebogen wird, wo (und vor allem: wie) Unsicherheiten umschifft oder überspielt werden, zeigt der sichtbare Gesprächspartner deutlicher als der Abdruck seines Statements. Weil die Vermittlung auch solcher Eindrücke zum Hintergrundwissen gehört und dem Verständnis dienen kann, ist die Schilderung solcher Gesprächssituationen sinnvoll und legitim.*

*Im Herbst 1982 habe ich auf einer Reise durch deutsche Lande herausfinden wollen, welche Menschen hinter dem Firmenschild «Sachverständigenrat» arbeiten, wie sie denken, argumentieren, auf Kritik reagieren. Die Herren dieses mit höchster politischer und wissenschaftlicher Autorität ausgestatteten wirtschaftspolitischen Gremiums zeigten sich gesprächsfreudig, aber nicht diskussionswillig, wie der nachfolgende Bericht zeigt.*

*Argumentative Brüche, winklige Beweiszüge und ideologische Behauptungen mache ich den Wissenschaftlern zum Vorwurf; doch geht ein Teil dieses Vorwurfs auch an die Adresse der Journalistenbranche: Politiker und Wissenschaftler scheinen in der Regel nicht auf Interviewer zu stoßen, die sachkundig genug sind, aufgestellte Behauptungen ad hoc zu widerlegen, Argumente mit Gegenargumenten zu konfrontieren und so die Konturen des Erkenntnisstandes herauszuarbeiten. Es sich leicht zu machen, sollte aber weder Politikern noch Wissenschaftlern noch Journalisten erlaubt sein.*

## 1. Der kompromißlose Vorsitzende des Rats

Wiesbaden im Herbst 1982 zeigt sich nostalgisch-schizophren. Richtung Innenstadt stehen noch viele alte Stadtvillen, gelber Sandstein oder roter Klinker. Kunstvolle Säuleneingänge, Butzenscheibenfenster, phantasievolle Dächer. Im Erdgeschoß Video-Center, Playothek, Players Place, lautstarke und aggressive Elektronik-Spielzeuge made in Japan, am Eingang Gruppen jeanstragender Teenager, die gedankenverloren an filterlosen Zigaretten ziehen. Sie sind hier Randgruppen. Diese Stadt ist fest in den Händen vermögender Rentner, die in den Kurkliniken ihr Ischias kurieren, die Cafés rund um den Kurpark okkupieren, die Preise hochtreiben und das Leben auf den Straßen prägen.

Ich schlage einen Bogen durch den Kurpark, gehe durch ein altes Villenviertel und nähere mich dem riesigen Gebäude des Statistischen Bundesamtes. Zwölf Stockwerke hoch, schmal und langgestreckt, paßt es in diese Umgebung wie ein Tanker in den Yachthafen. Im obersten Stockwerk, gleichsam auf einem Berg von Zahlen thronend, residiert der Sachverständigenrat zur Begutachtung der gesamtwirtschaftlichen Entwicklung.

*Professor Olaf Sievert* kann sich sehen lassen in Wiesbaden. Um die Fünfzig, füllige Statur, teurer dunkler Flanellanzug, Mercedesfahrer. Er wirkt seriös und beruhigend wie ein guter Doktor, gibt aber zu erkennen, daß er der Chefarzt ist. Er stellt sich als Wissenschaftler so dar, wie die Position es erfordert: dicke Brille, gediegene Kleidung und ernsthafter Gesichtsausdruck. Wir tagen in seinem Arbeitszimmer, das, dreimal so groß wie das der anderen Weisen, recht spartanisch eingerichtet ist und außer einer blauen Campingliege nichts Persönliches besitzt. Olaf Sievert kennt den Rat der Weisen seit 18 Jahren. Zunächst war er Generalsekretär, ging dann kurz fort, um sich zu habilitieren, kehrte bald als Ratsmitglied zurück und ist seit 1976 der große Vorsitzende. Der Rat sei «sein Lebenswerk», hat er einmal gesagt. Es in aller Breite vorstellen zu können, bereitet ihm sichtlich Vergnügen. Außerdem ist er in Sonntagslaune. Vor zwei Stunden hat Kanzler Kohl dem Rat in einer Regierungserklärung ein paar lobende Worte zugedacht.

Auf die Frage nach den wirtschaftstheoretischen Grundannahmen der Ratsempfehlungen antwortet er, der Rat sei niemals auf ganz bestimmte wirtschaftswissenschaftliche Überzeugungen fixiert gewesen. Er betrachte jeweils alle Auffassungen, die zur Problemlage vorliegen, und suche «die überlegene» aus. In den letzten Jahren habe man allerdings immer stärker hervorheben müssen, daß die Probleme heute weniger auf der Nachfrageseite als vielmehr auf der Angebotsseite zu suchen seien. Gestörte Angebotsbedingungen, das bedeute, die Ansprüche der Menschen seien zu hoch, deshalb kämen bestimmte Produktionen gar nicht zustande. «Wenn Sie ein Erdbeerbeet im Garten haben und sich sagen: ich beackere das und erwarte eine Ernte von zwei Zentnern – doch dann erfahren Sie von einem Nachbarn, daß normalerweise nur ein Zentner drin ist, dann lassen Sie's. Diese Produktion unterbleibt, weil Ihre Ansprüche höher sind als das, was dabei herauskommt. Im Prinzip ist es in der Volkswirtschaft genauso; da geht's nicht um Eigenproduktion, sondern um die Herstellung von Gütern. Wenn dort die Erwartungen und Ansprüche bezüglich Lohn und Leistung nicht zueinander passen, wird nicht produziert. Und dann gibt's Arbeitslosigkeit – es sei denn, einer der Beteiligten reduziert seine Ansprüche. Wenn wir nach Störungen im Marktsystem suchen, dann stoßen wir immer wieder auf die Ansprüche der Arbeitnehmer. Ist das tarifvertraglich festgelegte Lohnniveau zu hoch, dann stellt sich Arbeitslosigkeit ein.»

Nach den Ölpreiserhöhungen seien wir nun einmal gezwungen, unsere Ansprüche zu reduzieren, um das Öl bezahlen zu können – aber vom einmal erreichten Anspruchsniveau herunterzusteigen sei eben sehr schwer. Mit sorgenvoller Miene drückt Sievert den Rest seiner Zigarre aus. Gleich darauf hält er ein goldenes Röhrchen in Händen, dem er eine neue Zigarre entnimmt, Marke «Willem II., Optimum».

«Wir haben den Gewerkschaften vorgeschlagen», sagt er und pustet den Rauch zur Decke, «eine Lohnpolitik zu betreiben, die den Lohnkostendruck mildert, denn das ist die quantitativ bedeutsamste Maßnahme. Ferner brauchen wir: Umstrukturierung der öffentlichen Haushalte auf der Ausgabenseite, Umstrukturierung des Steuersystems in eine wachstumsfreundliche Richtung und Eindämmung der konsumtiven Staatsausgaben. Das sind die zentralen Momente unserer Strategie, zu der wir seit 1976 geraten haben. Ich meine, verstehen Sie mich nicht falsch, wir sind keine Gegner hoher Löhne, ein Volkswirt ist immer froh, wenn die Wirtschaft so floriert, daß hohe Löhne gezahlt werden können.»

Olaf Sievert will ja nicht der Buhmann der Gewerkschaften werden. Deshalb spricht der Rat in seinem letzten Gutachten zwar einerseits vom «zu hoch gewordenen Konsum», konstatiert jedoch andererseits für 1982: «Was den Haushalten an nominalen Einkommenssteigerungen blieb, reichte nicht aus, den Geldwertschwund wettzumachen; seiner Kaufkraft nach ist das verfügbare Einkommen also gesunken.» Und auch 1983 wird der private Verbrauch «erneut schrumpfen». Zu stark dürfe man die Lohnschraube auch nicht nach unten drehen, denn: «Zur wirtschaftlichen Belebung gehören auch kaufbereite Verbraucher.»

Die Löhne dürfen also weder zu hoch noch zu niedrig sein. Sehr weise. Wer zwischen sinkender privater Nachfrage und kaufbereiten Verbrauchern einen Widerspruch sieht, gibt sich damit als blutiger Laie zu erkennen: Weniger Einkommen bedeutet nämlich mehr Konsum. In den Worten der Weisen: «Was vielen zu begreifen schwerfällt: Bei reduzierten individuellen Einkommensforderungen und staatlichen Ansprüchen, bei günstigeren Kostenverhältnissen der Unternehmen also, ist im Prinzip mehr Produktion rentabel, und damit ist mehr Beschäftigung, mehr Einkommen und daraus in der Summe mehr Konsum möglich und auf die Dauer auch zu erwarten als bei höheren Forderungen, sprich Kosten.» Was vielen zu begreifen schwerfällt.

Das Rezept, das Professor Sievert mir verkündet, ist in der Tat das seit Jahren gepredigte. Die Zuversicht, daß es das richtige ist, klingt im Sondergutachten vom Oktober 1982 aber weitaus gedämpfter. Dort heißt es gleich zu Beginn unter Ziffer 9: «Zu fragen ist, warum es so viel schlechter kam, als vorausgesehen worden war, da doch die Kostenentwicklung, namentlich bei den Löhnen und bei den importierten Vorprodukten, eher auf eine Verbesserung der Lage hinwirkte, die Zinsen zwar nicht stetig ... zurückgingen, aber das Jahr über doch immerhin merklich sanken und die Gewinnmargen wieder ausgeweitet werden konnten.»

Löhne runter, Gewinne rauf – und trotzdem ging's nicht bergauf. Wie peinlich! Alle angebotsorientierten Bedingungen, die der Rat in seinem Jahresgutachten 1981 aufgestellt hatte, waren erfüllt. Wunderbar! Doch leider passierte trotzdem nicht, was der Rat erwartet hatte. Der Aufschwung kam nicht. Sollte der Rat auf dem Holzweg sein? Sollte die Erwartung, daß gutverdienende Unternehmer brav investieren, falsch sein? Statt die eigenen Zweifel zu vertiefen, flüchtet sich der Rat in Durchhalteparolen und weckt langfristige Hoffnungen: «Aus unserer Prognose ergibt sich, daß die Bruttoeinkommen aus Unternehmertätigkeit und Vermögen im Jahr 1983 eine stärkere Verbesserung aufweisen werden als 1982. Die Maßnahmen zur Investitionsförderung, die Investitionszulage ebenso wie die geplanten Steuererleichterungen, werden neben der üblichen Verzögerung in der Anpassung der Steuervorauszahlungen dazu führen, daß die Nettoeinkommen aus Unternehmertätigkeit und Vermögen noch kräftiger steigen.» Wem da nicht das Wasser im Munde zusammenläuft! Da muß man doch einfach investieren!

Und wer garantiert, daß Investitionen überhaupt zu Arbeitsplätzen führen? Professor Sievert erklärt: «Natürlich kommen wir zur Vollbeschäftigung nicht zurück ohne Erweiterungsinvestitionen. Am Anfang stehen noch Investitionen, die vor allem auf Rationalisierung gehen, klar. Aber dabei entstehen ja auch positive Beschäftigungseffekte, weil die neuen Maschinen ja zunächst mal gebaut werden müssen.» Und wenn sie dann eingesetzt werden, ergänze ich, vernichten sie Arbeitsplätze. Doch Professor Sievert bleibt zuversichtlich: «Sie müssen bedenken, daß es dann ja auch zu Kostensenkungen kommt, kapitalintensive Produktionsverfahren sind ja billiger als traditionelle. Bei sinkendem Kostenniveau können die Realeinkommen dann stärker steigen.» Störrisch verweise ich darauf, daß diese höheren Löhne den verbleibenden Beschäftigten zugute kommen, während andere aus dem Produktionsprozeß herausrationalisiert worden sind und keine Hoffnung auf Beschäftigung haben, wenn die Arbeit nicht neu verteilt wird durch andere Arbeitszeiten. «Aber wenn diejenigen, die noch Arbeit haben, höhere Einkommen erhalten und eine größere Nachfrage entfalten, dann gibt es doch auch zusätzliche Produktionsmöglichkeiten für diese Nachfrage, und dazu braucht man wieder zusätzliche Arbeitskräfte. So breitet sich die Vorteilswirkung von Rationalisierungen aus.»

Olaf Sievert skizziert diese Planspielchen mit unerschütterlicher Ruhe. Er plaudert mehr, als er argumentiert. Seine Stimme bleibt gleichförmig und ruhig, sein Lächeln höflich entgegenkommend, seine Gestik kontrolliert. Seine ständigen Happy-End-Kalküle sind irritierend, sie wischen alle wohlbegründeten Einwände vom Tisch, überspielen alle Unwägbarkeiten durch verstärkten Rekurs auf die Grundannahmen und Glaubenssätze. Damit gibt sich der Ratsvorsitzende im Gespräch sicherer und überzeugter als die Ratsgutachten in ihrem theoretischen Teil. Glaubt er, als Weiser der Öffentlichkeit Unsicherheiten, offene Fragen und Ratlosigkeit nicht offenbaren zu dürfen? Mit dem Ausdruck «Erwartung der Bürger» ist in den letzten Jahren immer häufiger ein psychologischer Begriff in die Gutachten eingeflossen – ähnlich der *politique pure*, wo statt der inhaltlichen Richtigkeit einer Position die Kalkulierbarkeit einer Person zum Wert an sich wurde. Lieber geradlinig und berechenbar die falsche Strategie weiterfahren als die Anarchie riskieren.

Ist der Sachverständigenrat unabhängig und überparteilich? Kritiker werfen ihm vor, daß er die Ansprüche der Arbeitnehmer und des Staates zugunsten der Unternehmergewinne zurückschrauben würde. So läßt das natürlich kein Ratsmitglied gelten und zieht sich auf die im Gesetz verankerten Pflichten und Ziele von Wachstum und Stabilität zurück. Doch noch 1968 schrieb der heutige Ratspräsident

Olaf Sievert: «Die Haupterwartung maßgeblicher Schöpfer des Sachverständigenrates war, er möge dafür sorgen, daß die Löhne weniger stark steigen als bis dahin.» Diesen Erwartungen war der Rat natürlich nicht verpflichtet, aber überraschenderweise laufen seine Empfehlungen immer wieder darauf hinaus, die Gewerkschaften sollten sich in den Lohnrunden doch bitte zurückhalten oder maßvoll zeigen. Diese Forderung ergab sich natürlich nur als Folge des Stabilitätswunsches; um das auch allen deutlich zu machen, entstanden Begriffe wie: beschäftigungskonforme Lohnhöhe, kostenniveauneutrale Lohnpolitik und vollbeschäftigungskonformer Preis für Arbeit. Was damit gemeint war, verstand man in der Düsseldorfer DGB-Zentrale recht gut; die Gewerkschafter bescheinigten dem Rat «eine erstaunliche Armut an neuen Ideen und Lösungsvorschlägen» und nannten ihn eine «konservative Effizienzbremse».

## 2. Der Gewerkschaftskollege in der Minderheit

In der Universität Bielefeld, einer idyllisch gelegenen Denkfabrik aus grauem Sichtbeton, treffe ich *Professor Werner Glastetter*. Der Mittvierziger ist freundlich und von sympathischer Offenheit. Die Krawatte gelockert, den obersten Hemdknopf geöffnet, wirkt er gelöst und entspannt. Das offene Jackett zeigt die heutzutage in akademischen Berufen obligatorischen Übergewichtskilo. Füllig würden ihn die Westfalen nennen; das bedeutet, daß man gutes Essen zu schätzen weiß, aber noch längst nicht dick ist, was Zurückhaltung verlangen würde. Von 1979 bis 1981 war Herr Glastetter einer der «Fünf Weisen». Er galt immer als «der gewerkschaftsnahe Professor», ein Titel, der ihn heute noch in milde Rage bringt. «Manche haben da wirklich geglaubt, ich kriege meine Direktiven aus der DGB-Zentrale ... Was natürlich Blödsinn ist!» fügt er noch hinzu, damit da nicht die geringsten Zweifel bleiben. Die Darlegung seiner Position beginnt er mit einer Kritik der angebotsorientierten Theorie. «Die immer unterstellte Robustheit der Investitionsneigung, die lediglich vom Staat gebremst wird, die an sich gegebene Dynamik jeder Wirtschaft, die These von der Produktion, die sich automatisch ihre Nachfrage schafft, das sind ja doch mehr Glaubenssätze als praktische Erfahrungen der Wirtschaftspolitik.» Er sähe das doch mit sehr viel Skepsis. «Zunächst einmal», sagt Werner Glastetter, «müssen doch Impulse dasein. Und da ist der Staat gefordert. Wenn die Nachfrage im Nebel liegt, dann bricht kein Unternehmer zu neuen Ufern auf. Wenn in der heutigen Situation, wo die Unternehmer zögern, sich der Staat auch zurückhält, dann schafft er nicht Freiräume, in die eine robuste Investitionsdynamik einbrechen kann, sondern er schafft Leerräume, die die Wirtschaft insgesamt noch mehr schwächen. Nachfrage-Konzept sagt im Grunde nur: Bremsen lockern reicht hier nicht, wir brauchen Impulse. Ob diese Impulse von der Einkommensseite, über Steuerentlastungen, kommen oder über öffentliche Ausgaben, wie das Zukunftsinvestitionsprogramm, das ist eine ganz andere Frage. Rein von der Logik her sind beide Modelle in sich konsistent. Sachlich muß man nach der Tragfähigkeit der Konzepte fragen. Und da bin ich allerdings der Meinung, daß das angebotsorientierte Konzept auf Dauer nicht trägt. Der Theorie zufolge sollen Investitionen Arbeitsplätze schaffen, die wiederum Einkommen schaffen, was Nachfrage bedeutet. Aber wer garantiert mir denn, daß die Investitionen zur Schaffung neuer Arbeitsplätze genutzt werden? Es sieht doch viel eher so aus, daß rationalisiert wird, automatisiert wird. Was nach oben geht, ist dann die Produktivität, aber nicht die Beschäftigung. Genau das passiert seit einiger Zeit, der Aufschwung kommt ja nicht, trotz aller Bemühungen. Bereits 1980 hat man ihn für den Sommer 1981 prognostiziert. Aber auch heute sieht ihn noch keiner.»

Werner Glastetters Miene schwankt zwischen Zerknirschung über den ausbleibenden Aufschwung, Mitgefühl für die Betroffenen und Selbstbewußtsein, weil er ja weiß, warum der Aufschwung nicht kommt. Weiser zu sein und mit den Opfern ideologischer Wirtschaftspolitik mitzufühlen ist sicherlich nicht gerade gemütsentlastend.

Schwächen und Mängel einer rein angebotsorientierten Wirtschaftspolitik sind theoretisch nachweisbar und lassen sich am Beispiel der Reaganomics und der Thatcher-Politik auch in der praktischen Politik belegen. Kenneth Galbraith lehnte es Anfang 1982 ab, einen Lexikon-Artikel über «Supply side economics» zu schreiben, weil er meinte, bis das Lexikon erscheine, spreche schon niemand mehr von dieser abgewrackten Politik.

Doch deutsche Christdemokraten haben noch heute wenig mehr im Wirtschaftsprogramm stehen als «Entstaatlichung», und die Mehrzahl der wirtschaftswissenschaftlichen Lehrstuhlinhaber zwischen Kiel und München hängt noch immer der Angebotsorientierung an. Warum? «Das deutsche Wirtschaftswunder», holt Werner Glastetter weit aus, «hat der Erhard ja dadurch auf die Beine gestellt, daß er Bremsen abgebaut hat, die er noch aus der nationalsozialistischen Wirtschaftspolitik und aus der Wirtschaftspolitik der unmittelbaren Nachkriegszeit übernommen hatte. Das nannte man damals zwar noch nicht so, aber das war angebotsorientierte Politik, und das funktionierte. Denn es war ja ein ungeheurer Bedarf da an Wohnungen, Kleidung, Nahrung bis hin zu den Gebrauchsgütern, Autos, Mopeds, Kühlschränken. Aufgrund dieses gegebenen Nachfrageüberhangs hat die Angebotspolitik wunderbar funktioniert. Weil diese Dynamik im Wirtschaftsprozeß sowieso schon drin war, war die beste Wirtschaftspolitik: keine Wirtschaftspolitik.»

Doch heute gibt es keinen Nachfrageüberhang. Werner Glastetter wird lebhaft und beugt sich nach vorn. Bis jetzt hat er meistens nur ruhig gesprochen, etwas dozierend, ein wenig auch in der langsamen Art, die Gewerkschaftsfunktionäre auszeichnet: Ruhe, Beständigkeit und dickes Fell symbolisierend. Jetzt ist er elektrisiert. «Sättigung ist zwar ein gefährliches Wort, denn satt sind wir ja eigentlich nie. Wer will nicht noch ein größeres Auto und noch 'n paar schicke Anzüge, und warum auch nicht, nicht wahr?» Da bricht sie voll durch, die gewerkschaftliche Verteilungsfixierung der sechziger Jahre. Kommt er damit noch bei seinen jungen Studenten an? Heißt bei denen Grün noch Eigenheim im Grünen? Wie auch immer. «Aber man muß doch sehen, daß die Ausstattung der Haushalte heute sehr gut ist. Das ist doch kein Zufall, daß bei AEG die Konsumbereiche gekappt werden. Ich hatte vor weniger Zeit eine Fernsehdiskussion, an der auch der Herr Dürr teilnahm, und da hat der Herr Dürr erklärt: ‹Wir haben im ganzen Bereich der Konsumgüterproduktion immense Überkapazitäten.› Ich hab das noch nie so klar formuliert gehört. Das heißt: man muß also gar nicht darüber diskutieren, ob der Bedarf gesättigt ist, denn wir haben auf jeden Fall die Kapazitäten dafür. In diesem großen Bereich der Konsumartikelherstellung wird es also keineswegs zu Neuinvestitionen kommen, sobald man irgendwelche Bremsen lockert.»

Ganz im Gegensatz zu dem, was man von Weisen erwartet, zerstritt sich Werner Glastetter 1981 mit seinen weisen angebotsorientierten Kollegen und trat zurück. «Im Herbst 1980 hatte ich im Gutachten ein Minderheitsvotum abgegeben, im Sommer darauf noch mal. Die vier anderen Räte haben einheitlich ein Konzept verfolgt, ich konnte meine Ansichten da nicht einbringen. Ist das sinnvoll, habe ich mich gefragt, bei jeder passenden und unpassenden Gelegenheit mit einer abweichenden Meinung per Minderheitsvotum nachzukarren? Ich habe das dann nicht mehr als konstruktive Mitarbeit verstehen können.» Mehr will er nicht sagen und verschanzt sich hinter § 10 der Satzung, der auch Ehemalige zur Verschwiegenheit über Interna verdonnert.

Als ich später beim Essen noch mal nachhake, schließe ich aus den wenigen Worten und der leidenden Miene, daß ihn diese Erfahrung nicht gerade glücklich gemacht hat. Wurde er unter Druck gesetzt?

«Nein. Aber Sie werden ja sehen, Herr Sievert ist ein temperamentvoller Mann und ... und dann bin ich halt rausgegangen und hab mein Minderheitsvotum geschrieben. Währenddessen haben die anderen natürlich ihre Mehrheitslinie weiterdiskutiert. Ja, und dann kam ich wieder rein und ... ach ...» Er hat keine Lust, das alles noch mal en detail zu rekapitulieren. Ein geächteter Weiser, allein auf verlorenem Posten.

Und wo blieb die Rückenstärkung aus Bonn? Sozialdemokratische Regierungspolitiker hätten ihn doch fördern und schützen, aufbauen und aufwerten müssen. «Ach», winkt Glastetter müde ab, «der Schmidt war doch immer ein Angebotstheoretiker, und der Lahnstein, mit dem habe ich neulich erst böse gestritten, als wir vor einer Fernsehdiskussion gemeinsam am Schminktisch saßen. Die arme Frau ist gar nicht zum Pudern gekommen. Da sind sie doch alle stur auf konservativer Linie.»

## 3. Der Unternehmensfreund in der Mehrheit

Im zwölften Stock des Statistischen Bundesamtes, hoch über Wiesbaden, treffe ich auch *Professor Horst Albach*, jenen beschränkt unabhängigen Weisen, der offen mit der Unternehmerseite sympathisieren darf, weil er auf ihren Vorschlag hin dem Rat angehört. Der schlanke, hochgewachsene Einundfünfzigjährige setzt sich, nachdem er die Hemdmanschetten aus dem Jackettärmel gezupft und mit einer raschen Handbewegung das dunkle, von silbriggrauen Strähnen durchzogene Haar geordnet hat, mir gegenüber, als gelte es, Kulenkampffs Quizfragen zu beantworten. Der sportlich-dynamische Professor spricht nicht nur inhaltlich klar, sondern auch politisch sehr deutlich – doch leidet er unter einer Krankheit, die Politiker häufig vor Fernsehkameras befällt: Er überhört die Frage und legt lieber in freier Rede seine Position dar. Doch auch daraus ist schon manches Schöne entstanden.

«In der Tat fühle ich mich verantwortlich dafür mitzuwirken, die Wirtschaftsmacht der Unternehmer zu stärken durch geeignete Wirtschaftspolitik, denn wenn es den Unternehmen gutgeht, dann geht es auch den Arbeitnehmern gut.» Das ist wirklich ein klares und deutliches Glaubensbekenntnis; zudem eine altbekannte These, die Adam Smith vor zwei Jahrhunderten bereits aufstellte und die seitdem oft wiederholt worden ist (was allein sie nicht wahrer macht). Auch Professor Albach wiederholt den Satz in den folgenden Stunden, fast beschwörend, mehr als ein dutzendmal (was ihn auch nicht wahrer macht). Aber hochkomplexe Wirtschaftsprozesse auf einfache Grundformeln zu bringen kann ja auch schon eine Leistung sein.

«Differenzen zwischen angebotsorientierten und nachfrageorientierten Ratsmitgliedern werden in der Öffentlichkeit viel zu stark hochgespielt. Wir alle haben Angebot und Nachfrage im Blick. Unterschiede gibt es nur bezüglich der Schätzurteile über die Problemlage, in der wir uns befinden. Ich glaube, daß die gegenwärtigen Probleme nicht darin wurzeln, daß nicht genügend Nachfrage da wäre, sondern daß die Unternehmen nicht genügend Finanzkraft und Investitionskraft haben, um neue Arbeitsplätze zu schaffen. Da gilt es anzusetzen, und wenn die Investitionskraft gestärkt ist, dann wird es auch allen wieder besser gehen, und alle können dann auch mehr ausgeben – und in Erwartung darauf, daß es besser wird, auch heute schon mehr ausgeben. Das ist das Kernproblem.»

Natürlich ist es das nicht, es ist vielmehr der Kerngedanke seines Credos, aber Horst Albach hat diesen letzten Satz mit viel Emphase und Engagement vorgetragen. Bei einzelnen Worten, die er stark betont, ballt er die rechte, kräftige Tennisfaust, seine Stimme wird dabei etwas tiefer und rauchiger. «Das Dilemma besteht immer darin, daß es Maßnahmen gibt, die kurzfristig wirken, aber vielleicht langfristig die Probleme vergrößern, während andere Maßnahmen auf die Dauer wirksam sind, aber eben erfordern, daß man kurzfristig eine Erschwerung der Probleme durchsteht.» Wieder eine beeindruckende Argumentation. Der Wissenschaftler läßt sich nicht von Scheinerfolgen blenden, er sucht den wahrhaft richtigen Weg, auch wenn er dornig ist. Respekt. In der Praxis kann man mit dieser Logik natürlich jeden Verfechter anderer Strategien diffamieren, während man selbst – falls man mit der eigenen Methode auf die Nase fällt – einfach nicht lange genug Zeit hatte.

Bevor ich das Gespräch realitätsnäher gestalten kann, bekomme ich noch mal eine Portion Selbstverständnis serviert: «Ich selbst bin Betriebswirt. Und als Betriebswirt ist man den Problemen des einzelnen Unternehmens vielleicht noch näher, als das der Volkswirtschaftler ist. Der Betriebswirt geht davon aus, daß die Wirtschaft nur läuft, wenn Investitionen rentabel sind. Inzwischen aber bringt die Verzinsung von Investitionen in Unternehmen in vielen Fällen weniger, als wenn ich das Geld auf die Bank trage. Das ist ein unhaltbarer Zustand, den gilt es zu beseitigen – im Interesse der Beschäftigung! Das hat mit unternehmerfreundlicher Politik überhaupt nichts zu tun. Wenn man das angebotsorientierte Politik nennen will, gut; ich nenne es mitarbeiter- und beschäftigungsorientierte Politik.»

Auf der Suche nach neuen Rezepten, die Konjunktur anzukurbeln, hake ich ein, habe die sozialliberale Regierung seit Anfang 1982 doch eine angebotsorientierte Politik betrieben, indem sie Investitionen über Prämien und verbesserte Abschreibungen um rund ein Drittel verbilligt habe. Trotzdem sei nichts passiert. Dies und das Scheitern der Reaganomics lasse doch Zweifel an dieser Strategie aufkommen. «Ich glaube, man sollte von einer Politik, die die Investitionen stärkt, nicht kurzfristige Erfolge erwarten. Wer die Dinge fair betrachtet, der wird zugestehen, daß die Politik, die die Vereinigten Staaten eingeleitet haben, schon erhebliche Erfolge gebracht hat, die Inflationserwartung, die Inflationsmentalität ist gebrochen, die Inflationsrate ist beachtlich gesenkt worden ...»

«Aber die Arbeitslosigkeit ist ebenso beachtlich gestiegen!»

«... im Augenblick noch, ich sage ja, daß die Wirkungszeit bei Investitionen lang ist, denn wer wird in Arbeitsplätze investieren, die zwanzig, dreißig Jahre lang bestehen und Geld kosten, wenn er nur an ein kurzfristiges Strohfeuer glaubt?»

In the long run, we are all dead, hatte Keynes gesagt, und ich denke an die Schulabgänger ohne Ausbildungsplatz und die arbeitslosen Twens, denen der Hinweis auf die lange Wirkungskette von Investitionen wenig Trost gibt. Und gegen die Hoffnung, daß mehr Investitionen mehr Arbeitsplätze bedeuten, spricht überdies, daß viele Branchen zur Zeit mit geringer Kapazitätsauslastung arbeiten, also gar keinen Grund haben, ihr Produktionspotential auszubauen.

Horst Albach lächelt entgegenkommend, die rechte Hand ist wieder zur Faust geballt. «Aber nicht alle arbeiten heute mit halber Kraft, es gibt ja auch Branchen, zukunftsweisende Industrien, die arbeiten bis an die Grenze ihrer Kapazität, die müßten aufstocken. Andere, tendenziell veraltete Branchen, müssen sowieso abbauen, weil sich im Rahmen des weltweiten Strukturwandels der Standort Bundesrepublik für diese Industrien nicht mehr lohnt. Die Investitionen in den modernen Industrien schaffen neue Beschäftigungsmöglichkeiten.»

Diese Milchmädchenrechnung hat Herman Kahn schon vor zehn Jahren medienwirksam und fortschrittseuphorisch in die Welt posaunt: Fortschritt heißt, das Alte stirbt, das Neue wächst, Arbeitskräfte müssen wechseln aus der Schuhmacherei in die Software-Produktion, alles paletti, jeder hat seine Arbeit, dazu noch eine viel angenehmere, sauberere und interessantere. Heute weiß man, daß die modernen, hochtechnologischen Branchen mit sehr viel weniger Arbeitskräften auskommen als die traditionellen Betriebe. Wer bereit ist, sich durch dicke Statistikbände und empirische Studien zu quälen, kann die entsprechenden Zahlen auch für die Bundesrepublik nachlesen. Also zitiere ich im Angesicht des Weisen die Quellen und wiederhole die Ergebnisse: Der Strukturwandel ist nicht beschäftigungsneutral, er setzt Arbeitskräfte frei. Die expandierenden modernen Betriebe können nur einen Teil der Arbeitskräfte aufnehmen, die ihre Jobs verlieren.

«Diese Zahlen, die Sie zitieren, ja, gut, aber ich würde sie nicht so interpretieren, wie Sie das getan haben. Ob diese Freisetzungseffekte eintreten und wie groß sie sind – darauf haben die fünf Institute ja hingewiesen –, ist eine Frage des Tempos des Strukturwandels und des Wachstums in der Wirtschaft. Sicher ist richtig, daß der Strukturwandel in der Vergangenheit eine Beschäftigungslücke geschaffen hat. Jeder weiß aber, daß daran administrative Hemmnisse schuld waren: Bei Atomkraftwerken und Kabelfernsehen ist ja vieles abgeblockt worden. Wenn dort die Wachstumshemmnisse nicht so stark aufgebaut worden wären, sähe das schon anders aus. Und da wir ja auch noch das große Problem haben, eine wachsende Erdbevölkerung mit Gütern des materiellen Wohlstands zu versorgen, ist Wachstumspessimismus ganz fehl am Platze. Im Gegenteil!»

Wenn die Wirtschaft nicht stagnieren würde, dann würde sie wachsen. Wenn wir nur noch blinder auf Fortschritt setzen würden, gäbe es keine Wachstumsprobleme. Was? Wie? Umweltprobleme? Menschenfeindliche Technik? Dann denkt doch mal an die armen Neger! Wie das Privatfernsehen in Niedersachsen mit der Überwindung von Hungersnot in der Sahel-Zone zusammenhängt, bleibt das Geheimnis von Herrn Professor Albach. Vor einer Stunde hätte ich dem freundlichen Professor noch jeden Gebrauchtwagen abgekauft. Jetzt werde ich schon bei alten Hüten skeptisch.

Auch macht sich eine gewisse Enttäuschung breit. Meine Versuche, die Argumentationskette, die den Empfehlungen und Strategien des Sachverständigenrates vorangeht, Schritt für Schritt zu verfolgen und die zugrundeliegenden Annahmen herauszufinden, schlugen immer wieder fehl. Mein Gegenüber springt von der Mikroelektronik zum Agrarprotektionismus, von Wechselkursen zum Welttextilabkommen, von der Hochzinspolitik zu Sättigungsgrenzen bei Konsumgütern, von der Stahlkrise zur internationalen Arbeitsteilung. Unvermittelt wird der Redefluß, der einen guten Eindruck von der Komplexität und Vielschichtigkeit der Wirtschaft im allgemeinen und der Weltwirtschaft im besonderen gibt, unterbrochen von Einschüben wie: «Also, Vollbeschäftigung ist immer möglich, wenn die Kosten stimmen.» Oder: «Die sichere Erwartung rentabler Investitionen ist dazu natürlich die Voraussetzung.» Oder: «Die Marktwirtschaft neigt eigentlich zur Stabilität!» Und, oft genommen und gern angebracht: «So wächst das, wenn die Investitionen stimmen.»

Ich hatte vom Mitglied eines Rates, der Vorschläge zur praktischen Wirtschaftspolitik macht, mehr Empirie erwartet. Was kam, waren theoretische Planspiele. Wissenschaftstheoretiker würden sagen, daß es sich bei Leuten, die mit derartig vielen Prämissen arbeiten, um Modelltheoretiker handelt. Nach mehr als drei Wenn-Annahmen sagt der Berliner: Wenn meine Oma Räder hätte, wärse 'n Omnibus.

Ich versuche einen Sprung, der uns von Modellüberlegungen wegführen könnte: «Reichen die traditionellen Rezepte der Ökonomie überhaupt noch aus, Wachstumsschwäche, Arbeitslosigkeit, Wandel der internationalen Arbeitsteilung und rasanten technologischen Fortschritt zu bewältigen? Oder müssen auch gesellschaftspolitische Mittel eingesetzt werden, wie Verkürzung der Arbeitszeit?»

«Tja, da muß man kurzfristige und längerfristige Gesichtspunkte unterscheiden. Mittelfristig besteht das Problem der Arbeitszeitverkürzung darin, daß wir zu Regelungen kommen, die irreversibel sein könnten. In den neunziger Jahren werden wir wegen der demographischen Kurve weniger Arbeitskräfte zur Verfügung haben; dann ist die Frage: Werden die wenigen Beschäftigten genügend arbeiten, um die vielen Rentner mitzufinanzieren? Außerdem wollen die Leute doch gar kein früheres Pensionsalter! Die Bonner Gerontologen-Studie hat uns gezeigt, daß die meisten auch noch nach der Pensionierung arbeiten möchten. Zu 80 Prozent bestand dieser Wunsch! Denken Sie daran, daß in den Vereinigten Staaten das Pensionsalter für Beamte auf 70 Jahre hochgesetzt wurde.»

Interessante Entwicklung, zugegeben, aber wie kriegen wir nun die 30 Millionen Arbeitslosen in den OECD-Staaten vom Tisch? «Wissen Sie», schiebt Horst Albach nach, und seine Stimme ist wieder tief und rauchig, «meine Grundüberzeugung, mit der ich auch hier alle Aspekte angepackt habe, ist, daß Arbeit genug für alle da ist! Aber wenn man weiterhin höhere Einkommen will, dann muß man auch anpacken!» Wieder hat er ein Pathos in der Stimme, das Berliner Trümmerfrauen zu Höchstleistungen getrieben hätte. Aus weisem Munde höre ich nur bekannte Argumente, keinen umwerfenden Beleg. Die Resignation und der Unmut, mit denen Werner Glastetter sich an die Ratsarbeit erinnert, werden mir einsichtig. Wie hält sein Nachfolger Krupp das aus? Zunächst andersrum die Frage an Albach: Wie hält der Rat das neue Mitglied Krupp aus? «Gut», strahlt Albach sofort zurück, «Herr Krupp ist ja kein Dogmatiker, und ein Wachstumsgegner ist er auch nicht, im Gegenteil.»

«Aber in Grundfragen ist er doch anderer Meinung, er ist doch eher Nachfrage-Theoretiker. Ist das nicht belastend, wenn die Ratsmehrheit damit rechnen muß, daß Herr Krupp immer an den gleichen Stellen deutlich macht, daß er das anders sieht?»

Albach grinst burschikos und ballt die rechte Faust: «Wir kennen seine Position ja aus den Publikationen. Da muß man eben ausloten, wie weit er mitgeht. Wir versuchen die Formulierungen so weit zu entschärfen, daß er möglichst viel mittragen kann. Und er muß sich dann ja auch jedesmal fragen, ob er das noch schlucken kann oder ob er den Finger hebt und ausschert. Dann muß er eben raus und in seinem eigenen Kämmerlein über Nacht seine eigenen zehn Seiten schreiben. So was überlegt man sich natürlich gut.»

## 4. Der pragmatische Ratgeber

*Hans-Jürgen Krupp* ist nicht sonderlich erbaut, Fragen über Grundsätzliches beantworten zu müssen. Das hält auf. Der Präsident des Deutschen Instituts für Wirtschaftsforschung (DIW), Professor in Frankfurt und wirtschaftspolitischer Berater Hans-Jochen Vogels, des SPD-Vorstandes und der hessischen Landesregierung, ist im Prinzip immer in Eile. Er hält Vorlesungen an der Universität Wien, sitzt der Bonner Transfer-Enquete-Kommission vor, leitet die Berliner Wissenschaftskommission zu Problemen des Arbeitsmarktes, und seit Frühjahr 1982 ist er einer der «Fünf Weisen». Der jungenhaft freundliche Wissenschaftsmanager strahlt Sorglosigkeit aus und Macheroptimismus aus. Sein Berater-Verhältnis zur SPD führte zu einer vorbildlichen Polit-Karriere, deren früher angestrebte Krönung, das Staatssekretärsamt in Bonn, ihm nur aufgrund ungünstiger personeller Konstellationen versagt blieb. Wäre die Wahl am 6. März 1983 anders ausgegangen, hätte der sozialdemokratische Wirtschaftsminister wahrscheinlich Krupp geheißen. Doch wieder einmal hat es nicht sein sollen. Der Weg nach Bonn blieb verbaut. Aber das kann ja noch werden; derzeit hat die Sozialdemokratie an smarten, gremiengewandten Fachleuten keinen Überfluß.

Seine Konfliktvermeidungshaltung zeigt er schon, als ich ihn auf Spannungen zur angebotsorientierten Ratsmehrheit anspreche. «Ich bin ja kein reiner Nachfrage-Theoretiker, die Dinge liegen ja doch etwas komplizierter. Meine Position, daß die Wirtschaft auch zu Ungleichgewichten neigt, zumindest kurzfristig, ist im Rat nicht sehr stark vertreten, und deshalb habe ich auch keine überzogenen Erwartungen gehabt. Man muß eben miteinander diskutieren, Probleme deutlich machen, der Öffentlichkeit deutlich machen, daß unterschiedliche Auffassungen bestehen. Und Gott sei Dank bin ich in der wissenschaftlichen Diskussion nicht ganz so allein, wie ich es im Rat bin.»

Später deutet er an, die SPD habe es wohl verschlafen, während ihrer Regierungszeit zumindest einen weiteren arbeitnehmerfreundlichen Weisen durchzusetzen – was, wenn auch konfliktreich, machbar gewesen wäre. Jetzt muß er die ganze Arbeit allein bewältigen und dabei noch Flagge zeigen. Doch, so meint Herr Krupp, die Fronten seien gar nicht so starr. «Es gibt da einige gewichtige Aussagen in den Gutachten, die ich voll trage und die auch die Ratsmehrheit trägt. Der Rat hat z. B. einen Beschäftigungsbeitrag von 10 Milliarden oder mehr vorgeschlagen; das halte ich für sehr vernünftig – und das hat ja auch der DGB in seinen Programmen gefordert. Ferner hat der Rat gesagt, daß diese Mittel auch für öffentliche Investitionen bereitgestellt werden sollten. Das halte ich für wichtig. Die Mehrwertsteuer-Erhöhung hat er abgelehnt mit einem angebotsorientierten Argument und einem Argument, das nachfragetheoretisch begründet war. Diese Punkte, die wir gemeinsam tragen, sind für mich eigentlich wichtiger als die Punkte, bei denen es abweichende Voten gegeben hat.»

Der Rat sei für Argumente offen, nur eben nicht in dem nötigen Umfang, faßt Hans-Jürgen Krupp seine Haltung zur Ratsmehrheit zusammen. So hätte Werner Glastetter das wohl kaum formuliert. Aber der hatte eben, trotz Parallelen in den inhaltlichen Positionen, einen ganz anderen Approach. Seine Programmatik umreißt Hans-Jürgen Krupp so: «Ich habe gesagt, Wachstumsanstöße muß man zur Not über zusätzliche Steuern oder zusätzliche Kreditaufnahme des Staates finanzieren, wenn Einsparungen im notwendigen Umfang nicht möglich sind. Die Ratsmehrheit hat gesagt, wir brauchen zwar die Wachstumsanstöße, aber wir müssen sie bezahlen können. Und wenn wir die Einsparungen nicht hinkriegen, können wir sie eben nicht machen. Das halte ich für eine Politik, die wenig Erfolgschancen hat, denn man kann sich jetzt schon an fünf Fingern abzählen, daß man allein durch Einsparungen im öffentlichen Haushalt kein Wachstumsprogramm hinkriegen wird, denn die öffentlichen Haushalte sind ja nun schon ziemlich zusammengepreßt worden. Investitionen, die heute notwendig sind, müssen deshalb wohl doch vor allem im öffentlichen Bereich liegen.»

Staatliche Beschäftigungsprogramme, aus öffentlichen Haushalten finanzierte Ausgabenprogramme, um der Konjunktur den Impuls zu geben, wieder aufwärts zu marschieren. Die Frage drängt sich auf: Woher sollen denn die Mittel kommen, wie finanziert man mit leeren Staatskassen derartige Programme? Im Wahlkampf des Frühjahrs 1983 ist sie dem Mitglied der SPD-Führungsmannschaft Krupp häufig gestellt worden, im kleinen Kreis und in illustrer Runde vor Millionen Fernseher-Augen. Seine Antwort war immer dieselbe: solche Programme finanzieren sich im Prinzip selber. Und die Reaktion des Publikums war auch immer dieselbe: Man hat's ihm nicht geglaubt. Auch in unserem Gespräch verweist Präsident Krupp auf die Erfolge des Zukunfts-Investitionsprogramms, auf die ökonomisch noch längst nicht erreichten Grenzen der Staatsverschuldung, auf die Gelder, die weniger Arbeitslose der Staatskasse wieder einbringen.

Es klingt plausibel, überzeugend ist es nicht. Man kann es durchkalkulieren, gewiß, aber denen, die es propagieren, fehlt die Kraft, die Machbarkeit sichtbar und glaubhaft werden zu lassen. Seit Jahren argumentiert die SPD aus der Defensive heraus, auch und gerade in der Wirtschaftspolitik. Hans-Jürgen Krupp liegt auch stilistisch voll auf Linie. Er ist kein Kämpfer, kein Rhetoriker, kein Prophet. Daß ausgerechnet er jetzt ein Patentrezept vorlegt, ein sich selbst finanzierendes Beschäftigungsprogramm, nimmt ihm keiner ab. Die Wähler haben es der SPD auch nicht abgenommen.

Zurück von den Modellen zur Arbeit im Rat der «Fünf Weisen». «So groß ist der Streit mit der Ratsmehrheit gar nicht, prinzipiell; das ist alles eher eine Frage des Grades.» Auf mein erstauntes Gesicht hin erhalte ich gleich noch einen Kurs in Kompromißkunde: «In einer Ungleichgewichtssituation der Wirtschaft, wenn Kapazitäten nicht ausgelastet sind, die Nachfrage zu gering ist, es sozusagen ein Gleichgewicht bei Unterbeschäftigung gibt, da, bin ich der Meinung, müssen sich Angebotspolitik und Nachfragepolitik ergänzen.» So kann man natürlich auch sagen, daß alle an einem Strick ziehen müssen, wenn man mal kurz vernachlässigt, daß die Beteiligten an entgegengesetzten Enden ziehen.

Präsident Krupp geht vorsichtig mit seinen Gegnern um, er sieht viel Gemeinsames, einiges ist diskussionsträchtig, ab und zu hält er Positionen des Rats für «blauäugig». Darüber ereifert er sich nicht; für ihn geht es nicht um Wahrheit, Identität oder darum, recht zu haben. «Wissen Sie, wenn man diesen Job der wissenschaftlichen Politikberatung schon seit Jahren macht ...», beginnt er, als ich ihn frage, wie er persönlich die Kontroversen im Rat und die einseitige Reaktion der Öffentlichkeit erträgt, und dann winkt er mit einem Lächeln ab, das wohl Routine ausdrücken soll. Den Profi ficht das alles nicht an: games people play.

# Medien, Gewerkschaften, Politik

ODER

## Die augenzwinkernde Kumpanei derer, die das Sagen haben

«Im Jahr vor dem Bonner Machtwechsel waren sich Sachverständigenrat und seine Multiplikatoren in Zeitungen, Parteien und Wirtschaftsverbänden einig, daß es ‹so nicht weitergehen kann›. So die nicht zufällig übereinstimmenden Überschriften von *FAZ* und Gutachten.»

*Rolf-Dietrich Schwartz*

# Sachverständigenrat und Wirtschaftsjournalismus

## 1. «Sachverständige» Meinungsbeeinflussung und -abhängigkeit

Im 20. Jahr der «Bildung eines Sachverständigenrates zur Begutachtung der gesamtwirtschaftlichen Entwicklung» erlauben sich sogar die nicht zu den bundesdeutschen Meinungsführern zählenden bundesdeutschen Gazetten die Respektlosigkeit, auf der wissenschaftlichen Autorität der «Fünf Weisen» herumzutrampeln. Über einen «nicht in allen Teilen wohlbegründeten Schnellschuß der Professoren»[1] und «mit heißer Nadel gestrickt»[2] mäkeln sogar betont konservative Zeitungen am Sondergutachten (v. 9.10.1982) des Sachverständigenrates herum. Und das ausgerechnet an einem Werk, das die von den konservativen politischen Kräften im Lande ausgegebene Parole von der «Wende» wissenschaftlich begründen und untermauern soll. Es gibt sogar Zeitungen im Lande, die es als «Glück» empfinden, daß der gemeinhin als «gesammelter wissenschaftlicher Sachverstand» gefeierte Rat «bisher beinahe ebenso oft geirrt hat, wie er richtig lag».[3]

Diesen Ton mangelnder Ehrfurcht vor wirtschaftswissenschaftlichen Thronen brauchten sich die «Hüter des Dogmas von der unbefleckten Martkwirtschaft» nicht immer gefallen zu lassen. Gunter Engelhardt wußte in seiner Bilanz über die erste Dekade des Weisen-Wirkens[4] von «noch unverbrauchter Autorität und einem unangefochtenen analytischen Startvorsprung gegenüber seinen Kontrahenten in Politik und Öffentlichkeit» zu berichten: von «hohem, (ja) fast priesterlichem Respekt» und «päpstlicher Autorität».

Das war noch zu einer Zeit, da der Sachverständigenrat in einem Vorwort zu einem seiner ersten Jahresgutachten[5] mit Fug und Recht darauf vertrauen konnte, «daß seine Gedanken und Überlegungen durch die Organe, die berufen sind, die breitere Öffentlichkeit zu informieren, verständnisvoll weitergegeben werden». Und Öffentlichkeit schließlich gehört sogar zu seinem Gesetzesauftrag, wenn bereits im Paragraphen 1 des «Gesetzes über die Bildung eines Sachverständigenrates zur Begutachtung der gesamtwirtschaftlichen Entwicklung»[6] die Aufgabe zugewiesen wird, «zur Erleichterung der Urteilsbildung bei allen wirtschaftspolitisch verantwortlichen Instanzen sowie in der Öffentlichkeit» beizutragen. Manche Kritiker gehen sogar so weit, von einer «Produktion der öffentlichen Meinung»[7] zu sprechen, die die «veröffentlichte Meinung» zu bewerkstelligen hat.

Ganz so monopolistisch, wie aus diesen Befürchtungen herausgelesen werden könnte, «produziert» freilich der Sachverständigenrat nun auch wieder nicht «die» öffentliche Meinung. Dem Zeitpunkt seiner nach Paragraph 6 seines «Bildungsgesetzes» vorgeschriebenen Veröffentlichung, dem regelmäßig übertretenen 15. November, geht eine Reihe von konjunkturellen Lageanalysen und wirtschaftlichen Gutachten anderer wissenschaftlicher Autoritäten wie das «Gemeinschaftsgutachten der fünf Konjunkturforschungsinstitute», Lageberichte von Bundesbank und Bundeswirtschaftsministerium sowie Untersuchungen internationaler Institutionen wie OECD und Internationaler Währungsfonds (IWF) mit speziellen Deutschland-Teilen voraus. Ganz zu schweigen von den durchaus auch anerkannten Wirtschaftsanalysen gut bestallter volkswirtschaftlicher Abteilungen renommierter Banken und Großunternehmen.

Gegenüber diesem angeblich «unabhängigen versammelten wirtschaftlichen Sachverstand», auf den sich Politiker je nach Gusto so gerne berufen, kommen die dann wohl «abhängigen» Konjunkturbeobachter in Instituten, die den großen sozialen Gruppen nahestehen, mit ihrem «wissenschaftlichen Renommee» in der veröffentlichten Meinung nicht so ganz mit. Manche Einrichtungen freilich, wie etwa das der deutschen Industrie gehörende «Institut der Deutschen Wirtschaft (IW)», sind den offiziellen etablierten wissenschaftlichen Politikberatern etwas gleicher als gleich, wenn man dem das gewerkschaftliche «Wirtschafts- und Sozialwissenschaftliche Institut (WSI»)gegenüberstellt. Jedenfalls erfreuen sich die in der Tat vorzüglich aufbereiteten und gefällig dargebotenen Arbeiten des einstigen «Industrieinstitutes» einer ungewöhnlichen Aufmerksamkeit und entsprechenden Verbreitung in den Wirtschaftsteilen der Zeitungen.

Vielleicht zählt dieses Plus zu einem der entscheidenden Beweggründe für den einstigen «Weisen» Professor Gerhard Fels, aus dem «unabhängigen» Sachverständigenrat auszuscheiden und dafür die Leitung des «abhängigen» Institutes der Deutschen Wirtschaft zu übernehmen. Spötter – oder Kenner? – der wissenschaftlichen Szene behaupten, daß bei einem Wechsel dieser Art kein großer Umgewöhnungsprozeß erforderlich sei.

Wie auch immer: Die Professoren kommen und gehen, der Sachverständigenrat aber bleibt – und mit ihm das den Wirtschaftsjournalisten abverlangte Kunststück, aus einem in monatelanger Arbeit mit aller wissenschaftlichen Akribie hergestellten Wälzer von 600 Seiten und mehr in wenigen Stunden die entscheidenden Geistesblitze der fünf Autoren und ihres Stabes zu erhaschen und – wie das Gesetz es befiehlt – für Veröffentlichung zu sorgen. Da kommt den so geforderten – Kritiker sagen: überforderten – Zeitungsschreibern zwar nicht nur der Umstand zugute, daß – wie erwähnt – bereits eine Vielzahl von Wirtschaftsanalysen anderer Institutionen für die notwendige Vorbereitung gesorgt hat. Auch der Glücksfall eines alle Jahre wiederkehrenden Schema F beim Aufbau des umfangreichen Gutachtens erleichtert bei der Lektüre die Orientierung. Nicht zuletzt der vor einigen Jahren eingeführte Brauch, «eine kürzere Fassung» dem gesamten Opus vorauszuschicken, macht den Umgang mit dem kapitalen Werk der Weisen einfacher.

Ersetzen soll und kann die Lektüre der kürzeren Fassung freilich das Studium der gesamten Jahresgabe nicht. Daran erinnern die Professoren jedes Jahr von neuem ihre journalistischen Zuhörer bei der sorgsam inszenierten Präsentation vor der Bonner Bundespressekonferenz. Diese «kürzere Fassung» sei eben keine bloße Zusammenfassung ihrer über viele hundert Seiten dargelegten Gedankengänge durch das komplizierte Labyrinth des real existierenden Kapitalismus. Wenn das jährlich von ihnen abgelegte Bekenntnis zu Marktwirtschaft und funktionierendem Wettbewerb allen tatsächlichen Gegebenheiten zuwider so einfach wäre, könnten sie ja schließlich auch einmal auf die Idee kommen, nur noch eine «kürzere Fassung» für ihr bescheidenes Salär von einigen Tausendern im Jahr zu offerieren.

Doch in der Regel kommt die Mahnung zu Fleiß und Ausdauer zum Kennenlernen der gesamten Erleuchtung der «Fünf Weisen» vergeblich. Für die meisten der um zahlreiche vorgeschobene Verbandsbeobachter verstärkten journalistischen Zuhörer bleibt es bei der beschränkten Lektüre, die man zwei Stunden vor der offiziellen Pressekonferenz des Sachverständigenrates auf die Schreibtische bekommen hat. Die Hektik des Tagesgeschäftes fordert ihren Tribut, nicht zuletzt auch die politische Funktion des Gutachtens in diesem Tagesgeschäft: Die ersten Stellungnahmen und Positionsbestimmungen der Verbände und Wirtschaftsvereinigungen folgen auf der Stelle, und zwar in so erstaunlich kurzer Frist, daß man getrost von der Gewißheit ausgehen kann, daß zu einem gründlichen Studium des Gutachtens keine Zeit gewesen sein kann.

«Die» öffentliche Meinung gründet sich ganz zweifellos auf einer höchst oberflächlichen Kenntnisnahme der Thesen des Sachverständigenrates. Sie reicht für den üblichen Grabenkrieg im Verteilungskampf des politischen Alltags auch offensichtlich aus, wo mit Geschossen aus möglichst schlichten Worthülsen aufeinander losgegangen wird. So fühlen sich regelmäßig die Lobbyisten der Kapitalseite von den Erkenntnissen der Weisen «voll und ganz» bestätigt, daß die Löhne immer noch viel bescheidener ausfallen müssen, daß die Erholung der Unternehmergewinne noch viel zu bescheiden ist und daß der Staat noch viel bescheidener werden müsse. Von A wie Arbeitgeberverband bis Z wie Zentralverband des Handwerks stimmt alles in diesen Tenor ein, den das Bonner Wirtschaftsministerium natürlich auch schon immer für richtig gehalten hat und dem die im allgemeinen Wortgetümmel fast untergehenden Stimmen der Gewerkschaften mit gleicher Regelmäßigkeit widersprechen. Damit sind dann die Voraussetzungen perfekt, die die Regierenden davon sprechen lassen, daß der «gesammelte wirtschaftliche Sachverstand» auf ihrer Seite stehe und jeder Widerspruch Gefahr läuft, sich selbst lächerlich zu machen und als ignorante Verblendung entlarvt zu werden.

Die Wirtschaftsjournalisten haben bei dieser eingefahrenen Rollenverteilung im gesellschaftspolitischen Verteilungskampf den Part zu übernehmen, eine Mittlerposition zwischen Kriegsberichterstatter an der Verteilungsfront und Schiedsrichter der sich gegenseitig bekriegenden autonomen Gruppen zu halten. Als überwiegend lohnabhängige Schreiber am kurzen Draht der Verbandsspitzen und Wirtschaftsbosse sind sie Opfer und Nutznießer zugleich, wenn sie in der überwiegend konservativ gefärbten Zeitungslandschaft Farbe bekennen (müssen). Denn wer kann schon der geballten Kraft aus wirtschaftswissenschaftlichem Sachverstand und massiver Zustimmung aus Ministerien und Wirtschaftsverbänden widerstehen, ohne die beschwerliche Außenseiterrolle eines «blinden Ideologen» oder bestenfalls noch eines wohlwollenden Hofnarren zu übernehmen?

Mit den regelmäßigen Gutachten des Sachverständigenrates verhält es sich so, wie Holger Bonus die Funktion von wissenschaftlichen Gutachten in der Politik und in der öffentlichen Meinung beschrieben hat[8] – freilich von der «anderen» Seite als Attacke gegen Versuche «uneinsichtiger» Minderheiten, ihre «ignoranten» Positionen in der Umwelt-, Energie- und Friedensfrage mit wissenschaftlichem Anstrich zu übertünchen. Bonus räumt aber selbst in einer Fußnote ein, daß diese Rollen beiderseits der ideologischen Barrikaden durchaus auch austauschbar sind.[9] In jedem Falle erkennt er wissenschaftlichen Gutachten eine wichtige Rolle im «ideologischen Schlachtgetümmel» zu, da sie den jeweiligen Gegner in seiner latenten Isolationsfurcht bestärken sollen. «Die durch illustre Namen verbürgte Wissenschaftlichkeit ideologischer Argumente dient als Abschreckungswaffe: man muß einfach glauben, was die Wissenschaft so bedeutsam doziert!»

Was der Ideologie-Kritiker als besonders raffinierte Masche linker Volksverführer und Geistesverwirrer entlarven will, wobei er nachfrageorientierte Keynesianer, Kernkraftgegner, Hausbesetzer, Friedensdemonstranten und Kritiker von Berufsverboten munter in einem Topf durcheinanderwirbelt, nämlich das Bemühen dieser «kleinen radikalen Minderheit» um wissenschaftlichen Anspruch ihrer geistigen Verirrungen, richtet sich in gleicher Weise gegen die angeblichen Mehrheits-Rechthaber. Seine Beschreibung des politischen Mißbrauchs von wissenschaftlichen Gutachten ist eine Beschreibung des regierungsamtlichen Umgangs mit den Jahresgutachten des Sachverständigenrates zur Begutachtung der gesamtwirtschaftlichen Entwicklung nach dessen geistiger Wende in Richtung Angebotsideologie 1976/77.

«Wenn ein Politiker sich hinter wissenschaftlichen Gutachten verschanzt, so benutzt er sie wie ein Schutzschild, an dem die Speere der gegnerischen Ideologie, die ja ihrerseits wissenschaftlich gepanzert sind, wirkungslos abprallen sollen. Hinter dem Schutzschild geduckt, wartet der Politiker ab – was er ein Moratorium nennt, eine Denkpause –; er hofft, die öffentliche Meinung möge sich unter der Wucht der wissenschaftlichen Beweislast der eigenen Position zuneigen. Dann, wenn sich der Pulverdampf verzogen hat, wird er sich hervorwagen. Von der öffentlichen Meinung getragen, den Meinungsklimadruck im Rücken, wird er dann alles das tun können, was er politisch lange zuvor schon anvisiert hatte, was aber so lange nicht opportun war.»[10] Journalisten, speziell die Spezies der ökonomischen Fachleute, haben bei derartigen politischen Wendemanövern mit ihrer Produktion von öffentlicher Meinung naturgemäß eine tragende Rolle, manchmal sogar eine vortragende.

## 2. Die Angebotssaga – Brückenschlag zum konservativen Wirtschaftsjournalismus

Denn als sich die «Fünf Weisen» mit ihrem Jahreswerk Ende 1976 zum geistigen Vorreiter der Wende zur Angebotspolitik machten, die erst Jahre später in den wichtigsten Hauptstädten der westlichen Welt nachvollzogen wurde, waren sie mit ihrem Kernstück, dem «Programm der wachstumspolitischen Vorsorge», des Beifalls der konservativen Wirtschaftspresse sicher. Niemand störte sich daran, daß ein Jahr zuvor just das Gegenteil der jetzt als Wahrheit verkündeten Erkenntnisse im Jahresgutachten zum besten gegeben wurde. Dabei hätte sich der Sachverständigenrat diesmal seine eigenen Zweifel am eigenen Wachstumsprogramm vorhalten lassen müssen. «Etwa, daß zunächst einmal lediglich für eine bessere Liquidität im Unternehmensbereich gesorgt wird; daß die besonders gefährdeten, in roten Zahlen steckenden Betriebe nichts von dieser Staatsbeglückung haben; daß Abschreibungserleichterungen keineswegs investitionsanregend wirken müssen; daß die Kumulierung mit dem bereits eingeführten steuerlichen Verlustrücktrag dem Staat und damit den Steuerzahlern zu viel Beteiligung an privaten Verlusten aufbürden würde. Diese Weisheiten sind jedenfalls unter Textziffer 443 im Opus 1975/76 nachzulesen.»[11]

In jenem Werke bewegte sich der Rat der Weisen ein letztes Mal noch in dem einigermaßen gewohnten Milieu des Keynesianismus mit den aggregierten Gesamtgrößen der volkswirtschaftlichen Kreislaufrechnung und setzte noch hinter das Sonderkapitel «Krise der Marktwirtschaft» ein unübersehbares Fragezeichen. «Dabei tauchte immer wieder folgende Grundmelodie auf: Wenn der Markt funktioniert, kann er dieses und jenes Problem lösen.»[12] Die Wirtschaftspresse unterstützte ihn bei seinem Prinzip der Umverteilung zu Lasten der Arbeitnehmer und zugunsten der Unternehmer: «je schneller, desto besser», meldete aber auch schon Zweifel an und nahm damit weitblikkend einige Elemente der Weisen-Wende im darauffolgenden Jahr immerhin schon vorweg: «Daß die Sachverständigen gleichzeitig die bescheidenen Sparerfolge des Staates, die ja bekanntlich mit deftigen Steuer- und Abgabeerhöhungen gekoppelt sind, alles in allem gutheißen, scheint ein Bruch in der Argumentation.»[13]

Diesem Vorwurf hätte sich der Rat im nachhinein sicher angeschlossen, denn schon im Jahre darauf vermied er in seinem ersten Jahresgutachten im Zeitalter der Angebotsideologie solche Argumentationsbrüche und blies zum Rückzug des Staates auf der Nachfrageseite und gegen Steuer- und Abgabeerhöhungen. Die Wirtschaftspresse dankte es ihm, nahm aber weitblickend in ihrer Kritik schon die künftigen Argumentationsmuster eines immer stärker auf Angebotskurs steuernden Sachverständigenrates vorweg. «Der Sachverständigenrat hat in seinem neuen Jahresgutachten eine Empfehlung ausgesprochen, die von den staatlichen Stellen unbedingt beherzigt werden sollte. Es ist die simple Wahrheit: Der Staat muß stärker als bisher das Investitions- und Innovationsrisiko der Wirtschaft mittragen, da er ja auch von den daraus erwachsenden Gewinnen profitiert ... Zweifellos könnte auf diese Weise vielen Unternehmen das Investieren schmackhafter gemacht werden.»[14]

Damit waren weitsichtig die Stichworte des darauf folgenden jahrelangen Steuerstreits als Bestandteil des gesellschaftlichen Verteilungskampfes vorgegeben. Was kümmerte es den Wirtschaftsjournalisten bei diesen Ratschlägen, daß der Sachverständigenrat in seinem Gutachten vor Jahresfrist gute Gründe zur Ablehnung aller dieser Vorschläge geliefert hatte, wenn sich der Rat selber nicht mehr um sein «dummes Geschwätz von gestern» scherte. Zwar setzte er sich mit seinem Angebotsprogramm zunächst noch der Gefahr von Mißverständnissen aus, etwa wenn *Die Welt* aus seinem wachstumspolitischen Vorsorgekonzept noch «Skepsis gegenüber den Selbstheilungskräften der Marktwirtschaft» herausliest und die «Pandora-Büchse» der Investitionslenker und Systemüberwinder geöffnet sieht.[15] Aber päpstlicher als der Papst der Marktwirtschaft, auf dessen Thron der Sachverständigenrat nun einmal unerschütterlich herrscht, kann auf Dauer auch nicht das konservativste aller Meinungsblätter sein. Wenige Jahre darauf jedenfalls hat dasselbe Blatt längst Frieden mit den Angebots-Ideologen des Rates geschlossen und vor der aufziehenden und derzeit noch immer anhaltenden Weltwirtschaftskrise nur Spott und Hohn für die Außenseitermeinung des damaligen Minderheiten-Gutachters, Werner Glastetters, übrig. In «realitätsferner Pflichtübung» hatte dieser den Staat an seine beschäftigungspolitische Verantwortung erinnert und arbeitsplatzschaffende Investitionsprogramme ebenso angemahnt wie Lockerungsübungen der Bundesbank.[16]

Vier Jahre nach seiner Angebots-Wende hatte der «Rat der Weisen» längst die Phalanx aller meinungsbildenden Gazetten im bundesdeutschen konservativen Blätterwald von seiner alleinseligmachenden Wissenschaftlichkeit überzeugt. Kritik, mitunter auch gepaart mit unbegründeter Besserwisserei, erntete er allenfalls für die Ungenauigkeit seiner Prognosen, nicht aber für sein Weltbild.

Die prinzipielle Übereinstimmung in den ideologischen Grundfragen des angebotsorientierten Überbaus über alle nebensächlichen prognostischen Unebenheiten hinweg hat sich der Rat bei der veröffentlichten Meinung der tonangebenden konservativen Blätter mit seiner geistigen Wende Mitte der siebziger Jahre verdient. In den Jahren davor stießen die Weisen in ihren gewohnten Bahnen der damals noch vorherrschenden keynesianischen Denkart oft genug auf Unverständnis und Ablehnung, ohne daß ihnen damals schon so etwas wie ein geschlossenes Angebotskonzept mit bewußt staatlich geförderten Investitionsbedingungen als Alternative hätte geboten werden können. Dazu war zu Beginn der sozialliberalen Ära die Zeit politisch noch nicht reif. Aber wenn ihnen damals schon ein Rezept zugeschrieben worden ist, «das sie sich nur nicht trauten, es auch anzubieten», kamen doch schon die ersten Umrisse der Jahre darauf vollzogenen neoklassischen Wende – wenn auch undeutlich – zum Vorschein. «Wer ohne jede Sicht für das Erreichbare eine Volkswirtschaft überstrapaziert, sollte sich nicht wundern, wenn die für die Wirtschaftspolitik Verantwortlichen einen Konjunkturabfall als heilsame Atempause begrüßen und objektiv gesehen vielleicht etwas zu lange zögern, einen Einbruch der Nachfrage und damit auch der Beschäftigung abzufangen.»[17]

Der Begriff «Nachfrage» kam im Instrumentenkasten zu jener Zeit vor der Angebots-Wende zwar noch vor, aber die Zeitungen ermunterten den Sachverständigenrat doch schon zu einer Strategie der Strafexpedition über eine bewußt betriebene Vernachlässigung dieser Seite zur Disziplinierung der Gewerkschaften, die nicht zufällig immer «Tarifpartner» genannt wurden. Damals kreierte der wenige Jahre zuvor aus dem Rat zwar ausgeschiedene, aber immer sein heimlicher Vorsitzender gebliebene Kieler Markt-Gläubige, Herbert Giersch, den bösen Schlachtruf von der «Reprivatisierung des Beschäftigungsrisikos», der aus der konservativen Legende von der «Mindestlohnarbeitslosigkeit» stammt und der mit der Wende zur Angebotspolitik 1976/77 zur offiziösen Formel des Mehrheitsrats hochstilisiert wurde.

Immerhin: Der Glaube in die Machbarkeit des Wirtschaftsablaufs und in die Steuerbarkeit der Konjunktur herrschte damals allenthalben noch vor. Spottete die *Süddeutsche Zeitung* über die «Eunuchen der Konjunkturpolitik, die zwar wissen, wie man es macht, die es aber nicht machen können», weil angeblich die parlamentarische Demokratie mit ihren störenden Wahlen am rechtzeitigen Handeln hindere.[18] Nur folgerichtig geizten bedeutende und unbedeutende Blätter, berufene und unberufene Journalisten nicht mit Ratschlägen an den Sachverständigenrat, wie «das Problem» angepackt werden müßte. «Das Problem» waren immer die unbescheidenen Gewerkschaften, die überhöhten Löhne, die zu teuren Kosten, kurz: die «Inflation der Ansprüche».

Zeigte der Rat mal Einsicht, daß die Lohnpolitik sich nicht wie ein Wasserhahn von heute auf morgen mal voll aufdrehen, mal total drosseln läßt, setzt es von allen Seiten im Blätterwalde Hiebe. «Die Weisen lassen Bonn allein», «Der Sachverständigenrat verzichtet auf ein Patentrezept für die Konjunkturpolitik»[19], «Weise wissen zu späten Taten nur wenig zu raten»[20], lassen die Journalisten ihrer Enttäuschung über den «zu weit gehenden Realitätssinn» der Weisen[21] ebenso ungehemmt wie naiv freie Bahn.

Bei diesem aus Enttäuschung über die «ratlosen Weisen»[22] geborenen Spannungsverhältnis zwischen Sachverständigenrat und Wirtschaftspublizistik bleibt es bis zum Abschied vom keynesianischen Denken des Rates bei seiner Wende zur Angebotspolitik Mitte der siebziger Jahre. «Kein Patentrezept»[23], melden die Gazetten enttäuscht immer wieder, als ob so etwas jemals zu erwarten gewesen wäre. Bis – ja, bis die ideologische Wende des Rates zur Angebotspolitik endlich die Gelegenheit bot, eine «Revision der Ansprüche»[24] und – stärker noch 1976 – eine «Nachhilfe für die Konjunktur»[25] zu melden. Das gespannte Klima zwischen dem «Rat der Weisen» und den nach Patentrezepten gierenden Wirtschaftsjournalisten besserte sich fortan zusehends.

Seit seinem Rückfall in die vorkeynesianische Ära der orthodoxen Selbstlaufökonomik brauchte der Sachverständigenrat weniger als zuvor den «bewußten Verzicht auf eigene Öffentlichkeitsarbeit» zu bereuen, worüber sich Engelhardt in seiner Zehn-Jahres-Jubiläumsschrift für den Rat vor zehn Jahren noch zu wundern schien.[26] Fortan herrschte so etwas wie ein augenzwinkerndes, zumindest aber stillschweigendes Einverständnis zwischen den «Verkündern der herrschenden Lehre» und ihren publizistischen Hilfstruppen. Wissenschaftliche Außenseiter hatten zunächst nur geringe Chancen, sich in der Öffentlichkeit überhaupt bemerkbar zu machen.[27]

«Freie Spalten für Sachzwang-Ideologen»[28], überschrieb eine inzwischen eingegangene Außenseiter-Zeitung ihre Kritik am öffentlichen Einheitsmeinungsbrei, weil sie den «interessierten Lohnschreibern» die Funktion zugeteilt sah, die «Demontage des letzten Restes ‹Sozialstaat› als unvermeidlichen Sachzwang erscheinen» zu lassen und dies in das «Bewußtsein ihrer Leser zu trommeln». Sie sah die als liberal geltende *Süddeutsche Zeitung* ebenso fasziniert kommentieren: «Die Schärfe des Urteils über die Vergangenheit und die Empfehlung für den Konsolidierungskurs der Zukunft lassen an Deutlichkeit und Unerschrockenheit gegenüber dem Vorwurf sozialer Demontage nichts zu wünschen übrig», wie das in seiner gesellschaftspolitischen Position eindeutige *Handelsblatt*, das Ausgewogenheit bei den öffentlichen Sparmaßnahmen als unlogisch empfindet, «weil ein gewaltiger Teil der staatlichen Umverteilungstätigkeit vorwiegend die sozial Schwächeren begünstigt».

## 3. Mehrheitsrat und radikaler Marktjournalismus – gemeinsam in die Wendekurve

Durch den seit 1976 propagierten Angebots-Salto mortale in die Neoklassik und seinen breiten Nachvollzug durch die Wirtschaftsjournalisten war schließlich auch die Zeit gekommen, da auch in der Tagespolitik «die Wende» ungeschminkt gefordert werden konnte[29] und die sozialliberale Koalition in ihren Fundamenten längst erschüttert war. Sachverständigenrat und Wirtschaftsjournalistik schaukelten sich – was ihren Politikbereich anging – gegenseitig in ihrer Abneigung der von Bonn praktizierten Politik hoch und versuchten, soweit es in ihren Kräften lag, mit vereinten Kräften das Ende der in Wirklichkeit längst schon zu Ende gegangenen sozialliberalen Ära zu beschleunigen. Lobte die *FAZ*: «Mit beachtlicher Hartnäckigkeit hat der Rat in den letzten Jahren den Politikern sein neoklassisches Konzept einer ‹angebotsorientierten Wirtschaftspolitik› empfohlen.»

Letzte keynesianisch inspirierte Zuckungen des Rates, das Sparen in den öffentlichen Haushalten nicht zu überstürzen, um die Konjunktur nicht vollends abzuwürgen, werden in den mittlerweile voll auf Angebotskurs angepaßten tonangebenden Zeitungen nun nur noch «kabarettreif» genannt.[30] Mitunter ist die Allianz unabhängiger Blätter und offizieller Parteiorgane so fest geschmiedet, daß sie sich bei ihrer Auseinandersetzung mit den Gutachten des Sachverständigenrates in ihrer Abneigung gegen sozialliberales Gedankengut in nichts mehr voneinander unterscheiden. «Gefährlicher Ratschlag» nannte beispielsweise das CSU-Organ *Bayernkurier* in verräterischer Verkennung der tatsächlichen Rats-Empfehlungen dessen konjunkturpolitischen Vorschlag im Gutachten 1981/82, im Vorgriff auf weitere Kürzungen krisenbedingte Steuerausfälle durch Kredite auszugleichen, weil dies der ungeliebten sozialistischen Regierung nur als «Freischein für neue Schulden» dienen könne.[31] Auf der gleichen Argumentations-Schiene vollziehen *Welt* und *FAZ*, *Süddeutsche* und *Handelsblatt* ihre Wende-Kurve, und wenn es etwas richtigzustellen gibt, dann das angebliche Mißverständnis, der resigniert ausgeschiedene und den Gewerkschaften nahestehende Professor Glastetter sei im Fünfergremium unterdrückt worden.[32] Nein, im Jahr vor dem Bonner Machtwechsel von den Sozial-Liberalen zu den Konservativ-Liberalen waren sich Sachverständigenrat und seine Multiplikatoren in Zeitungen, Parteien und Wirtschaftsverbänden einig, daß es «so nicht weitergehen kann». So die nicht zufällig übereinstimmenden Überschriften von *FAZ* und Sachverständigenrats-Gutachten.[33]

Nicht ohne Selbstgefälligkeit konnte deshalb die *FAZ* ihren Kommentar zum Sondergutachten des Rates, das noch von der SPD-geführten Bundesregierung in Auftrag gegeben worden war, aber erst nach der politischen Wende unter der CDU/CSU-geführten Bundesregierung veröffentlicht wurde, mit der Feststellung beginnen: «Das Sondergutachten des Sachverständigenrates liest sich wie ein Vorwort zur Regierungserklärung.»[34] Die *Süddeutsche Zeitung* baute möglichen «Opportunismusvorwürfen» zwar vor und befand, daß das «Sondergutachten kein Gefälligkeitsprodukt» der neuen konservativen Regierung gegenüber sei.[35] Aber gegenüber solchen Mißverständnissen hatte kein Geringerer als der Ratsvorsitzende Olaf Sievert schon Jahre zuvor weitsichtig vorgebeugt: «Sind wir unabhängig genug, die Regierung zu tadeln – und schwer zu tadeln –, so sind wir es auch, ihr Succurs zu geben. Einem bösen Anschein der politischen Abhängigkeit standzuhalten, erfordert nicht weniger Mut, als ihn zu meiden.»[36]

Diese selbstentlastende Freizeichnung konnte und kann der Rat der Weisen fortan gut gebrauchen, schubsen doch schon die Schlagzeilen nach der konservativen Wende in Bonn das unabhängige Gremium in einer für ihn geradezu schon peinlichen Weise in die konservative Ecke.[37] Unverhohlen wird sogar eingeräumt, daß das Sondergutachten nach dem politischen Schwenk nach rechts schon vor seinem Erscheinen seine Schuldigkeit getan hat. «Lambsdorff ist nicht mehr so dringend darauf angewiesen, denn die neue Regierungskoalition hat seinen Kurs mittlerweile weitgehend bestätigt.»[38] Zwar stimmen Sachverständigenrat und Wirtschaftspresse unter «ihrer» neuen Regierung in der Vorsicht überein, daß mit «schnellen, strahlenden Erfolgen die neue Regierung nicht rechnen kann»[39]. Dafür darf nun wieder als Erklärung der negative Einfluß «von außen auf die deutsche Volkswirtschaft» bemüht werden, ohne – wie in den Jahren zuvor – dafür der «billigen Alibi-Suche» und des «Ablenkungsmanövers von hausgemachten Verfehlungen» seitens des «gesammelten wirtschaftlichen Sachverstandes» im Rat der Weisen und der Wirtschaftspresse gescholten zu werden.

So sind sich im 20. Jahre seines Bestehens Sachverständigenrat und Wirtschaftspresse nähergekommen, wie auch Regierung und die Lobby der unternehmerischen Wirtschaft auf dem gemeinsamen modischen Nenner der politisch neokonservativen, ökonomisch neoklassischen Angebotspolitik zusammengerückt sind. An wissenschaftlicher Autorität hat der Rat jedoch dafür im Vergleich zu seinen Gründerjahren spürbar verloren.

Da fast alle Stützen der Gesellschaft, die im Lande wirtschaftspolitisch etwas zu sagen haben, seit der Angebotswende des Mehrheitsrats ohnehin seiner Meinung sind, ja sich fast dem Areopag der reinen Lehre von der unbefleckten Marktwirtschaft zugehörig fühlen, können sie es sich erlauben, über ihresgleichen rascher hinwegzugehen, denn es würde auf die Dauer ja langweilig, immer nur sich selber zu zitieren. Ein Stimmungsbild augenzwinkernder Kumpanei zwischen allen, die wissenschaftlich, politisch und publizistisch das Sagen haben, ist in letzter Zeit unverkennbar geworden.

In dieses Bild paßt dann auch fugenlos die in den Gründerjahren des Rates sicher undenkbare Tatsache, daß sich die Mitglieder des Rates mit den konservativen Stimmungsmachern der Medien zu einem exklusiven Séparée treffen, um sich vor der Veröffentlichung ihrer Jahresarbeit gegenseitig ihrer Urteile und Vorurteile zu vergewissern. Der Wirtschaftsjournalismus braucht den Sachverständigenrat wie dieser jenen benötigt, um sich gegenseitig, wie einst Narziß, zu bestätigen und unübertrefflich zu finden. Dann erst kann jene öffentliche Meinung produziert werden, von der Bonus berichtet, daß der Politiker erst «dann alles das tun kann, was er politisch lange zuvor schon anvisiert hatte, was aber so lange nicht opportun war»[40]. Dann aber kann auch das Meinungsklima die Politik formen, auch am Wählerwillen vorbei. In der Tat wäre es dann aber auch ehrlicher, «politisch zu argumentieren und das wissenschaftliche Gutachten in dieser Schlacht nicht länger als Zauberstab und magischen Schutzschild zu mißbrauchen»[41].

## Anmerkungen

1 Hamburger Abendblatt vom 12. Oktober 1982.

2 Mannheimer Morgen vom 12. Oktober 1982.

3 Nordsee-Zeitung vom 12. Oktober 1982.

4 Gunter Engelhardt: «Vom Expertenmonolog zum gesellschaftlichen Dialog», in: «Zehn Jahre Sachverständigenrat» (hg. v. Regina Molitor), Frankfurt a. M. 1973, S. 198.

5 Jahresgutachten 1966/67; Vorwort Ziffer 9.

6 Bundesgesetzblatt I, S. 685, vom 14. August 1963. (siehe «Materialien 1»).

7 Engelhardt, a. a. O., S. 194.

8 Holger Bonus: «Das wissenschaftliche Gutachten in der Politik – Information, öffentliche Meinung, Verantwortung», Konstanz 1981.

9 Ebd. S. 17.

10 Ebd. S. 22.

11 Frankfurter Rundschau vom 25. November 1976.

12 Werner Meißner: «Die Lehre der Fünf Weisen», Köln 1980, S. 44.
13 Die Welt vom 25. November 1975.
14 Frankfurter Allgemeine Zeitung (FAZ) vom 24. November 1976.
15 Die Welt vom 25. November 1976.
16 Die Welt vom 21. November 1980.
17 FAZ vom 23. November 1971.
18 Süddeutsche Zeitung vom 23. November 1971.
19 Publik vom 4. Dezember 1970.
20 Mannheimer Morgen vom 26. November 1970.
21 Publik, a. a. O.
22 Rheinische Post vom 23. November 1971.
23 So die gleichlautenden Schlagzeilen in der Frankfurter Neuen Presse vom 23. November 1971; Allgemeine Zeitung Mainz vom 23. November 1971; Münchner Merkur vom 23. November 1971.
24 Die Welt vom 25. November 1975.
25 FAZ vom 26. November 1976.
26 Engelhardt, a. a. O., S., 198.
27 Z. B. die seit 1975 regelmäßig publizierende «Arbeitsgruppe Alternativen der Wirtschaftspolitik».
28 Die Neue vom 8. Juli 1981.
29 Brief des F.D.P.-Vorsitzenden Hans-Dietrich Genscher an die Funktionsträger seiner Partei vom 20. August 1981.
30 Die Welt vom 21. November 1980.
31 Bayernkurier vom 5. Dezember 1981.
32 Handelsblatt vom 15. Dezember 1981.
33 FAZ vom 8. Juli 1981; Sondergutachten des SVR vom 4. Juli 1981; in: Jahresgutachten 1981, S. 206 ff (Bundestagsdrucksache 9/1061; 20. 11. 81).
34 FAZ vom 12. Oktober 1982.
35 Süddeutsche Zeitung vom 12. Oktober 1982.
36 Zitiert nach Handelsblatt vom 25. November 1976.
37 Süddeutsche Zeitung vom 12. Oktober 1982: «Die ‹Fünf Weisen› beurteilen Wirtschaftskurs der neuen Regierung insgesamt positiv»; Die Welt vom 13. Oktober 1982: «Fünf Weise entspannen einen Glaubenskrieg»; General-Anzeiger, Bonn, vom 24. November 1982: «Regierung und Wirtschaft begrüßen Gutachten»; FAZ vom 24. November 1982: «Zustimmung bei Lambsdorff und der FDP».
38 Mannheimer Morgen vom 12. Oktober 1982.
39 FAZ vom 12. Oktober 1982.
40 Holger Bonus, a. a. O., S. 22.
41 Ebd. S. 28.

*Detlef Hensche*

# Gewerkschaften, Sachverständigenrat und Krise

## Interessen der Mehrheitsfraktion im SVR und die gewerkschaftliche Alternative

### *Das doppelte Gesicht der Krise*

Am 7. Juni 1983 veröffentlichte die *Frankfurter Allgemeine Zeitung* in ihrem Wirtschaftsteil u. a. folgende Nachrichten:

- «Ein Jahr der Konsolidierung
  National Panasonic hatte 1982 ‹nur› 15 % Umsatzwachstum»
- «Mehr Liquidität und mehr Ertrag
  Bayerische Raiffeisen-Zentralbank gibt 5 % Jubiläumbonus»
- «Krone hat einen festen Platz gefunden
  Vor allem mit originellen technischen Lösungen im Fernmelde-Markt»
- «Volvo steigt ins Ölgeschäft ein
  Teilhaber an der norwegischen Saga Petroleum vereinbart»
- «Preussen-Elektra durch Würgassen stark belastet
  Dennoch erwirtschaftete der Stromerzeuger für 1982 wieder 14 % Dividende / hohe Investitionen»

Die Meldungen sind wahllos herausgegriffen. Die Liste ließe sich beliebig fortsetzen. Große Unternehmen und Konzerne, die Marktführer allen voran, melden stolze Ergebnisse, steigenden Umsatz und verbesserte Rendite bei sinkenden Belegschaftszahlen. Durchaus typisch heißt es in dem zitierten Krone-Artikel: «... Die Erfolge des Unternehmens, ... waren und werden wohl weiter mit Personalabbau und Kurzarbeit verbunden sein ... Zur Zeit werden noch 1760 Mitarbeiter beschäftigt, Anfang 1982 waren es noch über 2000.»

Firmenerfolge dieser Art stehen im scheinbaren Gegensatz zu der Tatsache, daß alle kapitalistischen Länder derzeit in der tiefsten wirtschaftlichen Krise seit dem Zweiten Weltkrieg stecken. Und dies ist die andere Seite: Die Arbeitslosigkeit steigt weiter an; ein Ende ist nicht abzusehen. Allein in den führenden westlichen Industrienationen sind annähernd 30 Mio. Menschen ohne Arbeit. Die Wachstumsraten gehen zurück und pendeln sich bei Null ein. Im Rückenwind der Krise gedeihen politische Lösungen des Sozialabbaus, ohne die Ursachen der Arbeitslosigkeit zu beseitigen; die sog. angebotsorientierte Wirtschaftstheorie liefert die passende Ideologie zur Rechtfertigung dieser Politik.

## I. Die Wirtschaftskrise und ihre Folgen

Allein in der Bundesrepublik finden derzeit knapp 2,5 Mio. Menschen keine Arbeit – wobei die Dunkelziffer der nicht registrierten Arbeitslosen gar nicht berücksichtigt ist. Inzwischen räumt selbst die Bundesregierung ein, daß die Zahl der Arbeitslosen weiter steigen wird. Auch der vielbeschworene Aufschwung brächte keine Linderung.

### *Arbeitslosigkeit – nicht nur ein statistisches Problem*

Dabei tun wir gut daran, die Arbeitslosigkeit nicht nur als statistisches Problem zu behandeln. Wir haben es uns angewöhnt, von Zahlen und Prozentsätzen zu reden – derweil das individuelle Schicksal aus dem Blick gerät. Wer vergegenwärtigt sich, was es bedeutet, über Monate, ja Jahre arbeitslos zu sein? Wann lesen wir schon darüber, welche Auswirkungen es hat, vergeblich Bewerbungen abzuschicken, Vorstellungsgespräche zu führen und Vermittlungstermine wahrzunehmen – und sich Absage über Absage einzuholen? Was es heißt, den Kontakt zu Arbeitskollegen zu verlieren, mit dem Verlust an Anerkennung in Freundeskreis und Familie fertig zu werden? Schlimmer noch: Hunderttausende von Schulabgängern sind Jahr für Jahr dem Schicksal ausgeliefert, einen Spießrutenlauf von Bewerbungen anzutreten mit der Perspektive, sich eine Kette von Absagen einzuholen. Da werden betriebliche Eignungstests veranstaltet, um unter 40 Bewerbern drei Kandidaten für die vorhandenen drei Ausbildungsplätze auszulesen. Wer dies einige Male hat über sich ergehen lassen müssen, ist gezeichnet für sein Leben.

Untersuchungen haben zutage gefördert, daß ein großer Teil der Arbeitslosen das Schicksal der Arbeitslosigkeit sich selbst zuschreibt: der angeblichen Leistungsschwäche, dem eigenen Versagen. Das sind die Folgen des zynischen Umgangs mit der Ideologie von der Leistungsgesellschaft und den Parolen über die Drückeberger, die es sich in der sozialen Hängematte bequem gemacht hätten.

Arbeitslosigkeit ist zunächst einmal kein ökonomisches, sondern ein zutiefst menschliches Problem. Wer zentrale Grundsätze unserer Verfassung, wie namentlich die «unantastbare Würde des Menschen» ernst nimmt, kommt nicht umhin, die bestehende Dauerarbeitslosigkeit als verfassungswidrigen Zustand zu kennzeichnen, und zwar die Arbeitslosigkeit jedes einzelnen.

### *Die Kunst des Verdrängens*

Es ist daher der blanke Zynismus, wenn Wissenschaftler und Politiker über Jahre hinweg das Problem verharmlosen oder verdrängt haben.

- So stellte beispielsweise die Deutsche Bundesbank noch im Februar 1980, im fünften Jahr der Massenarbeitslosigkeit, in ihrem Monatsbericht fest: «Die Bundesbank geht davon aus, daß mit etwa 800000 registrierten Arbeitssuchenden auch für das Jahr 1980 Vollbeschäftigung weitgehend erreicht wird.»
- Lange Zeit hielten sich Beruhigungsformeln wie: die Arbeitslosigkeit sei nur vorübergehend. Sobald die «derzeitige Weltrezession» überwunden sei, kehre auch Vollbeschäftigung wieder.

Der Sachverständigenrat scheint sich selbst und die Politik aus der Verantwortung ziehen zu wollen mit der Feststellung aus dem letzten Jahresgutachten:

«Für eine Gesellschaft, die weniger bevormundet werden will, aber möglicherweise nicht mehr Selbstverantwortung will und auch den Rang einer weiteren Steigerung des materiellen Wohlstands niedriger ansetzt, einen beschäftigungspolitischen Weg aus der Arbeitslosigkeit zu weisen, ist schwieriger, als es unter den Bedingungen der fünfziger und sechziger Jahre war» (JG 82, Ziff. 210).

Mit anderen Worten: Die Gesellschaft ist schuld, wenn sie nicht flexibel genug reagiert und zum Verzicht bereit ist. Sie hat es dann auch nicht anders verdient!

### *Die kapitalistische Marktwirtschaft erzeugt Arbeitslosigkeit*

Wir sollten bei allen politischen Lösungsvorschlägen nicht vergessen, wo die Wurzeln der Arbeitslosigkeit zu suchen sind. Wenn beispielsweise auf dem Korridor desselben Arbeitsamtes der arbeitslose Jugendliche und der arbeitslose Lehrer aufeinanderstoßen, so hat dies nichts mit anonymen Mechanismen der Weltwirtschaft und erst recht nichts mit der Ölpreissteigerung zu tun. Und wenn hierzulande in gleicher Weise wie in Billiglohn-Ländern unter Zuhilfenahme der elektronischen Datenverarbeitung die Produktion automatisiert und menschliche Leistung auf Maschinen übertragen wird, so ist dies nicht die Folge überhöhter Löhne.

Es gehört zu den Widersprüchen aller privatwirtschaftlichen Ordnungen, daß die Entwicklung der Produktivkräfte der kaufkräftigen Nachfrage davonläuft. Mit anderen Worten: Die Bedingungen zur Realisierung von Gewinnen bleiben hinter dem Stand der Produktivität zurück. Wir verzeichnen eine Überproduktionskrise.

### *«Selbstheilungskräfte» wirken nicht*

Die im klassischen Konjunkturzyklus sich wiederholende Vernichtung von Überschüssen des Produktivvermögens, beschönigend «Selbstheilungskräfte» genannt, greift nicht. Im Zuge der Konzentration fahren große Unternehmen und Konzerne ihre Anlagen mit geringerer Auslastung und überwälzen die gestiegenen Kapitalkosten in den Preisen. So haben Preiserhöhungen bei, oder richtiger: wegen geringerem Absatz volkswirtschaftliche Lehrbuchweisheiten auf den Kopf gestellt.

Auch den Sachverständigenrat muß es irritiert haben, daß die «Bereinigung» immer noch auf sich warten läßt. Das Stahlbad der Krise hat sich offenkundig noch nicht voll entfalten können, um in ausreichendem Maße die sozialen Ansprüche zurückzustutzen und Überkapazitäten zu beseitigen. Zwar «erzwingt die schlimme Arbeitsmarktlage ... nach und nach ein Verhältnis der Reallöhne zur weiterwachsenden Produktivität, das die Beschäftigungsprobleme erleichtert. Und die in Gang gekommene Konsolidierung der Staatsfinanzen kann ... der Furcht vor einer Überlastung des Marktsystems mit staatlichen und staatlich beeinflußten Ansprüchen ... entgegenwirken.» Aber: «Desto stärker die Gegenwehr, desto länger die Krise.» Auch laste «der Absatzmangel schwer auf jeder Neigung, an ein nahes Ende der Rezession zu glauben». Daher sei «die Verbesserung der Rentabilitätschancen der Unternehmen, die sich aus ... den korrigierten Kostenverhältnissen und staatlichen Ansprüchen ergibt, ... heute noch weithin verborgen» (JG 82, Ziff. 210).

Damit ist zugleich der Schuldige dingfest gemacht: die Gegenwehr gegen die Krisenfolgen, unsere mangelnde Leidensfähigkeit, die Krise bis zur Neige auszukosten. Mit dieser «Erklärung» wird der Sachverständigenrat auch noch in drei Jahren, bei 5 Mio. Arbeitslosen, achselzuckend feststellen können: der Sozialabbau hat halt noch nicht gereicht!

Bezogen auf die Beschäftigung, mündet dies in den Glaubenssatz: «Vollbeschäftigung wird sich ... einstellen, wenn erwartet werden kann, daß diejenigen, die arbeiten wollen, für ihre Arbeit nicht mehr verlangen, als das Ergebnis dieser Arbeit ... am Markt wert ist. An diesem Zusammenhang kann auf die Dauer niemand vorbei ...» (JG 75, Ziff. 295).

Beschäftigungstheorien dieser Art sind in allen kapitalistischen Ländern bisher ihren Praxistest schuldig geblieben. Im Gegenteil, trotz Kostensenkung, trotz Lohnzurückhaltung, ja Lohnabbau ist die Arbeitslosigkeit in den letzten Jahren weiter angestiegen, in Großbritannien, in den USA in gleicher Weise wie in der Bundesrepublik.

Mit Verlaub: Die theologischen Gebäude des Mittelalters zur Rechtfertigung der Feudalordnung waren geradezu von intellektueller Brillanz im Vergleich zu den naiven Glaubenssätzen des Sachverständigenrats.

### *Sinkende Realeinkommen*

In der Tarifpolitik verstärkt sich der Druck auf Löhne und Gehälter. Im laufenden Jahr, 1983, werden die Arbeiter und Angestellten zum vierten Mal reale Einkommenseinbußen hinnehmen müssen. Auch die diesjährigen Tariflohnerhöhungen reichen nicht aus, um die zu erwartende Preissteigerung auszugleichen. Damit sind die Realeinkommen noch unter den Stand des Jahres 1978 gefallen; von 1980 bis Ende 1982 betrug der Einkommensverlust 4%. Der Sachverständigenrat liefert seit Jahr und Tag die Rechtfertigung in Gestalt der These von der «beschäftigungspolitischen Mitverantwortung der Tarifparteien» (JG 82, Ziff. 217).

Die Empfehlung ist eindeutig: Lohnzurückhaltung. «Grundlinie der Lohnpolitik sollte sein, zu Vereinbarungen zu kommen, bei denen die Reallohnentwicklung hinter der Produktivitätssteigerung zurückbleibt, solange die Arbeitslosigkeit hoch ist» (JG 82, Ziff. 221).

Damit ist zugleich das Stichwort für die weitere Entwicklung geliefert. Ohne Rücksicht auf die Schlüssigkeit des eigenen Theoriegebäudes, erst recht ohne Rücksicht auf Empirie und Praxistest wird gleich für alle Zukunft dekretiert: die Löhne müssen sinken, solange die Arbeitslosigkeit besteht! Einmalige Zurückhaltung reicht da nicht:

«Entscheidend sind letztlich die Erwartungen der Unternehmen über deren künftige Entwicklung ... Für die Lohnpolitik heißt dies, daß von ihr auch ein Beitrag zur Stabilisierung dieser Erwartungen gefordert ist. Selbst eine sehr weitgehende Lohnzurückhaltung in einem Jahr kann wertlos bleiben, wenn die Unternehmen damit rechnen, daß sie im nächsten Jahr wieder rückgängig gemacht oder gar mehr als ausgeglichen wird. Stetigkeit und Verläßlichkeit (im Reallohnabbau; D. H.) müssen daher auch von der Lohnpolitik gefordert werden» (JG 82, Ziff. 229).

*Rationalisierung ist Trumpf*

Ein weiteres Mittel der Kostensenkung ist die Rationalisierung. Und zwar im doppeltem Gewande:

- Veränderungen der Arbeitsorganisation dienen dem Ziel, aus jedem einzelnen Beschäftigten ein erhöhtes Maß an Leistung herauszuholen. Beispielsweise hat sich in den letzten 25 Jahren die Zahl der Schichtarbeiter nahezu verdoppelt, von 2,6 auf 5 Mio. Beschäftigte. Unternehmensleitungen spielen mit Formen der «flexiblen Arbeitszeit» wie beispielsweise Teilzeit oder kapazitätsorientierter variabler Arbeitszeit. Die neuen Techniken der Telekommunikation (z. B. Teletex) werden es darüber hinaus ermöglichen, Büroarbeit aus den Betrieben auszulagern und sie in moderne Formen der Heim- oder richtiger: Fernarbeit zu vergeben.
- Die andere Gestalt der Rationalisierung ist der Einsatz neuer Technologien.
  Konnte man nach einer Faustregel noch in den fünfziger Jahren davon ausgehen, daß zwei Drittel der investierten Gewinne der Erweiterung dienten und nur ein Drittel der Rationalisierung bzw. Ersatzbeschaffung, so hat sich das Verhältnis heute umgekehrt.
  Um dies an einem Zahlenbeispiel aus der Druckindustrie zu belegen: In den letzten zehn Jahren haben sich die jährlichen Investitionsaufwendungen verdreifacht: von durchschnittlich 400 Mio. auf 1,2 Mrd. DM. Der Umsatz hat sich mehr als verdoppelt: von 9 Mrd. auf 21 Mrd. DM. Dies alles wurde begleitet von einem Rückgang der Beschäftigung: von rd. 210000 Beschäftigten auf 160000 (in Betrieben mit mehr als zwanzig Beschäftigten).
  Nimmt man die weitgefächerten Nutzungsmöglichkeiten der elektronischen Datenverarbeitung, der modernen Bürokommunikation, der Informationssysteme, so werden sich die Erfahrungen der Druckindustrie in fast allen Wirtschaftszweigen wiederholen, allerdings in ungleich größeren Dimensionen.

Vorsichtige Berechnungen gehen davon aus, daß allein in diesem Jahrzehnt rd. 2 Mio. Arbeitsplätze infolge des Einsatzes moderner Bürosysteme vernichtet werden. Es werden vornehmlich Angestellte sein, deren Arbeitsplatz, Beruf, Qualifikation und Arbeitsbedingungen davon betroffen sind.

*Der Staat soll bei der Kostensenkung helfen*

Zugleich wird der Staat in die Pflicht genommen, um die Gewinnmöglichkeiten, namentlich für Großunternehmen und -konzerne, zu erhalten und zu verbessern.

Bei allen Bekenntnissen zur heilen Welt der Marktwirtschaft sah sich der Sachverständigenrat noch nie gehindert, auch vom Staat massive Interventionen zu verlangen, sofern dies nur den Gewinnerwartungen zuträglich ist.

«Dies heißt gegenwärtig vor allem, konsequent die Bedingungen zu verbessern, unter denen die Privaten, wo immer sich für neue oder erwartete Beschäftigungsmöglichkeiten Chancen auftun, das Risiko übernehmen, das nun einmal mit solchen Chancen verbunden ist. Und das wiederum heißt für den Staat nicht zuletzt, sich selbst an diesen Risiken stärker als bisher zu beteiligen ... allemal jedoch die in ihm selbst liegenden Risiken zu verringern» (JG 82, Ziff. 211).

*Kampf um den Staatshaushalt*

Auch in der Konjunkturpolitik haben alle Bundesregierungen die Gewinnförderung zum Dreh- und Angelpunkt der wirtschaftspolitischen Steuerung gemacht. Bekannt ist die ebenso einfache wie falsche und mehrfach widerlegte Kausalkette von den Gewinnen, den Investitionen und den Arbeitsplätzen. In einer Wirtschaftsordnung der freien unternehmerischen Gewinnverwendung, bei wachsendem Rationalisierungsanteil, grenzt es an Magie, mit der staatlichen Gewinnpflege eine Zunahme an Arbeitsplätzen zu erhoffen.

Doch die erwiesene Erfolglosigkeit dieser Rezepte hat den Sachverständigenrat in seiner Mehrheit bis zur Stunde nicht gehindert, unverdrossen auf eine Verbesserung der Rahmenbedingungen zur Gewinnrealisierung privater Unternehmen zu setzen. Folgerichtig hat sich der Rat in seiner Mehrheit jüngst wieder einmal gegen ein staatliches Beschäftigungsprogramm ausgesprochen (JG 82, Ziff. 211f).

Je stärker staatliche Mittel zur Gewinnförderung in Anspruch genommen werden, je empfindlicher bei niedrigen Wachstumsraten die Steuerausfälle sind, desto schärfer wird der Kampf um den Staatshaushalt. Anders gewendet: Wer dem Staat zumutet, auf der einen Seite die Gewinne zu subventionieren, wer zur Entlastung des Kreditmarkts die Staatsverschuldung zurückdrängt, wer zugleich wesentliche Etatposten wie etwa den Rüstungshaushalt zum Tabu erklärt, für den bleibt in der Tat kein anderes Rezept, als die Sozialleistungen zu kürzen. Getreu einer Devise des Philosophen Ernst Bloch: «Wenn's für alle nicht mehr reicht, springen die Armen ein.»

Auch hier liefert der Sachverständigenrat die Rechtfertigung. Denn: eine wesentliche Wurzel der Beschäftigungskrise liege in der «Überlastung des Marktsystems mit staatlich beeinflußten Ansprüchen». Notwendig sei daher eine «Verbesserung der Rentabilitätschancen der Unternehmen, die sich (neben einer Bereinigung von Überkapazitäten) aus den korrigierten Kostenverhältnissen und staatlichen Ansprüchen ergibt» (JG 82, Ziff. 210).

### *Nicht wirtschaftspolitische Vernunft, sondern Interessen dominieren*

Dies alles hat mit wirtschaftspolitischer Vernunft nichts, mit Interessendurchsetzung dagegen sehr viel zu tun. Es geht um die grundsätzliche Frage, ob sich die Interessen der Unternehmer an stabilen Gewinnen bei weiterhin unbegrenzter Freiheit in der Gewinnverwendung durchsetzen; oder ob das Interesse der Arbeiter und Angestellten an Beschäftigung und sozialer Sicherung verwirklicht wird. Die Zeiten sind vorbei, in denen man der Illusion anhängen konnte, es sei beides möglich:

- nämlich die Gewinne zu fördern, unternehmerische Freiheiten zu pflegen *und* Vollbeschäftigung und soziale Sicherheit zu garantieren oder
- Hochrüstung zu betreiben *und* soziale Reformen zu finanzieren.

## II. Gewerkschaftliche Antworten: Forderungen, Ziele

### *1. Lohnverzicht schafft keine Arbeitsplätze*

Die abhängig Beschäftigten haben ab 1980 Tariflohn- und Gehaltserhöhungen hinnehmen müssen, die unterhalb der Preissteigerungsrate lagen. Das bedeutet: die Realeinkommen sind gesunken. Im Jahre 1982 sind die Nettoeinkommen aus unselbständiger Arbeit bereits hinter den Stand des Jahres 1978 zurückgefallen. Die tatsächliche Lohnquote am Volkseinkommen sank von 74,3% auf nunmehr 73,6%. Die Einkommen aus Unternehmertätigkeit und Vermögen stiegen 1982 um 5,5%. Auch die Tarifabschlüsse 1983 werden aller Voraussicht nach nicht ausreichen, um die in diesem Jahr zu erwartende Preissteigerung auszugleichen. Wenn es noch eines Beweises bedurft hätte, um die unsinnige Lohnverzichtsformel zu widerlegen, die Tariflohnentwicklung ab 1980 hat ihn erbracht. Trotz «zurückhaltender Tarifabschlüsse», trotz realer Einkommensverluste und steigender Gewinne hat sich die Arbeitslosigkeit verschärft. Das Gegenteil von dem ist eingetreten, was nach den Empfehlungen des Sachverständigenrats hätte geschehen müssen.

### *Vorsicht vor Irrlichtern*

In dieser Lage sind kluge Ratschläge wohlfeil. Ein in letzter Zeit wieder aufgewärmtes Linsengericht ist die *Vermögensbildung*. Der Sachverständigenrat hat sich bereits 1975 dafür ausgesprochen (JG 75, Ziff. 370ff; JG 76, Ziff. 361ff). Dabei ging und geht es ihm u. a. um die «Erleichterung der Kapitalbildung in den Unternehmen» (JG 82, Ziff. 234). Die Bundesregierung bereitet derzeit eine gesetzliche Reform der Sparförderung vor, die im wesentlichen darauf abzielt, vorrangig die unternehmensbezogenen Anlageformen in die Steuerprivilegierung einzubeziehen.

Nun gibt es die unterschiedlichsten Formen und Modelle – doch gemeinsam ist allen in letzter Zeit diskutierten Plänen dieses:

- Die Vermögensbildung soll von den Arbeitern und Angestellten selbst bezahlt werden, durch Lohnverzicht. Im Klartext: Ein Teil der Löhne und Gehälter wird nicht ausgezahlt, sondern «vermögenswirksam angelegt».
- Die Wahl der Anlageform wird eingeschränkt. Mit Vorrang sollen die einbehaltenen Lohnbestandteile der Kapitalbildung im Unternehmen dienen.

- Keines der derzeit diskutierten Modelle sieht vor, daß die Beschäftigten entsprechende Kontroll- und Einflußrechte erhielten. Im Gegenteil, Minderheitenanteile, stille Beteiligungen oder die Rechtsform des Darlehens sollen dafür sorgen, daß wirksame Einflußrechte von vornherein ausgeschlossen sind.

Die gewerkschaftliche Antwort liegt auf der Hand, wenngleich z. B. die Gewerkschaft Textil und Bekleidung in jüngster Zeit abweichend von bisherigen DGB-Beschlüssen ein eigenes Investivlohn-Modell vorgelegt hat. Die Ursachen der wirtschaftlichen Krise liegen nicht darin, daß es den Unternehmern an Kapital fehlte; Gewinne und privater Kreditmarkt reichten aus, auch höhere Investitionen zu tätigen. Deshalb ist es auch abwegig, den Arbeitnehmern statt Lohn- und Gehaltserhöhungen Beteilungspapiere anzudienen, deren Gegenwert, wenn er denn investiv verwandt werden sollte, im Zweifel dazu dient, die eigenen Arbeitsplätze wegzurationalisieren! Vollends unzumutbar wird die Vermögensbeteiligung in Zeiten, in denen die ausgezahlten Lohn- und Gehaltserhöhungen noch nicht einmal ausreichen, um die Preissteigerung auszugleichen.

## 2. *Arbeitszeitverkürzung*

Die Unternehmer verstärken die Rationalisierung. Wenn morgen aufgrund neuer Produktionsverfahren bereits in 6 Stunden dasselbe erarbeitet werden kann wie heute noch in 8 Stunden, so kann die Antwort aus der Sicht der Gewerkschaften nur darin bestehen: Alle arbeiten weniger und genießen endlich mehr Freizeit – anstatt daß jeder siebte arbeitslos auf die Straße fliegt!

Natürlich gibt es unterschiedliche Formen und Wege. Für die gewerkschaftliche Tarifpolitik steht mittlerweile die wöchentliche Arbeitszeitverkürzung bei vollem Lohnausgleich im Vordergrund.

Sie hat Vorrang vor anderen Vorschlägen, wie namentlich der Herabsetzung des Rentenalters durch Tarifvertrag, der sog. Tarifrente. Ohne den Meinungsstreit an dieser Stelle im einzelnen nachzuzeichnen, sei hervorgehoben:

- Die Verwirklichung der 35-Stunden-Woche würde rechnerisch (nach Abzug der zu erwartenden Kompensation durch weitere Produktivitätsfortschritte) bedeuten, daß 1,4 Mio. Arbeitsplätze zusätzlich bereitgestellt werden müßten. Überträgt man diesen Arbeitsmarkteffekt auf die Tarifrente, so müßte das Rentenalter schon mit 52 Jahren einsetzen!

– Wichtiger ist folgende Feststellung: Von den Arbeitern und Angestellten, die bis 1985 das Rentenalter erreichen würden, werden
- 35 % bereits gestorben sein,
- 38 % aufgrund Berufs- bzw. Erwerbsunfähigkeit vorzeitig aus dem Arbeitsleben ausscheiden;
- nur 27 % werden gesund das Rentenalter erleben.

Dabei ist die Zahl derer, die vorzeitig ausscheiden, in den letzten Jahren spürbar angestiegen. Deutlicher kann die zunehmende Belastung während der Arbeit nicht dokumentiert werden.

Dann aber kann es nicht Aufgabe gewerkschaftlicher Tarifpolitik sein, dazu beizutragen, daß die Älteren und weniger Leistungsfähigen noch früher zum alten Eisen geworfen werden, derweil die Dreißig- und Vierzigjährigen weiterhin 40 Stunden und mehr in der Woche arbeiten, und zwar bei erhöhtem Leistungsdruck und beschleunigtem Arbeitstempo.

Wie kaum anders zu erwarten, spielt die Arbeitszeitverkürzung in der Vorstellungswelt des Sachverständigenrats kaum eine Rolle. Die nicht zu leugnende Wirkung spürbarer Wochenarbeitszeitverkürzung tut der Sachverständigenrat mit der saloppen Bemerkung ab:

«Man muß sich im übrigen über die begrenzten Möglichkeiten im klaren sein, auf diesem Wege (der Arbeitszeitverkürzung) zu einer Entlastung des Arbeitsmarktes zu kommen. Ein Teil derartiger Arbeitszeitverkürzungen ... würde durch Produktivitätssteigerung kompensiert werden.»

Und natürlich findet sich der Hinweis, daß es «angebracht» sei, «den einzelnen Arbeitnehmern mehr Möglichkeiten zu geben, ihre Arbeitszeit nach ihrem eigenen Ermessen zu wählen» (JG 82, Ziff. 226). Eine Argumentation, mit der die Unternehmer ihre Pläne der Teilzeitarbeit und des Job-Sharings anpreisen.

### *3. Kontrolle über die Arbeitsorganisation*

Der rasente Anstieg der Rationalisierung macht noch weitergehende tarifvertragliche Antworten notwendig. Dazu seien einige grundsätzliche Bemerkungen vorangeschickt.

Technik «kommt» nicht; Technik «schreitet» nicht; sie schreitet auch nicht fort. Ihr Einsatz dient Interessen, und zwar vorrangig ökonomischen Interessen.

Solange Unternehmer über die Entwicklung und den Einsatz von neuen Techniken entscheiden, solange tun sie dies zur Steigerung ihres Gewinns und nur zu diesem Zweck. Rationalisierung in diesem Sinne bedeutet: vernunftgemäße Gestaltung der Produktion zum Zweck höherer Kapitalrentabilität.

Umgekehrt gilt aus der Sicht der abhängig Beschäftigten: auch sie haben ein Interesse an Rationalisierung. Rationalisierung in ihrem Sinne bedeutet freilich: vernunftsgemäße Gestaltung des Arbeitsprozesses,

- um die Arbeitsplätze sicherer zu machen,
- um die Einkommen zu verbessern,
- um endlich mehr Freizeit zu erlangen,
- um die Arbeit anspruchsvoller und menschenwürdig zu gestalten,
- um mehr Entfaltungsmöglichkeiten zu finden.

Erst dann und nur dann sind wir berechtigt, von «Fortschritt» zu sprechen. Techniken, deren Einsatz Arbeitslosigkeit, Dequalifizierung, monotone Arbeitsbedingungen zur Folge haben, mögen nützlich sein für die Aktionäre der Firma Siemens und der Deutschen Bank – Fortschritt im Interesse der Gesellschaft und der «Volks»-wirtschaft sind sie nicht.

### *4. Staatliche Beschäftigungspolitik*

Zur Wiederherstellung der Vollbeschäftigung kann der Staat nicht aus der Verantwortung entlassen werden. Obenan steht dabei die Forderung nach einem wirksamen Beschäftigungsprogramm. Dabei muß man sich freilich von der Vorstellung lösen, als ob die Förderung der privaten Gewinne ausreiche, um Vollbeschäftigung wiederherzustellen.

Um es entgegen der Ideologie des Sachverständigenrats zu wiederholen: Die Gewinne mögen noch so steigen – niemand garantiert, daß sie auch wieder investiert werden und nicht etwa in Wertpapieranlagen oder in ausländischem Grundbesitz verschwinden.

Und erst recht kann niemand garantieren, daß mit Investitionen neue Arbeitsplätze geschaffen und nicht etwa vorhandene Arbeitsplätze vernichtet werden.

Wer mit anderen Worten die Beschäftigung zur Restgröße privater unternehmerischer Gewinnerwartung verkommen läßt, wird die Arbeitslosigkeit niemals überwinden können.

Deshalb muß ein staatliches Beschäftigungsprogramm vornehmlich die öffentliche Nachfrage steigern und selbst neue Beschäftigung organisieren. Gesellschaftlicher Bedarf, der auf diese Weise gedeckt werden kann, ist nach wie vor vorhanden, von der Bildung über den öffentlichen Nahverkehr, die Energieversorgung bis zum Gesundheitswesen.

Natürlich erhebt sich bei solchen Forderungen unverzüglich die Frage nach der Finanzierung. Ohne auf die Diskussion über die Staatsverschuldung eingehen zu wollen, sei nur so viel hervorgehoben: In einem Staat, der es sich leistet, jährlich 15 bis 20 Mrd. Ausfälle durch Steuerhinterziehung in Kauf zu nehmen, in einem Staat, der 60 Mrd. und mehr für die Rüstung ausgibt, und zwar mit ungebremst steigender Tendenz – in einem solchen Staat sind Zweifel an der Finanzierung eines Beschäftigungsprogramms von jährlich 10 bis 20 Mrd. DM schlechthin abwegig.

Im übrigen sei in Erinnerung gerufen, daß die Gewerkschaften seit langem einen Arbeitsmarktbeitrag für Selbständige und für Beamte fordern; daß die Gewerkschaften seit Jahren die Erhebung einer Ausbildungsplatzabgabe einklagen; daß in den Gewerkschaften seit Jahren vorgeschlagen wird, eine Fehlbelegungsabgabe im sozialen Wohnungsbau zu erheben.

Schließlich steht bei allen Berechnungen auf der anderen Seite der Bilanz: die aktuelle Arbeitslosigkeit verursacht derzeit fiskalische Kosten in Höhe von 55 Mrd. DM.

## 5. *Kontrollen über die Investitionen*

Allein bei einem Beschäftigungsprogramm können wir nicht stehenbleiben. Staatliche Politik ist, wenn sie im Interesse der abhängig Beschäftigten betrieben werden soll, gehalten, die Ursachen der wachsenden Arbeitslosigkeit zu beseitigen. Dazu gehört, endlich gesellschaftliche Kontrollen der privaten Investitionstätigkeit zu schaffen, angefangen beim Ausbau der Mitbestimmungsrechte im Betrieb und Unternehmen über Investitionskontrollen bis hin zur Überführung von markt- und wirtschaftsbeherrschenden Unternehmen in Gemeineigentum.

## III. Was tun? Zur Durchsetzung gewerkschaftlicher Forderungen

Die Bedingungen für gewerkschaftliches Handeln haben sich verschlechtert. Im gesellschaftlichen Kräfteverhältnis konnten die Unternehmer Machtverlagerungen zu ihren Gunsten durchsetzen.

Das zeigt sich in den Betrieben, wo unter dem Eindruck von Entlassungen und Leistungssteigerungen Resignation bemerkbar ist. Dies zeigt sich in der Tarifarbeit, wo es den Gewerkschaften nicht gelungen ist, in den letzten Jahren die Realeinkommen zu sichern. Dies zeigt sich in der Politik der sozialen Demontage und der durch den Regierungswechsel dokumentierten politischen «Wende».

Angesichts dieser Lage gilt es, sich auf einige Antworten zu besinnen:

1. Es ist eine Illusion, auf bessere Zeiten zu hoffen. Ob es gelingt, die Kräfteverhältnisse zu unseren Gunsten zu wenden, hängt von uns selbst ab; und zwar nicht allein von gutgeführten Wahlkämpfen, sondern von Gegenwehr auf allen Ebenen.

2. Die Gewerkschaften müssen ihren Mitgliedern reinen Wein einschenken. Dies beginnt bei der Benennung der Krisenursachen: Erklärungen, die die Probleme eher vernebeln, sollten der Vergangenheit angehören. Die andauernde Beschäftigungskrise ist beispielsweise keine Folge einer Weltrezession, keine Folge der Ölpreissteigerungen, und wie auch immer die Problemverlagerungen in anonyme, der politischen Gestaltung entrückte Zonen lauten mögen.

In der Vergangenheit mag der eine oder andere seinen Frieden mit dem Kapitalismus gemacht haben. Er mag darauf gesetzt haben, daß im Rückenwind des wirtschaftlichen Aufschwungs vieles scheinbar im Selbstlauf erreicht werden konnte. Die Grundlage für derartige Annahmen ist jedoch endgültig erschüttert. Um es mit einem Wort Willi Bleichers auszudrücken: Wer ja sagt zum Kapitalismus, sagt auch ja zur Arbeitslosigkeit.

3. Desgleichen ist es notwendig, zu Reformforderungen zurückzukehren, die in der Lage sind, die krisenverursachenden Mechanismen der geltenden Wirtschaftsordnung zu überwinden. Dazu gehören in gleicher Weise Forderungen nach Investitionskontrolle wie nach Überführung von markt- und wirtschaftsbeherrschenden Unternehmen in Gemeineigentum.

Dies mag, gemessen am gegenwärtigen Diskussionsstand in der Bundesrepublik, utopisch klingen. Nur sollte man nicht übersehen:

– Wer aus Gründen wahltaktischer oder sonstiger Opportunität bestimmte, in der Sache notwendige Alternativen zur gegenwärtigen Wirtschaftsordnung verschweigt, riskiert, daß sie morgen von Juristen mit dem Bannstrahl der Verfassungswidrigkeit belegt werden. Entsprechende Vorbilder – z. B. Gerichtsurteile über die Mitbestimmung im Unternehmen, in Pressebetrieben oder an Hochschulen – sollten schrecken.

– Wer darüber hinaus der Mitgliedschaft und namentlich der Jugend überzeugende politische Orientierungen vorenthält, riskiert, daß eines Tages abermals der Ruf nach dem starken Mann verfängt.

4. Gewerkschaftliche Forderungen und Antworten, wie sie vorstehend aufgezählt wurden, werden zu erheblichen politischen und sozialen Konflikten führen; zu Konflikten, die ihre Ursache in gegenläufigen Interessen haben.

Es geht bei der Überwindung der Arbeitslosigkeit nicht abstrakt um gesamtgesellschaftliche Vernunft oder darum, in einer konzertierten Aktion aller relevanten Kräfte den richtigen Weg zu diskutieren und am Ende auch einzuschlagen. Die besseren Argumente hat die Arbeiterbewegung stets auf ihrer Seite gehabt; doch wo Machtfragen anstehen, zählen Argumente nicht.

Es geht um die Entscheidung, wessen Interessen durchgesetzt werden:

- die der Unternehmer – dies bedeutet zwangsläufig weiterwachsende Arbeitslosigkeit und Sozialabbau;
- oder die der abhängig Beschäftigten – und dies wird auf den erbitterten Widerstand der Unternehmer stoßen, einschließlich Maßnahmen des politischen Boykotts.

Partnerschaftliche Lösungen, Vorstellungen, in einer Interessenharmonie beiden Seiten gerecht werden zu können, hatten schon früher keine Grundlage; in Zeiten verschärfter Krise sind sie gänzlich ausgeschlossen.

Wer in modischer Attitüde die Klassenfrage leugnet, wer in intellektueller Verzichtsethik den Sozialstaat, Lohn- und Gehaltserhöhungen, Arbeitszeitverkürzung mit Lohnausgleich und andere unverzichtbare Ziele der Arbeiterbewegung denunziert, der wird eher zur Verwirrung beitragen, keinesfalls jedoch zur Stärkung einer linken Mehrheit. Deshalb wird sich erweisen müssen, wo, auf welcher Seite der Barrikade man steht. Eine Frage, die wir als Gewerkschafter bei allen zum Teil berechtigten Belehrungen, die wir etwa von den Grünen erfahren, auch einmal in umgekehrter Richtung stellen müssen.

5. Konfliktträchtigkeit bedeutet für die Gewerkschaften in erster Linie: sie werden sich auf härtere Arbeitskämpfe rüsten müssen.

Dabei sehen wir uns in der Bundesrepublik zusätzlichen Hürden ausgesetzt:

- Zum einen hat die politische Konzentration auf Unternehmerseite Fortschritte erzielt. Vor einigen Jahren wurde bekannt, daß die Bundesvereinigung der Deutschen Arbeitgeberverbände einen sog. Tabukatalog verabschiedet hat. Er enthält Gewerkschaftsforderungen, die die einzelnen Arbeitgeberverbände erst nach Zustimmung des Präsidiums der Bundesvereinigung erfüllen können.
- Zugleich ist es bis zur Stunde nicht gelungen, die Arbeitsgerichte dazu zu bewegen, ihre Rechtsprechung über die Zulässigkeit der Aussperrung aufzugeben.

Für die Gewerkschaften folgt daraus, daß sie sich auf mittelfristige Schwerpunkte der Tarifarbeit abstimmen müssen. Beispielsweise wird die Arbeitszeitverkürzung angesichts des unternehmerischen Tabukatalogs nicht mehr von einer Einzelgewerkschaft, auf sich allein gestellt, durchgesetzt werden können. Die Zeiten isolierter Pionierleistungen (es sei an den Einstieg in die Lohnfortzahlung durch einen Streik der IG Metall erinnert), diese Zeiten scheinen vorbei. Folgerichtig hat denn auch im Juni 1983 der DGB-Bundesvorstand u. a. beschlossen:

«Zentrale Aufgabe der Mitgliedsgewerkschaften des DGB ist die Verkürzung der Wochenarbeitszeit mit dem Ziel der 35-Stunden-Woche ...

Um das Tabu der Arbeitgeberverbände gegen jede Form der Arbeitszeitverkürzung zu brechen, ist eine gegenseitige Unterstützung bei der Durchsetzung von tarifvertraglichen Arbeitszeitverkürzungen erforderlich. Den Gewerkschaften und Industriegewerkschaften wird deshalb empfohlen, die tarifvertraglichen Arbeitszeitvorschriften zum 31. 12. 1983 bzw. zum nächstmöglichen Termin zu kündigen ... Sind zur Durchsetzung von Arbeitszeitverkürzung Arbeitskampfmaßnahmen notwendig, sollten diese rechtzeitig abgestimmt werden.»

## *6. Abschied von Staatsillusionen*

Von Kurt Tucholsky stammt die bissige Erklärung: «Die Sozialdemokraten waren an der Regierung und glaubten an der Macht zu sein.»

Es ist richtig, daß die Gewerkschaften für «diese Demokratie» gekämpft haben und daß sie hinter der vom Grundgesetz der Bundesrepublik Deutschland vorgezeichneten Verfassung stehen. Dies sollte jedoch nicht den Blick für die andere Tatsache versperren, daß der Staat niemals neutraler Mittler jenseits der sozialen und gesellschaftlichen Interessen ist und gleichsam als objektiver Geist über den realen Klassenkämpfen schwebt. Auch das Vertrauen auf die Loyalität der Inhaber staatlicher Gewalt (es sei etwa an das oftmals strapazierte Schlagwort von der «Solidarität der Demokraten» erinnert) ist schon mehrfach in der wechselvollen Geschichte des deutschen Volkes betrogen worden.

Mit anderen Worten: Wessen Interessen sich durchsetzen, ist nicht allein eine Frage der Stimmabgabe am Wahltag, sondern Ergebnis gesellschaftlicher Machtverhältnisse, die im Interesse der abhängig Beschäftigten durch vorparlamentarische Initiativen zu beeinflussen legitime Aufgabe der Gewerkschaften ist. Dies beginnt bereits bei betrieblichem Widerstand gegenüber einzelnen Unternehmern. Es setzt sich fort in offensiven Tarifkämpfen und findet letztlich seinen Abschluß in außerparlamentarischen Bewegungen, sei es gegen den Sozialabbau, sei es gegen den Rüstungswahnsinn.

Erste vom DGB initiierte Aktionen gegen den Sozialabbau haben im Herbst 1982 stattgefunden, in Gestalt von Demonstrationen und Kundgebungen. Mehr als eine halbe Million Menschen haben sich beteiligt. Dies sollte all denen Zuversicht geben, die es für notwendig und möglich halten, gewerkschaftliche Gegenwehr zu organisieren.

## *7. Solidarität*

Grundlage gewerkschaftlichen Erfolges ist die Solidarität. Es gilt die Einheit zu wahren und jede Spaltungstendenz abzuwehren. Beispielsweise kämpft jeder Arbeiter und Angestellte, auch der in der Privatwirtschaft, für seine eigenen Löhne und Gehälter, wenn er den Beschäftigten im öffentlichen Dienst zur Seite steht und sie in ihrem Kampf gegen «Solidaritätsopfer» und Besoldungspausen unterstützt. Wer hier beiseite tritt, wird selbst der nächste sein.

Dasselbe gilt für die Gefahr, daß rechtsradikale Kreise die Ausländerfeindlichkeit schüren. Die ausländischen Kollegen wurden vor zwanzig Jahren von westdeutschen Unternehmern gerufen, als Arbeitskräfte gesucht wurden. Ginge es nach manchen Unternehmern und konservativen Politikern, so sollten sie heute wieder abgeschoben werden, wie Waren, die man nicht mehr braucht. Im Sumpf der wirtschaftlichen Krise gedeihen Parolen, die ihre Wurzeln in der braunen Vergangenheit des Nationalsozialismus nicht verleugnen können. Hier sind Gewerkschaften in gleicher Weise wie politische Parteien und Kirchen aufgerufen, deutlich und lautstark Front zu machen. Das

Recht auf Arbeit ist unteilbar; es gilt in gleicher Weise für Deutsche wie für Türken.

Hier übrigens liegt der Sinn der Solidarität: nicht etwa im Sinne moderner Verhunzung des Begriffes den Kopf einzuziehen und sich zusammenzufinden zu einer Opfergemeinde, die ihre Aufgabe nur noch darin sieht, die Lasten gerechter zu verteilen. Nein, Solidarität ist ein Kampfbegriff: nämlich Zusammenstehen gegen den gemeinsamen Gegner. Und dies sind und bleiben nun einmal die Unternehmer – und nicht etwa Beamte, Türken, Frauen etc.

Schließlich gilt es, die Einheit zu wahren gegenüber politischen Ausgrenzungsversuchen. Was in der gewerkschaftlichen Arbeit zählt, ist der Einsatz für die Interessen der Kolleginnen und Kollegen, nicht jedoch das politische Bekenntnis oder das Parteiprogramm. Ebenso wie sich die Gewerkschaften mit Recht dagegen wehren müssen, von politischen Parteien vereinnahmt zu werden, gilt es umgekehrt, parteipolitische Flügelkämpfe und Ausgrenzungsversuche nicht in die gewerkschaftliche Arbeit hinüberschwappen zu lassen. Ansätze dazu gibt es immer wieder.

Die vorstehend aufgezählten Antworten geben Einsichten wieder, die keineswegs von allen geteilt werden. Im Gegenteil, die Haltung der Gewerkschaften angesichts der wirtschaftlichen Krise ist nicht einheitlich. Meinungsverschiedenheiten, unterschiedliche Lösungsansätze und Differenzen sind allenthalben feststellbar. Sie werden eher noch zunehmen. Doch dies sollte bei Massenorganisationen nicht wundern – erst recht nicht, wenn der Problemdruck wächst.

Doch dies alles ändert nichts an der grundlegenden Tatsache, daß die Gewerkschaften vor der Alternative stehen:

- Entweder abzuwarten und zurückzuweichen in der Hoffnung, es werde sich alles schon von selbst wieder bessern;
- oder konsequent Gegenmachtspositionen aufzubauen und die zwangsläufig auf uns zukommenden Konflikte aufzunehmen.

Wer sich das Versagen der Arbeiterbewegung am Ende der Weimarer Republik vor Augen hält, für den müßte die Antwort deutlich sein: Vorleistungen der Arbeiterbewegung, Anpassung, das Abfinden mit dem kleineren Übel – dies alles ist von der herrschenden Klasse noch nie honoriert worden, sondern wurde allemal mit noch dreisteren Angriffen beantwortet. Daher bleibt den Gewerkschaften im Grunde keine Wahl.

*Wolfgang Roth*

# Wirtschaftspolitik ohne Sachverständigenrat

## I. Vom Sinn und Unsinn wirtschaftspolitischer Beratung

### *1. Anfang mit neuen Ideen*

Es ist weitgehend in Vergessenheit geraten, daß die ersten Initiativen zur Bildung eines unabhängigen Sachverständigenrates zur Begutachtung der gesamtwirtschaftlichen Entwicklung auf Vorschläge der SPD-Bundestagsfraktion aus der 2. Legislaturperiode von 1953 bis 1957 zurückgehen.[1] Die SPD beantragte damals eine unabhängige Sachverständigenkommission, die den von der Bundesregierung jährlich vorzulegenden Jahreswirtschaftsbericht mit der Darlegung der Wirtschaftslage und der beabsichtigten wirtschaftspolitischen Aktivitäten öffentlich beurteilen sollte. Ziel war eine Verbesserung der Kontrolle der Regierungspolitik. Diese Hoffnung auf eine interessenfreie Beratung war wohl ein Irrtum.

Diskutiert wurde damals in allen Parteien auch die Bildung eines mit Arbeitnehmern und Arbeitgebern paritätisch besetzten Bundeswirtschafts- und Sozialrates, bis sich schließlich Ludwig Erhard mit seinen Vorstellungen bei den Regierungsparteien durchsetzen konnte und das Sachverständigenratsgesetz im Jahre 1963 mit den Stimmen aller im Bundestag vertretenen Parteien verabschiedet wurde. Die Gesetzeskonstruktion wies viel Ähnlichkeiten mit den ursprünglichen SPD-Vorschlägen auf. Das Motiv für die Bildung des Sachverständigenrates hatte sich jedoch grundlegend gewandelt. Die Bundesregierung erwartete von ihm eine Unterstützung ihrer Politik bei der Zurückdrängung von Gruppenansprüchen an das Sozialprodukt. Die Bundesregierung schien also praktisch darauf zu warten, durch die Öffentlichkeitswirkungen der Gutachten selbst unter Druck zu kommen, um so zusätzliche Argumente für die Abwehr von Gruppeninteressen zu haben.[2]

Am Anfang widersetzte sich der Sachverständigenrat jedoch diesem Verständnis wissenschaftlicher Politikberatung und produzierte unabhängige Anregungen, wie etwa die über flexible Wechselkurse, die der Bundesregierung manchen Verdruß bereitet haben. Die Reaktion konnte nicht ausbleiben. Es kam zu starken Spannungen mit der Bundesregierung. Auch in den späten Jahren ist es um und im

Sachverständigenrat immer wieder zu Konflikten gekommen. Seine Gutachten haben oftmals in der Öffentlichkeit ein unterschiedliches Echo gefunden. Zum Teil war dies bereits in seiner doppelten gesetzlichen Aufgabenstellung angelegt, gleichzeitig die wirtschaftspolitische Urteilsbildung bei *allen* wirtschaftspolitisch verantwortlichen Instanzen *sowie* in der Öffentlichkeit zu erleichtern. Nicht selten hat der Sachverständigenrat aber auch bewußt provoziert, nicht immer handelte es sich dabei jedoch um heilsame Provokationen.

Unbestritten bleibt dennoch, daß von seiner Tätigkeit gerade in seiner frühen Phase zahlreiche Anstöße für die Wirtschafts- und Finanzpolitik, unabhängig davon, wie man zu diesen Anstößen stehen mag, ausgegangen sind. Zu nennen sind neben der außenwirtschaftlichen Absicherung durch flexible Wechselkurse vor allem auch sein Einsatz für die Ausgestaltung und Verabschiedung des Stabilitäts- und Wachstumsgesetzes und sein damit verbundenes Bekenntnis für die Verantwortung des Staates zur Wiedererlangung und Aufrechterhaltung eines gesamtwirtschaftlichen Gleichgewichts zwischen der Nachfrage- und Angebotsentwicklung bei hoher Beschäftigung. Es war die Zeit, als Alex Möller den Sachverständigenrat in der Rolle eines «Hüters des gesamtwirtschaftlichen Gleichgewichts» sah.[3]

## 2. *Zunehmende Dogmatisierung*

Von seinem Selbstverständnis als Anreger hat sich der Sachverständigenrat durch seine ideologische Verengung seit Mitte der siebziger Jahre zunehmend entfernt. Durch seine stramme Parteinahme in einem alten, letztlich ideologisch motivierten Dogmenstreit, ob sich jedes Angebot die dazugehörige Nachfrage schafft (Saysches Theorem) oder ob umgekehrt die Höhe der wirksamen Gesamtnachfrage das Produktions- und Beschäftigungsniveau bestimmt (Keynessche Theorie), hat er bei den Adressaten seiner Botschaften mehr den Eindruck eines Kampfgefährten oder fundamentalen Gegners vermittelt als eines unabhängigen Ratgebers. Ein volkswirtschaftlicher Theorienstreit kann aber angesichts bedrohlich steigender Arbeitslosigkeit und großer Wachstumseinbußen nicht zur Grundlage wirtschaftspolitischer Diskussionen zur Krisenbewältigung in der Öffentlichkeit gemacht werden. Der Schaden, den die scheinbar abstrakten Theorie-Debatten im wirtschaftspolitischen Meinungs-, Willensbildungs- und Entscheidungsprozeß anrichten, ist größer als der Nutzen, vor allem, weil sich hinter der Theorie nur wenig getarnte Interessen verstecken.

Der Sachverständigenrat hätte sich von Anfang an stärker auf die wichtige Rolle der privaten, aber auch der öffentlichen Investitionen als Quelle für die Stabilisierung der gesamtwirtschaftlichen Nachfrage und eines arbeitsplatzschaffenden Kapazitätsaufbaues konzentrieren müssen. Er wäre dann allerdings auch nicht darum herumgekommen, über Alternativen nachzudenken, wenn die Investitionsdynamik unter veränderten ökonomischen Bedingungen nicht mehr ausreicht, um auf Dauer wieder eine höhere Beschäftigung zu erreichen. Der Sachverständigenrat hätte sich dann zwangsläufig auch frühzeitig mit den Fragen einer kostenniveauverträglichen Arbeitszeitverkürzung und der Erfolgsaussichten zusätzlicher arbeitsmarktpolitischer Aktivitäten befassen müssen. Statt dessen wurde ein alter Dogmenstreit wieder belebt, dessen Inhalt und Auswirkung für die praktische Politik weiten Kreisen von vornherein verborgen bleiben mußte. Hierdurch wurde die rechtzeitige politische Durchsetzung beschäftigungssteigernder und wachstumsfördernder Maßnahmen und ihre solide Finanzierung eher erschwert als erleichtert. Anstelle der Erarbeitung überzeugender Problemlösungen wurde vielmehr ein Ausweichen auf im Kern ideologische wirtschaftspolitische Positionen ermöglicht. Übrigens hat der Sachverständigenrat aufgrund seiner ideologischen Verengung Gefahren und Probleme hartnäckig übersehen. Die Rolle der Hochzinspolitik in der Zerstörung von Investitionschancen findet ebensowenig eine sorgfältige Beobachtung wie die Wirkungen eines Umschlagens der Investitionsmotive, von der Innovation und Erweiterung zur reinen Rationalisierung. Der Sachverständigenrat bleibt in der Aufbauökonomie der fünfziger und sechziger Jahre verhaftet.

## II. Kontroversen

### *1. Fehlbeurteilungen*

Nach der zweiten Ölpreiskrise 1978/80 kam es in zunehmendem Maße zur Fehleinschätzung der wirtschaftlichen Entwicklungsaussichten. Die Prognosen basierten mehr auf dem «Prinzip Hoffnung» als auf den empirischen Erfahrungen mit dem Konjunkturverlauf nach der ersten Ölpreiskrise 1974/75. Mit zunehmender Realitätsferne in der Lagebeurteilung ging eine dogmatische Verhärtung der wirtschaftspolitischen Haltung der Mehrheit des Sachverständigenrates einher. Wenn die Prognosen nicht stimmten, mußte der «schuldige» Faktor gesucht werden.

Die lange vorher prognostizierte Verschlechterung der Lage auf dem Arbeitsmarkt bei anhaltender Konjunktur- und Wachstumsschwäche hätte jedoch anstelle einseitiger angebotspolitischer Empfehlungen zumindest die Ausarbeitung von wirtschaftspolitischen Vorschlägen erforderlich gemacht, die man unter der Überschrift eines «Säens» bei produktiven öffentlichen und privaten Investitionen und eines «Jätens» bei obsolet gewordenen Subventionen und Ausgaben fassen kann. Im Gegensatz hierzu riet der Sachverständigenrat in einer Phase fortschreitender Abschwächung der gesamtwirtschaftlichen Nachfrage, also zur konjunkturpolitischen Unzeit, zu einer forcierten Konsolidierung ohne Rücksicht auf die hiervon auf die Beschäftigung und das Sozialprodukt ausgehenden krisenverschärfenden Wirkungen. Gleichzeitig ermunterte er auch die Deutsche Bundesbank aus stabilitätspolitischen Gründen und zur Vermeidung eines wegen der Hochzinspolitik in den USA und in Großbritannien sonst vermuteten zu starken Abfalls des DM-Wechselkurses dazu, ihre im Jahre 1979 abrupt begonnene restriktive Geldmengenpolitik bis zum Exzeß zu treiben, ohne auch nur europäische Alternativen zu suchen.

### 2. *Die Politik der bewußten Hinnahme von Arbeitslosigkeit*

Nach den Erfahrungen seit dem Jahre 1980 wissen wir, daß eine einseitige forcierte Konsolidierungspolitik in konjunkturellen Schwächephasen sich selbst im Wege steht. Was nämlich auf der einen Seite durch eine Verminderung des strukturellen Teils der öffentlichen Haushaltsdefizite (Überschuß der öffentlichen Kreditaufnahmen über die Investitionsausgaben bei normalem Konjunkturverlauf) gewonnen wird, geht durch Mehrausgaben für Arbeitslose und durch konjunktur- und wachstumsbedingte Steuermindereinnahmen auf der anderen Seite wieder verloren. Dieser beobachtbare Tatbestand bleibt weitgehend unerörtert. Vergessen bleibt, daß gerade so eine Verlagerung zu völlig unproduktiver Verwendung stattfindet: Bei niedrigerer Beschäftigung und einem geringerem Niveau der wirtschaftlichen Aktivitäten entsteht ständig neuer Konsolidierungsbedarf, mit der Gefahr einer Rezessionsspirale oder zumindest der Versteinerung der Stagnation. Der konjunkturdämpfende Effekt der Konsolidierung beim strukturellen Defizit («Jäten») hätte also zumindest durch – von haushaltsmäßigen Umschichtungen und zusätzlichen Kreditaufnahmen finanzierte – beschäftigungs- und wachstumsfördernde Maßnahmen vorrangig für öffentliche Infrastruktur-Investitionen kompensiert werden müssen. Dies hätte gleichzeitig – auch unabhängig vom Selbstfinanzierungseffekt mittelfristiger Wachstumsprogramme – die Haushaltskonsolidierung auf mittlere Sicht erleichtert. Bei einer solchen Politik wäre nicht nur der strukturelle Teil der öffentlichen Haushaltsdefizite, sondern darüber hinaus auch bei Ingangsetzung eines selbsttragenden Wachstumsprozesses der konjunktur- und wachstumsbedingte Teil zurückgegangen.

Obgleich in der Bundesrepublik niemals eine tatsächliche Inflationsgefahr nach Überwindung der Inflationstendenzen 1973/74 bestand, wurde die außenwirtschaftlich orientierte Geldpolitik der Bundesbank ohne jede Kritik akzeptiert. Wenn auch nach übereinstimmender Auffassung des Sachverständigenrates und der Bundesbank ein gewisser Zinsanstieg unvermeidlich war, um einem zu starken Kapitalabfluß nach den USA wegen der bestehenden Zinsdifferenzen zu begegnen, so hätte man doch Erleichterungen zur Investitionsfinanzierung der Privaten und der öffentlichen Hand erwarten müssen. Das blieb aus, eine drastische Rezession war die Folge.

### *3. Investieren ohne Nachfrage?*

Der Sachverständigenrat hatte sich in seiner Mehrheit im Widerspruch zu den gesamtwirtschaftlichen Erfordernissen einer auch mittelfristig notwendigen parallelen Entwicklung der Nachfrage und des Angebotspotentials auf eine einseitige Angebotspolitik festgelegt, ohne allerdings hier Instrumente anzubieten, die auch nur die negativen Rückwirkungen der absurd hohen Realzinsen hätten ausgleichen können.

Seiner Auffassung nach bot allein schon eine globale Verbesserung der steuerlichen und kostenmäßigen Rahmenbedingungen privatwirtschaftlicher Investitionsentscheidungen bei auch mittelfristig anhaltender Konsolidierung der öffentlichen Haushalte hinreichende Antworten für die Bewältigung der vielfältigen ökonomischen Herausforderungen der achtziger Jahre. Eine derartig romantische Hoffnung auf selbsttätig um sich greifende und dann Wachstum schaffende Investitionen übersieht oder verkleinert von vorneherein die Gefahr anhaltender Stockung aufgrund eines allgemeinen gesamtwirtschaftlichen Nachfragemangels.[4] Es kommt zwar wegen des Wirkens automatischer Konjunkturstabilisatoren in einer solchen Situation nicht zu einer scharfen Rezessionsspirale von Nachfrageausfall, Produktions- und Beschäftigungsrückgang wie in den dreißiger Jahren, gleichwohl aber zu einer allgemeinen Stagnation der wirtschaftlichen Aktivitäten auf rezessionsbedingt niedrigem Niveau mit starken Beschäftigungseinbußen. Hiervon werden gerade auch die Sektoren und Regionen betroffen, die ohnehin schon mit schwerwiegenden strukturellen Anpassungs- und Umstellungsprozessen zu kämpfen haben. Seit Frühjahr 1980 ist die Arbeitslosigkeit dramatisch angestiegen, ohne daß bisher eine Wende am Arbeitsmarkt sichtbar geworden ist. Der Sachverständigenrat läuft den Problemen am Arbeitsmarkt mit Rezepten hinterher, die, wo sie angewendet werden – wie in England – gerade nicht zu mehr Beschäftigung führen.

Die mangelnden beschäftigungs- und wachstumspolitischen Erfolgsaussichten einer einseitigen Angebotspolitik werden auch deutlich, wenn man die Bedeutung der Kapazitätsauslastung und der zukünftigen Absatzerwartungen der Unternehmer für arbeitsplatzschaffende Erweiterungsinvestitionen mit ins Bild nimmt. Neben autonomen Investitionen, die vorrangig auf die Erstellung neuer Produkte und Produktionsverfahren zielen, von Nachfrageschwankungen relativ unabhängig sind und zweifellos auch durch Veränderungen der Rahmenbedingungen zusätzlich begünstigt werden können, gibt es aber auch die (nachfrage)induzierten Investitionen, die von der jeweiligen und zukünftig erwarteten Kapazitätsauslastung und damit von der Höhe der wirksamen gesamtwirtschaftlichen Nachfrage abhängen: Die autonomen Investitionen führen zur Verbesserung der Qualitätsstruktur des Kapitalbestandes (vertikale Wirkung), die induzierten Investitionen wirken eher in die Breite (horizontaler Effekt). Erfahrungsgemäß ist eine ausgewogene Entwicklung beider Investitionsraten notwendig, um Disproportionalitäten im Kapazitätsaufbau zu vermeiden, vorhandene Arbeitsplätze vor ausländischer Konkurrenz zu sichern und neue Arbeitsplätze durch ein Wachstum des Produktionspotentials zu schaffen.

Durch eine Vernachlässigung der gesamtwirtschaftlichen Nachfrageentwicklung und Kapazitätsauslastung kann die Angebotspolitik schon vom Konzept her auf absehbare Zeit keine Wiederherstellung eines Zustandes höherer Beschäftigung in Aussicht stellen. Unterausgelastete Kapazitäten wirken wie eine Investitionsbremse. Denn die erwartete Rendite einer Anlageinvestition hängt nicht nur von den Finanzierungskosten und den erwarteten Güter- und Faktorpreisen ab, sondern auch von den Gütermengen, die der Unternehmer hofft produzieren und verkaufen zu können. Gerade bei der modernen Technik und dem damit verbundenen hohen Fixkostenanteil hängt die Rendite ganz entscheidend von der Auslastung der Kapazitäten ab.[5] Beschäftigungspolitisch ist also auf kurze und mittlere Sicht eine

Verbesserung der Nachfrage- *und* der Angebotsbedingungen unbedingt erforderlich. Tut man das nicht, so stützt man nur eine ohnehin vorhandene Tendenz zum Überwiegen neuer Rationalisierungsinvestitionen.

Eine einseitige Angebotspolitik kann auch wegen der starken Verflechtungen der Bundesrepublik mit der Weltwirtschaft (Exportanteil am Sozialprodukt rd. 30 %) bei anhaltender weltweiter Konjunktur- und Wachstumsschwäche nicht erfolgreich sein. Lediglich in den USA und in Japan ist mit einer verstärkten Wirtschaftsdynamik zu rechnen, wobei die hohen Zinsen in den USA gleichzeitig aber die konjunkturellen Erholungstendenzen vor allem in Westeuropa in starkem Maße beeinträchtigen. Übrigens ist der Fall USA interessant. Im diametralen Widerspruch zu den behaupteten «supply-side-economics» wird dort eine besonders hartnäckige Nachfragepolitik betrieben. Dort gibt es einen «absurden» Keynesianismus. Absurd, weil das Geld in die Rüstung und in die Taschen ohnehin Privilegierter fließt.

Der Impuls zur Ingangsetzung eines nachhaltigen und dauerhaften Wirtschaftsaufschwungs kann daher nur von den inländischen Nachfragekomponenten der Investitionen und des Konsums kommen. Ohne einen nachfrageseitigen Anstoß kann auch eine Verbesserung der Angebotsbedingungen im Inland nicht zu einem dauerhaften konjunkturellen Erholungsprozeß führen, der so stark ist, daß hiervon auch nach einiger Zeit entlastende Wirkungen auf den Arbeitsmarkt ausgehen. Es droht vielmehr nach den Erfahrungen von 1976/77 ein ständiger Wechsel von Phasen leichter konjunktureller Erholung und Abschwächung bis zur Schrumpfung («Waschbrett-Konjunktur»).

Der Sachverständigenrat hat gegen aktive staatliche beschäftigungs- und wachstumspolitische Maßnahmen auch immer wieder den ölpreisbedingten Anpassungsbedarf der inländischen Produktions- und Anlagenstruktur ins Feld geführt. Im Gegensatz zur Auffassung des Rates ist es aber wünschenswert und durchaus auch möglich, die sonst zeitraubenden marktmäßigen Anpassungen durch gezielte staatliche Maßnahmen zu fördern und so den Zeitraum für die notwendigen Umstellungen zu verkürzen (aktive Anpassungsstrategie).[6] Man denke nur an die forcierte Förderung der Öleinsparung.

Zum angebotspolitischen Konzept des Sachverständigenrates hat stillschweigend wohl auch immer die Vorstellung gehört, daß durch eine Reallohnsenkung ein höherer Beschäftigungsgrad erreicht werden kann. Dabei wird immer wieder übersehen, daß der Lohn einen Kosten- und Nachfrageaspekt hat und sich zudem (Lohn-)Kostenvorteile in einem System flexibler Wechselkurse und auch im EWS keineswegs konservieren lassen. Aber auch unabhängig von rein wirtschaftlichen Überlegungen ist zur Überwindung der Beschäftigungs- und Wachstumskrise ein Höchstmaß an Gemeinsamkeiten und an sozialem Konsens zwischen der Bundesregierung und den autonomen Gruppen wie auch zwischen den Tarifvertragsparteien selbst erforderlich. Ein solcher Konsens ist aber nur bei einer verteilungspolitisch ausgewogenen Entwicklung der einzelnen Einkommenskategorien zu erreichen.

## III. Wege aus der Krise: Einige Antworten jenseits des Sachverständigenrates

### *1. Absage an einseitige wirtschaftspolitische Lösungen*

An der im Stabilitäts- und Wachstumsgesetz verankerten Verantwortung des Staates für die Wiederherstellung des gesamtwirtschaftlichen Gleichgewichts bei hohem Beschäftigungsstand ist im Gegensatz zur Position des Sachverständigenrates unbedingt festzuhalten. Wir müssen gerade heute mehr tun als nur über Rahmenbedingungen philosophieren. Der Sachverständigenrat sollte hier zu seiner Ausgangsposition am Anfang seiner Tätigkeit zurückkehren. Zur Überwindung der Arbeitslosigkeit ist eine Strategie des qualitativen Wachstums, der kostenniveauverträglichen Arbeitszeitverkürzung in der unmittelbaren Verantwortung der unabhängigen Tarifvertragsparteien und der zusätzlichen arbeitsmarktpolitischen Aktivitäten vor allem im Bereich berufsqualifizierender und mobilitätsfördernder Maßnahmen erforderlich. Einseitige wirtschaftspolitische Lösungen führen dagegen nicht zur Krisenbewältigung, sondern wirken krisenverschärfend.

Der Streit um eine Nachfrage- oder Angebotspolitik ist kontraproduktiv und hilft nicht weiter. Anzustreben ist vielmehr ein Weg, der wirksame Elemente beider Richtungen miteinander verbindet, dabei aber eindeutig klarstellt, daß die von der Bundesregierung und vom Sachverständigenrat empfohlene ausschließliche Angebotspolitik bei forcierter Haushaltskonsolidierung die Beschäftigungsprobleme eher noch verschärft als eine Tendenzwende am Arbeitsmarkt herbeizuführen; mit allen negativen politischen und ökonomischen Folgen für die achtziger Jahre und darüber hinaus.

## *2. Solidarpakt zur Überwindung der Arbeitslosigkeit, internationaler Beschäftigungspakt*

Zur Überwindung der weltweiten Beschäftigungs- und Wachstumsschwäche ist ein nationaler Solidarpakt und ein internationaler Beschäftigungspakt notwendig. Im internationalen Bereich wird davon ausgegangen, daß die weltweit ansteigende Arbeitslosigkeit (Arbeitslosenzahl im OECD-Raum im Mai 1983: 32 Millionen) bei der engen Verflechtung der Volkswirtschaften am ehesten durch eine aufeinander abgestimmte gemeinsame expansivere Grundlinie der Wirtschafts- und Finanzpolitik in den wirtschaftlich stärkeren Staaten bekämpft werden kann, während die Partnerländer mit hohem Preisanstieg und Zahlungsbilanzdefiziten zunächst noch der Bereinigung dieser Fehlentwicklung den Vorrang geben. Leider ist es auf dem Weltwirtschaftsgipfel in Williamsburg im Mai und auch auf dem Europäischen Rat in Stuttgart im Juni 1983 nicht zu einem solchen internationalen Beschäftigungspakt mit aufeinander abgestimmten Maßnahmen gekommen. Es ist im Gegenteil zu befürchten, daß die hohen Zinsen in den USA über die internationalen Währungsbeziehungen die Konjunkturerholung in Westeuropa beträchtlich erschweren werden. Zur Resignation besteht dennoch kein Anlaß. Die Bemühungen im internationalen Bereich müssen konsequent fortgesetzt und die beschäftigungs- und wachstumspolitischen Anstrengungen im nationalen Bereich in der Zwischenzeit verstärkt werden.

Zur Ausgestaltung des Solidarpaktes zur Überwindung der Arbeitslosigkeit in der Bundesrepublik hat die SPD-Bundestagsfraktion bereits im November 1982 einen Beschäftigungshaushalt 1983–1985[7] mit detaillierten Maßnahmen und einer soliden praktisch zinsniveauneutralen Finanzierung vorgelegt. In den im Juni 1983 verabschiedeten Beschäftigungspolitischen Leitlinien[8] wurde dieser Gedanke wiederaufgenommen. Im Mittelpunkt stehen dabei verstärkte Umweltschutzmaßnahmen und ein forcierter mittelfristiger Ausbau der wirtschaftsnahen Infrastruktur bei Bund, Ländern und Gemeinden in einigen ausgewählten wachstums- und beschäftigungspolitisch wichtigen Schwerpunktbereichen auch mit Blick auf komplementäre private Anschlußinvestitionen sowie Umstrukturierungshilfen für Industrieregionen, die von schwierigen strukturellen Anpassungs- und Umstellungsprozessen betroffen sind. Hinzu treten Maßnahmen zur Sicherung und Stärkung der Wettbewerbsfähigkeit der Wirtschaft, vor allem für kleine und mittlere Unternehmen (Aufstockung des Eigenkapitalhilfeprogramms) und die Erweiterung des Finanzierungsangebots durch die Bereitstellung von Risikokapital. Ebenso sind Arbeitszeitverkürzungen in der unmittelbaren Verantwortung der unabhängigen Tarifvertragsparteien und zusätzliche arbeitsmarktpolitische Maßnahmen vorgesehen.

Mit einem forcierten mittelfristigen Ausbau des Umweltschutzes und der wirtschaftsnahen öffentlichen Infrastruktur werden wirtschaftspolitisch gleichzeitig drei Hauptwirkungen erzielt:

- unmittelbare Erhöhung der gesamtwirtschaftlichen Nachfrage und Kapazitätsauslastung mit der Zielsetzung der Auslösung eines qualitativ sinnvollen Wachstumsprozesses;
- globale Verbesserung der Angebotsbedingungen, vor allem für zusätzliche komplementäre private Anschlußinvestitionen;
- Erleichterung von Umstellungs- und Anpassungsprozessen an veränderte ökonomische Bedingungen durch eine gezielte Beseitigung von Engpässen in der Produktions- und Anlagenstruktur.

Der Sachverständigenrat selbst hat die von interessierter politischer Seite in der öffentlichen Diskussion immer wieder in das Spiel gebrachte Behauptung widerlegt, daß staatliche Ausgabe- und Einnahme-Programme beschäftigungs- und wachstumspolitisch wirkungslos seien. Von Mitte 1977 bis Mitte 1980 konnte die Zahl der Beschäftigten um fast eine Million erhöht werden. Dies war nicht zuletzt das Ergebnis des Zukunftsinvestitionsprogramms. Ein erheblicher Teil der neuen Arbeitsplätze entfiel dabei auf Jugendliche (330000). Unter dem Eindruck hoher Defizite der öffentlichen Haushalte und auch der Leistungsbilanz wurde trotz der spürbaren Auswirkungen der zweiten Ölpreiskrise im Jahre 1980 auf die Binnenkonjunktur auf solche Programme verzichtet. Seitdem kam es zu einem scharfen und bisher im Kern ungebremsten Anstieg der Arbeitslosenzahlen.

Wegen des Umfangs und der Ursachen der gesamtwirtschaftlichen Fehlentwicklungen ist ein Wachstumsprozeß durch eine Verstärkung der Investitionen zwar kreislaufmäßig eine unumgängliche, wegen der gleichzeitig stattfindenden Steigerung der Arbeitsproduktivität aber keine hinreichende Voraussetzung für eine höhere Beschäftigung. Hinzutreten müssen Arbeitszeitverkürzungen und zusätzliche arbeitsmarktpolitische Maßnahmen zur (auch innerbetrieblichen) Qualifizierung, Mobilitätsförderung und zeitweisen Überbrückung von Arbeitslosigkeit, vor allem auch bei Jugendlichen.

Für die Finanzierung beschäftigungs- und wachstumsfördernder Maßnahmen sind die Grundsätze finanzwirtschaftlicher Glaubwürdigkeit ein unverzichtbarer Bestandteil. Dabei geht es neben haushaltspolitischen Gesichtspunkten vorrangig auch um eine möglichst zinsniveauneutrale Finanzierung zur Vermeidung kontraproduktiver Effekte. Im Rahmen eines Beschäftigungshaushaltes ist eine zeitlich befristete Einführung einer Ergänzungsabgabe und die Streichung von Subventionen (Finanzhilfen und Steuervergünstigungen) sinnvoll. Zur Finanzierung von Umweltschutzmaßnahmen wird wegen der nur gemeinsam und nicht individuell zu tragenden Finanzierung eine Umweltabgabe mit in die Überlegungen einzubeziehen sein. Zur Durchführung und Abwicklung empfiehlt sich die Einrichtung eines «Sondervermögens für Arbeit und Umwelt» bei der Kreditanstalt für Wiederaufbau. Aus diesem Sondervermögen sind vor allem Zinszuschüsse für beschäftigungsfördernde und umweltverbessernde Investitionen von Gemeinden und Unternehmen zu leisten. Bei kommunalen Investitionen und besonders vordringlichen Umweltaufgaben sollte dabei für die ersten fünf bis zehn Jahre die Übernahme der gesamten Zinslasten erwogen werden. Durch ein solches Sondervermögen ließe sich auch wegen der revolvierenden Finanzierung der Maßnahmen ein Fonds bilden, der immer wieder als Finanzhilfe für neue Vorhaben herangezogen werden kann.

## IV. Aufgaben des Sachverständigenrates in den achtziger Jahren

Weitgehende Einigkeit besteht darüber, daß bei der Bewältigung der vielfältigen ökonomischen Herausforderungen der achtziger Jahre und der Vorbereitung der notwendigen einschneidenden wirtschafts- und finanzpolitischen Entscheidungen der Bedarf an innovativer wissenschaftlicher Politikberatung eher zu- als abnehmen wird. Es besteht allerdings wenig Hoffnung, daß der Sachverständigenrat zur Erfüllung dieser Aufgaben einen wirksamen Beitrag leistet, weil er sich trotz der Erfahrungen seit dem Jahre 1980 einem Lernprozeß verschließt.

Einseitige werturteilsbeladene angebotspolitische Festlegungen haben den Sachverständigenrat bei steigender Arbeitslosigkeit zwar nicht von lauthalser Unterstützung durch Interessengruppen, aber von seiner eigentlichen Aufgabe der geistig-politischen Bewältigung der Herausforderungen entfernt. Im Grunde wird das neoklassische Wirtschaftsmodell durch- und durchbuchstabiert. Das Minderheitengutachten ist wegen seiner Reaktion auf die Mehrheit mehr Alibi als Hilfe. Im Grunde spiegelt der Sachverständigenrat die Armut heutiger Nationalökonomie wider. Glanzvolle theoretische Glasperlenspiele verdecken die tatsächliche Resignation vor den vorhandenen Problemen: Weltweite Stagnation und Verschuldung, Sättigungsgrenzen und technologische Explosionen, Internationalisierung der Produktionsbeziehungen und Renationalisierung der Wirtschaftspolitik. Kurz und knapp: Die Sachverständigengutachten sind angesichts des faktischen Problemdrucks lückenhaft und deshalb im Grunde langweilig. Es werden in der technisch-ökonomischen Revolution des Computer- und postindustriellen Zeitalters Gespensterschlachten geschlagen, wie man am besten Rahmenbedingungen des Wiederaufbaus 1945–1970 wiederherstellen kann. Die Abwesenheit einer politisch-historischen Ökonomie ist offenkundig.

## V. Neuorientierung?

Welchen Weg wird der Sachverständigenrat in der Zukunft gehen? Die Beantwortung dieser Frage hängt letztlich vom Selbstverständnis, den Einsichten und dem Willen zum Neubeginn seiner Mitglieder bei der Erfüllung des gesetzlich festgelegten Auftrags ab. In seiner Tätigkeit liegen Chancen, aber gleichzeitig auch Risiken für die Wirtschafts- und Finanzpolitik wie für ihn selbst. Es ist daher nach einer zwanzigjährigen Tätigkeit an der Zeit, über die mit seinen Gutachten gemachten Erfahrungen und über eine Neufassung seines Gesetzesauftrages nachzudenken. Dabei sollten auch die bisher bekanntgewordenen Vorschläge für die Neuorientierung der gutachterlichen Tätigkeit auf der Grundlage unabhängiger wissenschaftlicher Politikberatung mit in die Prüfung einbezogen werden. Immerhin hatte der Gesetzgeber mit der Bildung eines unabhängigen wissenschaftlichen Gremiums Neuland betreten.

Aufgrund der bisherigen Erfahrungen sind folgende Korrekturen angebracht:

1. Stärkere Verpflichtung des Rates zur Erarbeitung alternativer Ziel-Mittel-Projektionen anstelle allgemeiner wirtschaftspolitischer Ausführungen.

2. Stärkere Orientierung auf neue Sachverhalte und die kritische Einbeziehung von Außenseitern der wissenschaftlichen Diskussion.

3. Stärkere inhaltliche Konkretisierung der alternativen wirtschaftspolitischen Vorschläge durch einzelne Maßnahmen, keine Verbreitung bloßer Weltanschauungen und wirtschaftspolitischer Allgemeinplätze.

4. Stärkere Einbeziehung der Legislativ-Organe in den Beratungs-

vorgang auch zum Ausgleich des Informationsvorsprungs der Exekutive.

5. Zeitlich befristete, aber laufende und hauptamtliche Beratungs- und Aufklärungstätigkeit zum Abbau von Informationsmängeln bei Exekutive und Legislative; gleichzeitig aber auch zur Vermeidung einer Monopolisierung und Zementierung bestimmter wirtschaftspolitischer Denkrichtungen. Gleichzeitig sollte das Gutachten in einer öffentlichen Sitzung des Wirtschaftsausschusses verkündigt werden.

Die politische Durchsetzung einer solchen Neuorientierung der gutachterlichen Tätigkeit des Sachverständigenrates auf unabhängiger Grundlage macht eine Novellierung des Sachverständigenratsgesetzes notwendig. Die SPD-Bundestagsfraktion muß daher in der 10. Legislaturperiode einen entsprechenden Gesetzentwurf in den Deutschen Bundestag einbringen.

## Anmerkungen

1 Entwurf eines Gesetzes zur Förderung eines stetigen Wachstums in der Gesamtwirtschaft, Antrag der Fraktion der SPD, Deutscher Bundestag, 2. Wahlperiode, Bt.-Drs. II/2428, S. 1925.

2 Sievert, O.: Die wirtschaftspolitische Beratung in der Bundesrepublik Deutschland, in: Grundsatzprobleme wirtschaftspolitischer Beratung, Schriften des Vereins für Socialpolitik, Verhandlungen auf der Arbeitstagung in Baden-Baden am 11.–13. April 1967, NF, Bd. 49, S. 29.

3 Möller, Alex: Kommentar zum Gesetz zur Förderung der Stabilität und des Wachstums der Wirtschaft, 1968, S. 267.

4 Zur Kritik an einer einseitigen Angebotspolitik vgl. auch Schiller, Karl: Aktuelle Fragen der Wirtschaftspolitik, in: Wirtschaftsdienst, März 1983, Nr. 3, S. 118f.

5 Kromphardt, J.: Die angebotsorientierte Wirtschaftspolitik des SVR, in: Wirtschaftspolitik der achtziger Jahre, S. 86.

6 Krupp, H. J.: Strategien zur Wiedergewinnung der Vollbeschäftigung, Symposium des DIW, abgedruckt in: Vierteljahresheft 1, 1980, S. 6.

7 Beschäftigungshaushalt 1983 bis 1985, Antrag der Fraktion der SPD, Deutscher Bundestag, 9. Wahlperiode, Bt.-Drs. 9/2123, vom 24. 11. 1982.

8 Beschäftigungspolitische Leitlinien, Informationen der SPD-Bundestagsfraktion, Bonn Bundeshaus, Ausgabe vom 27. Juni 1983.

# Ökonomie, Ökologie, Grundgesetz

ODER

## Die Allianz von Weisheit und Interesse

«Der Rat der Weisen erklärt somit hinreichend die einzigartige Stabilität und Kontinuität der deutschen Wirtschaftspolitik der letzten zwanzig Jahre, um die uns alle Welt beneidet. Aber er erklärt noch mehr: Gerade weil unser Staat der Festlegung aller seiner demokratischen und im Deutschen Bundestag vertretenen Parteien auf die Grundwerte der vom Sachverständigenrat wie ein Gral gehüteten marktwirtschaftlichen Ordnung so felsenfest sicher sein kann wie kein anderer (und wie nie zuvor in seiner bewegten Geschichte), könnte er sich den ‹Luxus› von weit *mehr* Parteien und einem noch *häufigeren* Regierungswechsel auch innerhalb von Legislaturperioden leisten – die Grundlagen unseres Wohlstandes (= Staatsverständnisses) blieben davon unberührt! Lieb' Vaterland magst ruhig sein! Unsere marktwirtschaftliche Ordnung kennt eben keine Parteien, sondern nur noch marktwirtschaftliche Ordnungs-Deutsche!»

*Wilhelm Hankel*

# Vested Theories verdrängen Vested Interests

## Dem Sachverständigenrat zum 20. Geburtstag

> «Die chaldäischen Priester (übten) eine exakte Wissenschaft aus; ihre Beobachtungen hielten einer Nachprüfung stand ... Obwohl die Theorie auf mythologischen Voraussetzungen aufbaute, ‹bewährte› sie sich in der Praxis.
> Wachsam und beobachtend blickt das eine Gesicht vorwärts, während das andere, träumerisch und glasäugig, in die entgegengesetzte Richtung starrt.»
> Arthur Koestler

Der Weisheit Institutionalisierung für das stets schwierige Geschäft der Entscheidungsfindung und -begründung ist natürlich älter als das bundesdeutsche «Gesetz über die Bildung eines Sachverständigenrates zur Begutachtung der gesamtwirtschaftlichen Entwicklung» vom 14. August 1963 (SVRG.) in der Fassung vom 8. November 1966 (BGBl. I S. 633).

Wir erweisen hier einem Archetypus unsere Reverenz. Er reicht tief in die – allerdings nur uns – dunklen Zeiten der sozialen Formierung und Normierung zurück, der Gemeinschafts-, Staaten- und Herrschaftsbildung. Seit Babylon begleitet eine nicht abreißende Folge von Erleuchteten, Sehern, Propheten, Magiern, Orakel-Deutern, Philosophen, Gurus und anderen Weisen Alter, Neuer und Neuester Welt das Entstehen und Vergehen der Systeme, Reiche und ihrer Herrschaftsformen. Und die bis heute ungeklärte Frage lautet: Hat die Zunft dieser Weisen die Haltbarkeit der Systeme verstärkt oder bloß ihre Stellung in denselben zunehmend besser verankert?

### *Wofür Weise immer gut sind*

Aufgeklärt, wie wir inzwischen sind, erkennen wir den konfliktträchtigen Dualismus zwischen Tat und Rat, zwischen Macht und ihrer Motivierung, zwischen action and reflection.

Der Mensch, der lernen mußte, sein physisches Überleben mittels sozialer Gebilde zu sichern, einer Art Schutzpanzer wider die Hilflosigkeit seiner Geburt, seiner späten (und selbst dann noch mangelhaften) Reife, seiner Biß-, Greif- und Krallenlosigkeit, reduziert über seine Gesellschaft zwar zunehmend seine Abhängigkeit vor den Unbilden der Natur, die dank «seiner» Gesellschaft inzwischen mehr vor ihm als er vor ihr geschützt werden muß – aber um welchen Preis? Der Mensch muß inzwischen vor seinem Produkt: seiner Gesellschaft geschützt werden! Denn als «natürliches Tier» konnte er sich im Dschungel noch weitgehend auf seine angeborenen Instinkte verlassen; heutzutage muß er im Zoo seines sozial geordneten Zusammenlebens zunehmend auf erworbene Erkenntnisse zurückgreifen.

Welche? Und wer stellt sie ihm zur Verfügung?

Der Weise natürlich. Seit es ihn gibt, vermittelt er mit beachtlichem Erfolg Rezepte der Gesellschaftsdeutung und -benutzung. Der Weise ist somit nicht nur eine Figur der Sozialisation. Er ist ganz einfach ihre treibende Kraft, der «Ephor» des sozialen Fortschritts und des sozialen Friedens – eine Aufgabe, die er frei nach J. A. Schumpeter dem etwas zu ruppigen und hemdsärmeligen Bankier früherer, auch schon dynamischer Jahrhunderte abjagen mußte.

Dennoch ist dieser Weise, der selber nichts anderes im Auge und im Sinne hat, als das Glück der Gesellschaftsbenutzer zu befördern, eine zutiefst tragische, weil gespaltene Persönlichkeit, menschlich wie beruflich. Denn die Gesellschaft, die ihn braucht und hervorbringt, zwingt ihn gnaden- und lieblos dazu, Farbe zu bekennen. Er muß sich entscheiden, wo und für wen er arbeitet: Ob er als Anwalt der Beherrschten Front gegen die Herrschenden bezieht, deren Herrschaft rügt, wenn nicht gar usurpiert; oder ob er als Herrschaftsanwalt dem tumben (aber stets erkenntnisfähigen und -bereiten) Volk erklärt, warum die Herrschaft, der er «dient», stets durch irgendeine «Ordnung» legitimiert ist.

Der Weise in der Gesellschaft ist also «funktional», auf deutsch: für alle Ewigkeit dazu verdammt, Herrschaft entweder zu bekämpfen oder zu besingen. Sein Wissen ist nicht Macht, sondern Bürde.

Dergleichen ist nicht nur ein menschlich-tragischer Konflikt, sondern auch ein sozial-destabilisierender. Denn es wird immer Weise geben, die sich nach Abwägung aller nur ihnen bekannter Umstände und aus den lautersten, ihrer Verantwortung (und nur ihr!) gerecht werdenden Motiven entweder für das eine oder das andere entscheiden: der Herrschaftslegitimierung oder -kritik. Tertium non datur!

Deswegen begegnet uns der Weise in der Gesellschaft entweder als selbstlos aufklärender Volkstribun, als rationale Gegenmacht zur etablierten Herrschaft, als Savonarola, der neue und bessere Herrschaftsformen früher aus göttlicher Offenbarung, heute aus wissenschaftlicher Überzeugung verkündet, oder als unparteiischer, seiner Erkenntnis (und nichts als seiner Erkenntnis) dienender Staatspriester, der Herrschaftsintentionen (wie egoistisch, besitz- oder klassensuspekt diese den opponierenden Kreisen vom Fach auch erscheinen mögen) dem Volke deutet.

Der Weise ist somit immer für Ordnung. Nur muß er selber entscheiden, wie er diese deutet und wie diese dann zu verwirklichen – zu erhalten oder zu stürzen – ist!

Ein Zwiespalt, den auch des klugen Platon – eines bis heute mustergültigen Weisen – einleuchtende Maxime: «Macht entweder die Herrscher zu euren Weisen, oder (falls das mißlingt) die Weisen zu euren Herrschern» nicht zu überbrücken vermochte. Denn auch diese Maxime ändert nichts an unserem Befund: Entweder versichern sich kluge Herrscher des Rates ihrer Weisen, indem sie deren anerkannten Häuptern die meist wohldotierten Pfründen des Regierungsastrologen offerieren; oder aber prinzipientreue (nicht aber unbedingt kluge) Weise schwingen sich auf zu Führern der in jeder Gesellschaft wie Unkraut wuchernden Protest-, Reform-, wenn nicht gar Revolutionsbewegungen.

Aber gerade dieser «systembedingte» Zwiespalt in Funktion und Person ist es, der die Weisen beim Volk so suspekt macht. Darunter leidet die gesamte Profession. Begreift doch das Volk nicht oder nicht genügend, daß der Weise seine unverzichtbare Rolle als Figur der Sozialisation und des gesellschaftlichen Fortschritts nur spielen kann, indem er gleichzeitig und unvermeidbar auch zur sozialen Verunsicherung beiträgt. Versucht er mit besten Ab- und Ansichten, Herrschaft als Ordnungsfaktor zu legitimieren, werden ihm seine unangepaßten Kollegen über kurz oder lang «unwissenschaftliche» Staatstheologie vorwerfen, Weihrauchspende für Regenten. Versucht er dagegen, Herrschaft und Ordnung als das zu entlarven, was sie schlechterdings immer bezweckt: Besitzstandswahrung einer Machtelite, die sich den Spaß am Regieren zudem noch gut bezahlen läßt, werden ihm seine angepaßten Kollegen früher oder später den «Mißbrauch» der Wissenschaft für systemfeindliche oder machtusurpatorische Ziele (oder beides) ankreiden.

Das Auf und Ab der Menschheitsgeschichte läßt sich weit einleuchtender als eine Abfolge von «Klassenkämpfen» als eine Abfolge von «Clankämpfen» verfeindeter Weiser erklären, die ihren Beruf entweder bei Hofe oder an der Spitze irgendeiner, nach Herrschaftsbeteiligung gierenden Gegenreformation ausüben, ein höchst abträglicher Zustand für eine auf Stabilität und nicht Labilität ausgerichtete Gesellschaft! Er gefährdet nicht nur die friedliche Koexistenz der für den Fortbestand der Gesellschaft unverzichtbaren Doppelgewalten: der faktischen und der geistigen Herrschaft. Er unterwirft auch die Gesellschaft selber der Zerreißprobe eines intellektuellen (und sinnverwirrenden) Bürgerkrieges en permanence, der, auch wenn er nicht mehr mit Gift und Dolch, sondern «nur», mit Argumenten ausgetragen wird, also durch Rufmord statt Mord, den sozialen Frieden gefährdet. Deswegen haben beide Ordnungsgewalten, die faktische wie die geistige Herrschaft, nur die Wahl, sich entweder zu Tode zu konkurrieren oder sich wechselseitig zu korrumpieren. Unter beidem leiden notwendigerweise sozialer Frieden und sozialer Fortschritt!

### *Macht und Geist; das Modell Bundesrepublik Deutschland*

Die moderne Gesellschaft muß daher in Erfüllung ihres Auftrags ein *Verfassungs*problem lösen: Sie muß Macht und Geist bei Strafe ihrer Selbstgefährdung auf ein – die Gesamtgesellschaft stabilisierendes – «Kondominium» festlegen, eine Verfassung, die der Macht gibt, was diese immer braucht: Legitimation; dem Geist aber gibt, was dieser ebenfalls immer braucht: eine von allen respektierte Zuständigkeitskompetenz für das richtige Verhalten *aller* Gesellschaftsbenutzer, gleichviel wo und wie diese ihren sozialen Beitrag leisten, und wieviel oder -wenig dafür vergütet wird.

Obwohl das Problem offen zutage liegt, scheint es dennoch schwer zu lösen zu sein. Liebe *will* bekanntlich nicht teilen, muß es freilich gelegentlich. Herrschaft muß teilen, *darf* es aber niemals: bei Strafe ihrer Selbstauflösung. Infolgedessen lautet der Verfassungsauftrag, eine *Institution* zu (er)finden, in der Macht und Geist einvernehmlich zusammenarbeiten, wie im Mittelalter Staat und Kirche – wobei nur gelegentlich Betriebsunfälle störten.

In der Stunde Null der BRD standen für eine verfassungsmäßige Integration von ökonomischer Macht und ökonomischem Geist verschiedene Pilotprojekte zur Auswahl: Man hätte es mit einer der Antike nachgebildeten Areopags- oder Senatslösung versuchen können, durch Bildung einer Art «Wissenschaftskammer» mit legislatorischen Befugnissen. Man hätte aber auch eine dem Muster angelsächsischer Demokratien nachgestaltete «Kommissionslösung» anstreben können, in der die anstehenden Probleme durch auswechselbare Gelehrtenteams behandelt worden wären.

Beide Modelle wurden jedoch gleich zu Beginn verworfen. Mit gutem Grunde. Denn eine Herrschaft der Alten Weisen verbot sich wegen der damals noch weniger als heute «bewältigten» Vergangenheit: Das verfügbare Potential alter und entnazifizierter Weiser hätte niemals dafür ausgereicht; schließlich konnte ein so verantwortungsvolles Gremium nicht nur aus Emigranten und gänzlich unerfahrenen jungen Weisen rekrutiert werden!

Die Kommissionslösung verbot sich aus legitimem Sach- und Staatsinteresse. Die neue Ordnung und die neuen Wunder ließen sich nicht durch ausschließlich fachbezogene Analytiker und Analysten en détail erklären. Derartiger «Punktualismus» hätte immer nur die Symptome und Vordergründe des neuen Wohlstandes aufzeigen können – nicht seine wahren Ursachen und Hintergründe. Es ging – und geht noch immer – um das volkstümliche Verständnis der «jeweiligen gesamtwirtschaftlichen Lage», deren «absehbare Entwicklung» und dieses alles im «Rahmen der marktwirtschaftlichen Ordnung» – wie § 2 des SVR-Gesetzes, das Problem beim richtigen Namen nennend, mustergültig formuliert; eine Lesart, die es auch dem ökonomischen Laientum klar und ersichtlich macht, was es alles dieser neuen marktwirtschaftlichen Ordnung (MWO) verdankt und wem: das Wunder, den Wohlstand, die Vollbeschäftigung, den wiedergewonnenen Respekt der Welt.

Zwei Modelle marktwirtschaftlicher Bibel-Exegese wurden erprobt und getestet: die Beirats- und die SVR-Lösung.

Erstere, ein Modell der Gründerzeit, entsprach der Form nach einer antiken Senatsverfassung, aber weder was ihre Besetzung noch ihre Bedeutung anging. Sie war ganz und gar auf die überragende Figur Ludwig Erhards, des legendären Moses, Erfinders, Verkünders und Verbreiters der Sozialen Marktwirtschaft zugeschnitten. Der zu Unrecht als «schlapp» verkannte erste Wirtschaftsdenker und -lenker der jungen Republik war Manns genug, sich seinen Weihrauch selber zu spenden; Gutachten des unter Ausschluß jeder Öffentlichkeit tagenden Beirates, die ihm nicht paßten oder schmeichelten, wurden gar nicht erst veröffentlicht und falls doch veröffentlicht, kaum beachtet.

Erst mit Erhards Nachfolgern stellte sich das eigentliche Problem: Seitdem muß der frisch erworbene Wohlstand, aber auch sein zeitweiliges Ausbleiben, öffentlich erklärt werden. Dergleichen ist nichts für dem Volk unbekannte Beiräte, die in Klausur statt vor aufnahmebereiten Fernsehkameras agieren. Erst seit der «Wohlstand für alle» hochgradig gefährdet ist, seit Wirtschaftsminister nicht mehr über Charisma und Gottesgnadentum eines Ludwig Erhard verfügen (beides vielmehr erst mühsam erwerben müssen), ist das Vakuum da. Seitdem müssen wissenschaftlich geweihte und dem (jeweiligen)

Wirtschaftsminister die Rolle des «Ministranten» zuweisende Hohepriester dem Volk die beruhigende Gewißheit vermitteln, daß es nur noch *so* geht, wie *sie* der Regierung geraten haben; daß in allen Fährnissen der Wohlstands-, Existenz- und Arbeitsplatzbedrohung auf den «Rettungsring», wie der «Rahmen» der MWO zeitgemäßer zu übersetzen wäre, wirklich Verlaß ist. Auf ihn und nur auf ihn!

*Lieb' Vaterland magst ruhig sein ...*

Das SVR-Modell von 1963 erfüllt somit einen dreifachen Verfassungsauftrag:

– Der erste: Das SVR-Modell baut die MWO, die die Verfassungsgeber der jungen Republik im Grundgesetz (GG) von 1949 noch glatt vergessen hatten und die im SVR-Gesetz von 1963 zur Arbeits- und Beurteilungsgrundlage aller Wirtschaftsanalysen erklärt wird, in den Kanon der fortschreitenden Verfassungswirklichkeit ein. Es handelt sich um die wohl wesentlichste Verfassungsreform seit 1949, vierzehn Jahre danach, zwanzig Jahre seitdem. Spätere legislatorische Aktivitäten können ihn nur noch bestätigen, nicht mehr bestreiten, z. B. dadurch, daß sie, wie Karl Schillers späteres Stabilitäts- und Wachstumsgesetz von 1967, ohne den Rekurs auf die MWO weder zustande gekommen wären noch bis heute überlebt hätten. Denn: Wachstum und Stabilität der Wirtschaft mögen als Ziele der Wirtschaftspolitik, wie inzwischen jedes Schulkind weiß, überholt sein, nicht so die MWO. Diese «erklärt» nicht nur jede Wirtschaftskrise als berechtigte Strafe für den Sündenfall gegenüber den geheiligten Prinzipien der MWO, eine Lektion, die eingefleischte Linke, «alternative Ökonomen» und Gewerkschaften freilich erst noch lernen müssen, nicht aber das inzwischen längst MWO-gläubige Volk. Dieses weiß nämlich ganz genau, daß, wenn es eine MWO-prinzipienfeste Regierung wählt, die Tage der Aufschwungslosigkeit gezählt sind! Und das nicht erst seit dem 6. März 1983!

– Der zweite: Das SVR-Modell stellt die in allen bisherigen Kultursystemen strittige Macht- und Rollenverteilung zwischen Regierung und Rat auf sicheren verfassungsgemäßen Grund. Die *Macht* kann nicht mehr ohne den *Rat* ausgeübt werden; der Rat seinerseits nicht ohne Berücksichtigung der *MWO* erteilt werden. Dieses mustergültige Verfahren ist materiell und prozedural abgesichert. Bevor die Regierung ihre Macht ausübt und parlamentarisch beschließen läßt, befragt sie den Rat. Pünktlich am 15. November beginnt alljährlich dessen Saison, die nur zufällig mit der des Bonner Karnevals parallel verläuft.

Der Rat übernimmt die Regierung, sagt der Regierung, wie sie Lage und Entwicklung zu sehen und zu behandeln hat. Ende Januar erfüllt die Regierung ihre Pflicht als Rats-Opposition, versucht sich in Ergänzungsvorstellungen und -vorschlägen zur Mehrheitsmeinung des Rates, die sie dann zu «ihrem» Jahreswirtschaftsbericht (JWB) verdichtet; selbstverständlich bei voller Respektierung der für SVR und JWB und somit für die Regierung gleich verbindlichen MWO.

Die MWO wird somit zur Waage, auf der jede Regierungsansicht und -aktivität gewogen und unbestechlich im Kollisionsfall als zu leicht befunden wird!

– Der dritte: Das SVR-Modell stellt sicher, daß a) die jeweilige parlamentarische Opposition bei kritischer Beratung des JWB zum Juniorpartner der eigentlichen Regierung, des SVR nämlich, wird; denn die Opposition bestreitet ihre Kritik am JWB im wesentlichen mit den meist besseren Argumenten des SVR, wodurch b) auch die parlamentarische Opposition auf die Ziele und Kriterien der MWO festgelegt und eingeschworen wird.

Denn wie anders als mit den Erkenntnissen des SVR kann sie der Regierung das notwendige und unerläßliche Contra geben!

Das SVR-Modell versachlicht also den Streit um die jeweils bessere und richtigere Wirtschaftspolitik; er findet nur noch auf dem Boden und im Rahmen der MWO statt.

Zeigt sich dennoch der eine oder andere Kritiker der SVR- oder Regierungspolitik überrascht oder unzufrieden mit dem Erreichten, muß er sich entweder den Vorwurf mangelnder Sachkompetenz oder mangelnder Treue zur vorgegebenen MWO (oder beides) gefallen lassen!

Die Wirtschaftspolitik wird so dem stets verwirrenden und selten sachlich geführten Streit der Parteien entzogen. Sie wird zur «Maßarbeit» des SVR. Hat er erst einmal Maß an der gesamtwirtschaftlichen Lage genommen und die daraus für unsere MWO abzuleitenden Maßnahmen empfohlen, paßt auch das daraus (maß)geschneiderte wirtschaftspolitische Kleid: hautnah und für jede jeweils amtierende Regierung!

Der SVR sucht sich also «seine» Regierung – nicht umgekehrt! Er setzt die wissenschaftlichen Maßstäbe, an denen jede Politik scheitert!

Das SVR-Modell erklärt somit hinreichend die einzigartige Stabilität und Kontinuität der deutschen Wirtschaftspolitik der letzten zwanzig Jahre, um die uns alle Welt beneidet. Aber es erklärt noch mehr: Gerade weil unser Staat der Festlegung aller seiner demokratischen und im Deutschen Bundestag vertretenen Parteien auf die Grundwerte der von SVR wie ein Gral gehüteten MWO so felsenfest sicher sein kann wie kein anderer (und wie nie zuvor in seiner bewegten Geschichte), könnte er sich den «Luxus» von weit *mehr* Parteien und einem noch *häufigeren* Regierungswechsel auch innerhalb von Legislaturperioden leisten – die Grundlagen unseres Wohlstandes (= Staatsverständnisses) bleiben davon unberührt! Lieb' Vaterland magst ruhig sein! Unsere MWO kennt eben keine Parteien, sondern nur noch MWO-Deutsche!

Dennoch läßt sich natürlich nicht ausschließen, daß sich einmal auch der beste Vor- und Zuschneider ver-mißt, daß sein Kleid trotz Anprobe nicht paßt oder nicht mehr der sich auch die Wirtschaft unterwerfenden Mode entspricht.

Wir werden gleich noch sehen, daß Fehler in der Wirtschaftspolitik, die durchaus mal vorkommen können, weniger der mangelnden Analyse- und Empfehlungskunst des SVR zuzuschreiben sind als der Unfähigkeit der Therapierten, diese meist richtigen Therapien auch zu befolgen oder gar zu überleben. Der Schwäche des Patienten, nicht des Arztes!

## *Einige kleine Schönheitsfehler?*

Läßt sich denn gar nichts am SVR kritisieren?

Dergleichen fällt schwer. Das weist schon die stattliche Liste der seit 1965 veröffentlichten SVR-Gutachten aus; denn diese lassen weder einen Bruch noch ein Sichverlieren in nicht zur Sache der MWO gehörende Lappalien erkennen. Schon im ersten Gutachten von 1965 geht es um das, was wir uns alle wünschen: «Stabiles Geld und stetiges Wachstum». Dann folgen drei unvergessene Jahre (bis 1968) der «Stabilisierung ohne Stagnation», der «Expansion und Stabilität» und der «Stabilität im Wachstum». Seitdem wissen unsere Bürger genau, worum es geht, und selbst die früher nicht einmal Fachleuten ganz geheuren Unterschiede zwischen diesen Schlüsselbegriffen unseres Wohlstandes sind allen Beteiligten klargeworden.

Seit 1971 befindet sich zwar unsere «Konjunktur im Umbruch», aber seit 1974 besteht wieder der «Mut zur Stabilisierung», seit 1977 ist es allerdings «Zeit zum Investieren» und seit 1978 ist es auch klar, daß «Mehr Wachstum Mehr Beschäftigung» bringt, wobei nur ein Laie (oder «alternativer Ökonom») die dumme Vermutung hegen könnte, ob es sich dabei vielleicht nicht umgekehrt verhält!

Ja, und seit 1980 stellt sich uns allen «Die Herausforderung von Außen», die uns seit 1981 sogar zunehmend «Unter Anpassungszwang» setzt – wer hätte das in den goldenen sechziger und siebziger

Jahren erwartet! Aber gemach: Seit 1982 haben wir nur noch das Problem des «Investieren für mehr Beschäftigung» zu lösen, was gar nicht so schwerfiele, wenn wir seit diesem Jahr endlich etwas «Wider den Pessimismus» unternähmen. Man sieht: Mehr ist bei optimistischer = realistischer Betrachtungsweise wirklich nicht vonnöten!

Allein diese Titel erweisen die trotz unterschiedlicher Ratsbesetzung (ein Rat rät längstens fünf Jahre!) ungebrochene Klarsicht sowie die hohe Kunst, schwierigste Zusammenhänge des Wirtschaftslebens auf ihren kleinsten, aber stets gemeinsamen Nenner und eine für alle tröstliche Überschrift zu bringen.

So mancher Leitartikler vermöchte von dieser Kunst was profitieren!

Des SVR Analysekunst enthüllen zwei Denkfiguren, die er von Gutachten zu Gutachten überzeugender und volkspädagogisch musterhafter erläutert:

– die Bundesrepublik Deutschland

als gut gemanagte *Einzelfirma* muß sich vom Gesichtspunkt ihrer Kostenminimierung leiten lassen; von ihm und nur von ihm. Darüber hinaus hat alles andere, wie ausreichende Nachfrage, Ausgewogenheit der Vermögens- und Einkommensverteilung, Vollbeschäftigung usw. in den berechtigten Hintergrund zu treten. Zwar steht dergleichen im Gesetz, «muß» also «irgendwie» auch noch sein, hat aber aus der Sache heraus eine klar erkennbar geringere Priorität. Denn erst kommt die Produktion (das Angebot, wie es der SVR wissenschaftlich nennt), dann die Nachfrage und erst lange danach die Verteilung.

– die Weltwirtschaft,

die sich dummerweise – und der SVR bedauert es, kann es aber nicht ändern – weitgehend jenseits der für ihn verbindlichen MWO-Landesgrenzen abspielt, was hin und wieder «stört», meistens aber sein Gutes hat; denn immer wenn die Arbeitnehmer, richtiger im Analysejargon des SVR wäre es wohl zu sagen: die Firmenbediensteten (von Gewerkschaften und für sie tätigen «alternativen Ökonomen» falsch beraten), den übergeordneten Gesichtspunkt der Kostenminimierung ihrer Firma mißachten, avanciert die Weltwirtschaft zum Hilfssheriff des SVR und sagt den «Leuten», wo das Ende der Fahnenstange ihrer übermäßigen Lohn- und sonstigen Sozialansprüche wirklich liegt: im Versiegen der wahren Kraftquelle jeder Nation – ihrer Exportstärke!

Mit beiden Denkfiguren, die nicht etwa der Theaterwerkstatt des SVR entstammen, sondern der Welt, in der wir wirklich leben, läßt sich jede Situation und jede Krise der letzten zwanzig Jahre deuten, und – deutet man ihre «Zeichen» richtig – auch bewältigen.

Angenommen, wir vermissen stabiles Geld. Der SVR hält in dieser Fundamentalsache gottlob nichts von verwirrenden Subtilitäten: Die Firmenbediensteten und der ihnen willfährige (Gewerkschafts-)Staat leben klar erkennbar über den Firmenverhältnissen; die Inflation der Bedienstetenansprüche verursacht die Inflation der (realen) Kosten und Preise! Die Firma verliert dadurch Vermögen, Konkurrenzfähigkeit und Exportmärkte. Wer nicht mehr spart, kann auch nicht mehr investieren! Ein Dummkopf, wenn nicht gar Ketzer, der vorgibt, daß es sich genau anders herum verhält!

Angenommen, wir vermissen wirtschaftliches Wachstum und Vollbeschäftigung. Auch dieser Fall ist SVR-klar: Die Inflation der Kosten, Preise und, wie zu ergänzen wäre: Steuern verdirbt den Firmenleitern (oder Unternehmern) den Appetit am Investieren; sie streiken! Inflation und Krise haben also immer ein und denselben Grund: Die Firmenbediensteten leisten zuwenig, verlangen zuviel. Ihr Luxuskonsum (der individuelle wie der soziale) ruiniert die Firma. Die Firmenbediensteten sind also am Unglück der Firma, ergo auch an ihrem eigenen, selber schuld!

Denn die Firma muß – wie jede – darauf achten, daß ihre Kosten stimmen. Stimmen diese, wächst automatisch das Angebot. Die Firma muß also erstens die Kosten senken, damit zweitens das Angebot steigen und drittens die Nachfrage folgen kann! Eine klare und immer richtige Regieanweisung für das diensttuende Firmen- und Krisenmanagement!

Des SVR klares und widerspruchsfreies Weltbild läßt sich auf die jedem einleuchtende Formel bringen:

- Wir brauchen stabiles Geld, damit wir (noch) mehr exportieren können, wobei der sicherste Weg zu stabilem Geld stabile (= niedrige) Löhne und sonstige Sozialabgaben sind.
- Je mehr wir exportieren können, desto mehr begreift der Rest der Welt, daß und warum unsere MWO der Flickschneiderei der anderen Welthandelspartner und Nationen so turmhoch überlegen ist.

Oder wollen wir ‹unsere› Exportmärkte an die Japaner abtreten?

Die Weltwirtschaft versteht der SVR (folge)richtig als eine Müllverwertungsdeponie der bei Inflation nicht mehr absetzbaren Firmenüberschußproduktion – eine der zweitgrößten Exportnation absolut angemessene Betrachtungsweise! Schluckt diese Weltwirtschaft, was wir zu Hause diszipliniert *nicht* konsumieren, läßt sich gut mit ihr leben.

Was aber, wenn sie stört?

Nun, es hieße den SVR wirklich überfordern, von ihm auch noch Antworten auf diese wirklich jenseits seiner Zuständigkeit liegenden Fragen zu erwarten. Er hat den Kopf voll genug damit, unsere hausgemachten Probleme zutreffend zu analysieren und zu lösen. Schließlich sind für die Weltwirtschaft die Welt- und nicht die Firmenökonomen zuständig.

Arbeitsteilung, die muß einfach sein! Schließlich kann sich der SVR nicht auch noch die Zuständigkeit für die Weltwirtschaftliche Marktordnung (WMO) aufhalsen lassen. Für dergleichen jenseits der (nationalen) MWO anfallende Probleme gibt es genügend weltwirtschaftliche Gipfelgespräche – alle Jahre wieder! Mögen doch diese der Frage nachgehen, ob «unsere» MWO nicht «irgendwie» mit der Malaise der WMO zusammenhängt; sie möglicherweise sogar mit heraufbeschworen hat!

Die wegen der schlechten Weltkonjunktur unfreiwillig Arbeitslosen der Firma werden das schon verstehen. Denn schließlich macht es einen leicht erkennbaren, gravierenden Unterschied aus, ob einer in unserer Firma wegen seiner unmäßigen und überzogenen Lohn- und Sozialansprüche «zu Recht» unter Arbeitslosigkeit leidet, oder ob er «unschuldig» das Opfer der schlechten Weltkonjunktur geworden ist, für die keiner etwas kann. Schon gar nicht der SVR!

Wer wollte dem widersprechen?

### *Vested Theories sind besser als Vested Interests*

Des SVR wahre Leistung läßt sich nicht in falschen oder richtigen Analysen, der Trefferquote seiner Prognosen, ja nicht einmal im Formulierungswitz seiner Gutachtenüberschriften ermessen. Dafür sind ganz andere Maßstäbe heranzuziehen.

«Die Geschichte verzeichnet weitaus häufigere und spektakulärere Triumphe schwachsinniger Institutionen («imbecile institutions») über Leben und Kultur als die von Menschen, die kraft instinktiver Einsicht selbst eine verzweifelt prekäre institutionelle Situation überlebt haben» – bemerkte schon vor Beginn einer anderen Katastrophe (der von 1914) Thorstein Veblen.

Veblen, der die Volkswirtschaftslehre zeitlebens als eine Wissenschaft der vested interests mißverstand, hätte sein vernichtendes Urteil gewißlich revidiert, hätte er noch die segensreichen Folgen der Tätigkeit unseres SVR erlebt.

Dem SVR ist es nämlich geglückt, den schädlichen Einfluß der *vested interests* durch den glücklichen der *vested theories* zu ersetzen.

Worin liegt der Unterschied?

Vested interests konservieren eine Situation, in der es einzelnen gut, der Masse dagegen schlecht geht. Vested theories hingegen schaffen eine Situation, in der alle Verständnis dafür haben, daß es ihnen, angesichts der harten facts of life, gar nicht besser gehen kann.

Wer dieses versteht, ist nicht nur gegen alle Einflüsterungen und Gaukelspiele unseriöser Reformer, Weltvermenschlicher und ökonomischer Vegetarier gefeit. Er sieht vor allem klar, daß ökonomische Gesetze nicht *er*funden, sondern *ge*funden werden (ein mühsames Geschäft, auf das sich nur die wahrhaft Weisen verstehen) und daß sie infolgedessen sklavisch *befolgt* werden müssen und nicht willkürlich (aus noch so edlen, aber unwissenschaftlichen Absichten heraus) *mißachtet* werden dürfen. Ökonomische Gesetzestreue zahlt sich nicht nur aus, sie verspricht den Recht(s)gläubigen den Wohlstandshimmel!

Deswegen mißtraut die aufgeklärte Gesellschaft nicht nur zu Recht allen meist unüberlegten Reformprojekten und Sozialexperimenten, zieht keine Wechsel auf eine ungesicherte Zukunft, sondern einzig und allein auf den gesicherten Besitzstand von heute. Gerade aus der Beschränkung ihres Horizonts und ihrer Perspektiven gewinnt sie die für die Zufriedenheit mit sich selbst sprießende Gewißheit, nichts riskiert und daher auch kein Risiko eingegangen zu sein. Denn die Gegenwart ist die zweite, auf den neuesten Stand wissenschaftlicher Erkenntnis gebrachte Auflage der Vergangenheit, und wer sie fälschlicherweise für Zukunft ausgibt, die «abdiskontiert» bereits begonnen hat, verwechselt «Wissen» mit «Vision», «Realität» mit «Utopie». Es lohnt sich nachzuzeichnen, wie der SVR lautlos, aber streng legal die Bewertung allseits bekannter, aber vordem kontroverser Fakten des Wirtschaftslebens höchst erfolgreich «objektiviert» hat.

1. Durch Hieratisierung der ökonomischen Meinungsbildung

Die alljährliche und mit Spannung erwartete Veröffentlichung der SVR-Lagedeutung und -prognose auf beiden Kanälen des deutschen Fernsehens mit Vorausexemplaren für die übrigen Medien (noch vor

Veröffentlichung des Gutachtens in Buchform) bildet nicht nur ein nützliches Vor-Urteil für alle führenden ökonomischen Meinungsbildner und Kommentatoren. Sie versorgt die Gesellschaft und ihre Medien mit einem verläßlichen Beurteilungsindex für alle sonstigen mit der SVR-Deutung und -Prognose konkurrierenden Nebenprodukte: der Deutschen Bundesbank, der Forschungsinstitute, der Verbände und der in diversen «Kreisen» zusammengefaßten Alternativ- und Nur-Professoren.

Wo vordem Meinungsvielheit verwirrte, gewinnt man nunmehr ein klar gegliedertes Meinungsspektrum. Jedes Gegengutachten kann Position für Position in Abweichungspunkten oder -prozentsätzen von den SVR-Werten abgegrenzt werden, ein ökonometrisches Planetarsystem mit dem SVR-Ansatz im Mittelpunkt.

Von besonderem Wert ist dabei die vom SVR vorgegebene, in Wahrheit befürchtete Inflationsvorhersage. Sie stellt sicher, daß diese Inflationsrate zum Leidwesen des SVR immer *über*boten wird; denn jeder Wirtschaftspartner (Tarifparteien, Banken, ja selbst Staat und Bundesbank) ist gehalten, diese Prognose ernst zu nehmen und sie mit einer Überpari-Vorsichtsmarge in «seine» Gewinn-, Lohn-, Zins-, Steuer- und sonstigen Einkommens- und Vermögensdispositionen einzukalkulieren. Nicht aus Habgier oder egoistischem Besitzstandsdenken heraus, nein: sondern in Befolgung der vom SVR geforderten Unterwerfung aller sozialen Gruppen unter das von ihm erläuterte «reale» ökonomische Gesetz, das ausdrücklich «Schein»gewinne oder -verluste aus der Inflation verbietet!

Nur ein Böswilliger vermöchte daraus abzuleiten, daß der SVR mit dieser berechtigten Vorsorge gegen das Überhandnehmen «unverdienter» Inflationsgewinne und -verluste einen weit größeren Beitrag zur Verfestigung und zeitweiligen Verschlechterung des Inflationsklimas in diesem unserem Land geleistet hätte als etwa die vom Anspruchsdenken besonders infizierten Gewerkschaften.

Ist es seine Schuld, daß sich Staat, Wirtschaft und Bundesbank nicht exakt genug an seine Vorgaben gehalten haben?

### 2. Durch Mandarisierung der politischen Herrschaft

Das SVR-Gesetz «ermächtigt» den SVR zum Dialog mit den fachlich zuständigen Ministerien und der Deutschen Bundesbank (§ 5). Das bedeutet im Klartext, der SVR ist gehalten, vor Abfassung seiner Lagedeutung und Prognose sich mit den dort zuständigen politischen Beamten zu verständigen.

Dieser Meinungsaustausch stellt sicher, daß die Beamten ihre Minister und Behördenchefs rechtzeitig über die vom SVR vorbereitete

Sprachregelung unterrichten können; denn welcher Minister kann es sich leisten, politisch falsch zu liegen? Er stellt aber auch sicher, daß diese fälschlicherweise «politisch» genannten Spitzenbeamten «fachlich» zu unentbehrlichen Instruktoren ihrer Minister aufsteigen, denn sie wissen alles nicht nur früher, sondern auch besser.

Der mit dem SVR auf intellektuellem Duz-Fuß verkehrende Spitzenbeamte «verkörpert» somit in seiner Person und Funktion die Kontinuität der Politik trotz politischer Umstände halber wechselnder Dienst- und Kabinettsherren. Was das alte China seinen Mandarinen verdankte, verdankt die junge BRD seinen vom Gehilfen- ins Mentorenfach avancierten Oberbeamten; sie befolgen keine politischen Befehle mehr, sondern belehren und überleben ihre politisch ungleich gefährdeteren, aber stets lernfähigen ministeriellen Schüler.

Zwei Beispiele, die sich beliebig vermehren ließen, verdeutlichen die Effizienz der neuen, aus dem Dialogzwang mit dem SVR hervorgegangenen Mandarin-Verfassung. Der frühere Bundeskanzler, ein gestandener Weltökonom, bekam als Finanzminister (1973) von seinen Mandarinen das «Floaten beigebracht» – eine Lösung der Weltfinanzprobleme, die er vorher strikt abgelehnt hatte, was es ihm später ermöglichte, ohne allen Gesichtsverlust zu seiner ursprünglich vorgefaßten anderen Meinung zurückzukehren; denn im Amt hat man nicht seine, sondern seines Mandarins Meinung zu vertreten.

Der gegenwärtige Wirtschaftsminister verlieh auf Rat seiner Mandarine einem zuvor nicht sonderlich bewährten SVR-Instrument eine gänzlich neue und ungleich wirkungsvollere Bedeutung. Mußte der SVR in seiner Frühzeit auf das im Gesetz vorgesehene «Sondergutachten» als eine Art Notbehelf in Fällen, in denen er sich (noch) nicht voll durchsetzen konnte, zurückgreifen, so bestellt sich der Minister auf Rat seiner Beamten inzwischen ein solches vorsorglich: dann nämlich, wenn er am Kabinettstisch auf unüberwindbare, ergo unsachliche Widerstände zu stoßen befürchtet. Das Sondergutachten ist somit zum nie versagenden Kitt sich sonst hoffnungslos zerstreitender Koalitionsregierungen geworden. Wie anders ließe sich sonst die Zählebigkeit eines so heterogenen Regierungsbündnisses wie des vorläufig letzten sozialliberalen erklären?

Auch hier vermöchte nur ein Böswilliger zu mutmaßen, der SVR verfüge über so etwas wie eine fünfte Kolonne in den Bonner Ministerien oder gar in der Deutschen Bundesbank.

Dergleichen übersieht den eminent demokratischen Gehalt des kurzen Dienstweges zwischen SVR und Staatsmandarinen. In der BRD könnte selbst in Krisenzeiten, so das Volk ihn wählt, ein Dummkopf Minister (oder mehr) werden. Die Gewerkschaft der Mandarine macht es möglich.

Seit aber der SVR und fachlich kompetente Staatsmandarine die Richtlinien der Politik bestimmen, ist das Gespenst der dunklen Vor- und frühen SVR-Zeiten, als man noch auf selbstkompetente «Professoren-Minister» zurückgreifen konnte, ein für allemal gebannt. Wozu ein Rückgriff auf schwer berechenbare, eigengewichtige, alles besser wissende und daher fast immer beratungsresistente Fachminister, wenn die Arbeitsteilung zwischen Macht und Rat, Politik und Wissenschaft so unvergleichlich bessere Resultate zeitigt; wirtschaftlich, politisch, sozial und demokratisch?

3. Durch Autonomisierung der Staatsgeschäfte

Jede moderne Demokratie steht unter dem Imperativ der fortschreitenden Politisierung von immer neuen Lebensbereichen – von Inflations- bis Arbeitsplatzschutz, Geburtshilfe oder -verhinderung bis Krankenhaus. Eine Kette, die fortschrittsbedingt immer länger wird.

Der moderne Staat entwickelt sich somit folgerichtig von einer archaischen Universallotterie zu einer effizienten Universalversicherung; das Lebensrisiko braucht weder privat belassen noch dem Zufall überlassen zu werden; es wird aufs sorgfältigste kalkuliert.

Nur: Wo nimmt der Staat die dafür unerläßlichen Versicherungsmathematiker her? Berufspolitiker können diesen Service weder leisten, noch sollten sie es. Deswegen müssen immer mehr politische Aktivitäten den auf Lotterieentscheidungen festgelegten alten Oberbehörden entwunden und auch die fachlich kompetenten, aber möglichst «autonom» verfaßten – der Parlaments- wie Regierungswillkür entzogenen und nur scheinbar untergeordneten – Unterbehörden verlagert werden: eine autonome Bundesbank, autonome Sozialpartner, autonome Arbeitsverwaltungen, autonome Daten- und andere Schutzbeauftragte usw. usw. Es wäre ganz falsch, in diesem fortschreitenden Prozeß der Kompetenz- und Verantwortungsdelegation nach unten so etwas wie den Ausfluß einer wachsenden und zunehmend ineffizienteren «Bürokratisierung» zu sehen. Das Gegenteil ist der Fall: Die sich mehrende politische Verantwortung wird so in die Hände von Fachleuten statt von politischen Losverkäufern gelegt. Zum Nutzen und zur Beruhigung aller!

Nur muß ein Zentralgehirn diesen Prozeß lenken und überwachen. Schon Hegel wußte: Der «Weltgeist» braucht seinen «Geschäftsführer».

Deswegen mutet es fast wie ein Wunder an, daß nur fünf Weise – noch dazu in fünfjährig alternierendem Turnus – diese Geschäftstätigkeit im Auftrag des Weltgeistes ausüben. Es ist daher längst an der Zeit, den SVR zu erweitern, vor allem aber ihn mit einem eigenen logistischen Unterbau auszustatten. Strenggenommen stellt das «Abhängigkeitsverhältnis» von seinem Hausherrn, dem Statistischen Bundesamt, das ihn mit Daten, Dienstleistungen und Brötchen versorgt, einen Verstoß gegen den Status (wenn auch nicht das Statut) der Erleuchteten dar. Wissen, das nicht geheim ist, womöglich nachkontrolliert werden kann, überzeugt nicht. Chaldäens Priester berechneten ihre Sterntafeln selber, Griechenlands Pythia ließ niemanden an den Dämpfen schnuppern, die sie inspirierten; im Konklave der Kardinäle sitzt auch kein Nicht-Purpurträger dabei.

Dem SVR darf auch keiner die Karten reichen oder gar zuschauen, wenn er sie mischt. Denn wer das Spiel erfindet, ist ex definitione kein Zinker!

Der dem SVR übertragene Verfassungsauftrag verlangt daher, zu Ende gedacht und gebracht, daß ihm endlich jene klare und jeden Widerspruch ausräumende Weisungskompetenz gegenüber dem Staatsapparat übertragen wird, deren er zu Erfüllung seiner großen Aufgabe bedarf. Erst dann hätte der mit dem SVR-Gesetz von 1963 eingeleitete Prozeß der gesellschaftlichen Veränderung durch wissenschaftlichen Machtspruch seine Endstation Sehnsucht erreicht: die wissenschaftliche Sanktionierung der Politik.

Wie können wir den zwanzigsten Geburtstag dieser um Vaterland und Welt(wirtschaft) so hoch verdienten Institution würdiger begehen als durch den dringenden Appell an den Gesetzgeber, die SVR-Kompetenz nicht länger untunlich zu beschränken und den §2 des SVR-Gesetzes endlich positivistisch zu fassen:

*Er – der SVR – «muß vollzugsverbindliche Empfehlungen für die von ihm gewünschten wirtschafts- und sozialpolitischen Entscheidungen aussprechen»!*

Erst dann wäre das mit dem Gesetz von 1963 begonnene Werk vollendet, der Durchbruch zur wissenschaftlich formierten und normierten Gesellschaft geschafft. Babylons Scheelsucht wäre für immer kuriert; denn fortan starrten die beiden chaldäischen Priesteraugen, das wachsame und beobachtende sowie das träumerische und glasäugige, in dieselbe Richtung. Zweifelt wer daran, daß es die richtige wäre – nicht die «utopische» nach vorne, sondern die «realistische» nach hinten?

*Karl Georg Zinn*

# Die wirtschaftliche Entwicklung und die Entwicklung zur Ratlosigkeit

## Kritische Bemerkungen zu einem respektablen Jubiläum

Die retrospektive Beschäftigung mit den Gutachten des Sachverständigenrates stößt auf die Schwierigkeit, daß man in eine Papierburg eindringen muß, die ohne Anhänge inzwischen etwa 5000 Seiten hoch ist. Es kann sich also – zumal auf knappem Raum – nur um eine Auseinandersetzung mit exemplarischen Äußerungen handeln, wobei die Selektivität des Verfahrens gewisse Gefahren in sich birgt. Denn «festnageln» läßt sich der Rat auf bestimmte Positionen nur insoweit, als es um theoretische Grundstrukturen geht. Hingegen sind Detailaussagen sowohl durch die regelmäßig vagen und absichernd bis tautologischen Formulierungen als auch durch die aus der Fülle des Materials resultierende Aussagenvielfalt schillernd. Der Duktus der Gutachten ist so angelegt, daß sich der Rat eigentlich nie geirrt haben kann, sondern daß seine Empfehlungen nicht befolgt wurden oder seine Prämissen nicht eintrafen. Diese Immunisierungstechnik gibt sich selbstverständlich als wissenschaftliche Bedachtsamkeit und entspricht zudem der Ratsgewißheit, daß der marktwirtschaftliche Entdeckungsprozeß meist anders verläuft als vorhersehbar erschien.

Immerhin darf an den Rat – und seine Arbeitgeber – die durchaus polemisch gemeinte Frage gerichtet werden, was für einen gesellschaftlichen Nutzen eine solche Institution aufweist, wenn sie in guten wie in schlechten Wirtschaftszeiten kaum mehr zu leisten vermag, als an Regierungen und «Tarifpartner» (aus der Ratsperspektive sind meist die Gewerkschaften gemeint) Zensuren dahingehend zu verteilen, ob sie sich nach Ratsmeinung «marktwirtschaftlich richtig» verhalten, wohingegen der Rat wissenschaftlich, gar wirtschaftspolitisch innovative Gedanken sorgsam zu vermeiden trachtet. – Die folgende Kritik betrifft primär die trotz der jeweiligen Gutachtenbreite stets recht kurze, wenn nicht ganz übergangene Langfristperspektive. Im Ratsdenken dominiert die kurze Perspektive der Konjunktur. Eine explizit formulierte Konjunkturtheorie findet sich in den Gutachten dennoch nicht, sofern man nicht dem argumentativen Eklektizismus – eine wissenschaftlich reputierliche und etwa von Neoliberalen (Eucken, Röpke u. a.) vertretene Sichtweise – den Rang einer konjunkturtheoretischen Konzeption zuweisen will. Die meist kurze Sicht des Rates ließ ihn denn auch – mit geringen Ausnahmen – auf eine Analyse von längerfristigen Tendenzen verzichten, so daß er das wissenschaftliche Potential, auch zyklusübergreifende Entwicklungen und kumulative Problem*zuspitzungen* als Möglichkeiten umfassend darzulegen und zu diskutieren, nicht ausschöpfte. Dieser Sachverhalt mag auf verschiedene Weise zu erklären sein. Es liegt jedoch die Interpretation nahe, daß der Rat wegen seiner durchgängigen Orientierung am Gleichgewichtsdenken die wirtschaftliche Realität als wiederkehrende Störung von Gleichgewichtslagen begreift. Die vom Rat gebotene Beratung zielt dann konsequent auf Eliminierung von Störungen und den Nachweis, was alles als Gleichgewichtsstörung zu rubrizieren ist. Daß die kapitalistische *Entwicklung* – wie nicht nur das Dreigestirn mit dem gemeinsamen Jubiläumsjahr 1983, Keynes, Marx und Schumpeter, erklärten – *notwendigerweise* eine Folge von Ungleichgewichten und damit ein permanentes Ungleichgewicht darstellt, wird vom Rat weder thematisiert, noch wird die reale Unmöglichkeit eines dauerhaft gleichgewichtigen marktwirtschaftlichen Prozesses – was permanente Verletzung mindestens eines der Ziele des «magischen Vierecks» impliziert – zugestanden. Vielmehr jagt der Rat der Schimäre eines neoklassischen Gleichgewichtes nach.

## *Die Grenzen des gesunden Ökonomenverstandes*

Die Weltwirtschaftskrise, die seit Mitte der siebziger Jahre trotz vorübergehender konjunktureller Belebungsphasen (1977–79) tendenziell eine quantitative und qualitative Ausweitung zeigt, stellt einen längerfristigen, Konjunkturzyklen übergreifenden Prozeß dar. Diese Tatsache sollte sich in ökonomischen Analysen dahingehend widerspiegeln, daß das forschende Augenmerk stärker auf längerfristige Verläufe und deren Ursachen gerichtet wird, statt sich auf die konjunkturellen Bewegungen zu konzentrieren.

Betrachtet man die Gutachten des Sachverständigenrates auf diesen Aspekt hin, so läßt sich zwar feststellen, daß die Gutachten seit Mitte der siebziger Jahre – *nach* Eintritt in die Krise – den mittel- bis langfristigen Bewegungsmustern der Volkswirtschaft etwas mehr Gewicht geben, als dies in den meisten vorhergehenden Gutachten der Fall war, aber von einer explizit formulierten Analyse bzw. Diagnose der längerfristigen Abläufe läßt sich kaum sprechen. Es ist daher auch verständlich, daß prognostische Aussagen über Trends und die ihnen möglicherweise zugrunde liegenden Ursachen allenfalls in sehr vagen

Umschreibungen auftauchen, hingegen keine klaren Langfristperspektiven aufgewiesen werden. Dies ist um so erstaunlicher, als in den vergangenen Jahren eine Fülle von Studien über langfristige – bis in die neunziger Jahre weisende – Entwicklungen von verschiedenen Institutionen vorgelegt worden sind. Nicht zuletzt gilt dies für die Beschäftigungsaussichten.

Längerfristige, zyklusübergreifende Veränderungen werden üblicherweise – so auch vom Sachverständigenrat – unter dem Stichwort «Strukturwandel» bzw. «Strukturprobleme» abgehandelt. Krisenanalysen zentrieren sich denn auch um die Frage, ob und welche Strukturprobleme bestehen, wie sie zu erklären und zu beheben sind. Das ökonomische Struktur-Vokabular und die als «strukturpolitisch» gemeinten Postulate werden jedoch zu Leerformeln, wenn eine genaue Untersuchung dessen fehlt, was unter den strukturellen Schwierigkeiten und ihren Ursachen gemeint ist. Ohne eine solche Analyse bleibt der Struktur-Jargon Wortgeklingel und dient allenfalls der Bezeichnung akuter, d. h. auch ohne wissenschaftliche Nachhilfe von jedem Staatsbürger wahrnehmbarer Notstände in Branchen (z. B. Stahl, Schiffbau) und Regionen.

Die Langfristanalyse und damit die Strukturdiagnose wurde vom Sachverständigenrat in den ersten Gutachten[1] mit der gebührenden Selbstverständlichkeit aufgegriffen und führte zu einigen kritischen Ansätzen, die jedoch später nicht weiter verfolgt wurden. Die Strukturdiagnose verschwand schließlich zeitweise ganz aus den Ratsgutachten, und man erhält dann erst wieder vom Gutachten 1975 an (Ziffern 291 f, 316 ff), nachdem sich die Weltwirtschaft im Niedergang befand, einige strukturanalytische Belehrungen vom Rat. Symptomatisch für den strukturpolitischen Wiedereinstieg war eine in ratseigenen Stelzformulierungen ausgebreitete Warnung vor all jenem, was von verschiedenen Seiten an Strukturpolitik gefordert wurde, wie vorausschauende Planung und Beeinflussung von Investitionen, Milderung der «Unterschiede in den Lasten, die das zyklische Auf und Ab den Wirtschaftszweigen und den Regionen auferlegt» (1975, 291), oder gar «sektorale und regionale Strukturen nach Plan» schaffen zu wollen, da doch «solche Strukturen in einer Marktwirtschaft das Substrat der wirtschaftlichen Entwicklung und damit der Niederschlag eines höchst komplizierten Abstimmungsmechanismus» sind. Wenn dieser an chemische Reaktionen gemahnende Vorgang effizient verläuft, «so spiegelt das, was die Struktur einer Volkswirtschaft ausmacht, den gegenwärtigen und künftigen Bedarf der Gesellschaft» (1975, 291).

Den Anstoß für des Rates strukturpolitisch gemeinte Bemerkungen gaben weniger die aktuellen Probleme, sondern die seit Anfang der siebziger Jahre intensivierte Diskussion über die sogenannte «Investitionslenkung». Der Rat lieferte erst einmal keine strukturellen Analysen, sondern ein strukturpolitisches Abwehrgefecht: «Wer also eine Investitionslenkung will, muß wissen, daß eine Änderung unserer Wirtschaftsordnung hinzunehmen sein wird; vielleicht wird er sie so auch bewirken wollen» (1975, 292).

### *Die Reduktion der Strukturprobleme auf die Lohnpolitik*

Das Strukturproblem, das der Rat bagatellisieren zu können glaubte und zudem von konjunkturellen Bewegungen scharf abzugrenzen suchte, wird dann allerdings zum Vehikel einer Mahnung an die Gewerkschaften, ihre Lohnpolitik nicht nach den ertragsstarken Branchen auszurichten. Dies würde deren Wachstumskräfte schwächen – entsprechend der These, daß hohe Gewinne auch zu hohen Investitionen führen –, während die ertrags- bzw. produktivitätsschwächeren Branchen/Betriebe «beschleunigt schrumpfen müßten» (1975, 317). Der sich hierdurch einstellende Umstellungsdruck würde zu einer «Arbeitslosigkeit aufgrund zu hohen Lohnniveaus» führen. Der Rat spitzt also Probleme struktureller Arbeitslosigkeit auf die Lohnkostenbelastung zu, womit die Verbindung zu seiner Grundphilosophie hergestellt wird, daß über Lohnzurückhaltung alle Probleme lösbar und die Probleme selbst vor allem durch überhöhte Löhne entstanden seien; die Weltwirtschaftskrise scheint im Kern also ein Fall von überhöhten Löhnen, auch wenn der eine oder andere zusätzliche Schock hinzugekommen sein mag.

Mitte der siebziger Jahre blieb der Rat jedoch noch optimistisch: «Insgesamt betrachtet, besteht also wenig Anlaß, aus unverrückbaren Gründen auf lange Sicht die Wachstumschancen wesentlich weniger günstig zu sehen, als sie es in der Vergangenheit waren» (1975, 325). Skepsis wird abgewehrt. Der Rat greift zwar verschiedene Argumente auf, die für eine dauerhafte Verschlechterung der Wirtschaftslage geltend gemacht wurden – sinkende Kapitalproduktivität, Diskrepanz zwischen Arbeitskräfteangebot und rationalisierungsbedingtem Rückgang der Arbeitsplätze, nachlassende Nachfragedynamik u. a. –, aber nur, um sie mit einigen beruhigend gemeinten Einwänden zu entkräften oder zu verniedlichen. Der unbefangene Leser mußte das Ratsgutachten von 1975 so verstehen, daß die Sachverständigen die Rückkehr von Wachstumsraten in Höhe von 5 bis 6 % für möglich hielten.

Selbst wenn die Argumentationsbasis des Rates theoretisch (noch) anspruchsvoller und empirisch (noch) gesicherter gewesen wäre, hätte es doch in seinem gesellschaftlichen Auftrag und seiner wissenschaftlichen Verantwortung gelegen, auf die – von ihm als unwahrscheinlich eingeschätzten – negativen Entwicklungen einzugehen. Es wären für den Eventualfall Handlungsalternativen zu entwerfen gewesen, so wie es im gesetzlichen Auftrag des Rates vorgeschrieben ist. Alles, was jedoch für mögliche Fehlentwicklungen als Lösungsstrategie beigetragen wurde, war die Feststellung, daß dann die marktmäßigen Anpassungen über Reallohnsenkungen zu erfolgen hätten: «Sollte es in den nächsten Jahren» – schrieb der Rat 1975 – «auch bei Normalauslastung der Kapazitäten mehr Arbeitslose als früher geben, so wird es sich dagegen bei Reallöhnen, die zur Vollbeschäftigung passen, für die Unternehmern lohnen, ihre Produktionskapazitäten nicht dadurch auszubauen, daß sie die Kapatalintensivierung verstärken, sondern daß sie Arbeitsplätze schaffen» (1975, 329).

## *Immun gegen theoretische Konkurrenz*

Die evidente Fehleinschätzung der mittelfristigen Entwicklung durch den Rat im Gutachten 1975, eine Fehleinschätzung, die sich sowohl auf die Bundesrepublik als auch die Weltwirtschaft bezieht, mag zum Teil durch die theoretischen Begrenzungen des Rates bedingt sein. Im wesentlichen orientiert er sich am neoklassischen Gleichgewichtsmodell, dessen konjunktur- und entwicklungstheoretische Erklärungspotentiale äußerst begrenzt sind; ja bei stringenter Anwendung überhaupt nichts zur Dynamik kapitalistischer Systeme und ihren endogenen Wellenbewegungen und Krisenrisiken beizubringen weiß.

Um aber über die (langfristige) Entwicklung einer Volkswirtschaft etwas Brauchbares aussagen zu können, sollten wohl erst einmal längerfristige Tendenzen untersucht und theoretisch interpretiert werden. Der Sachverständigenrat ging bei seinem Wiedereinstieg in die Strukturdiskussion darüber hinweg. Der langfristige Rückgang der Wachstumsraten, die langfristig ansteigende Sparquote, die tendenzielle Zunahme von Überkapazitäten schon deutlich vor Beginn der Weltwirtschaftskrise, die Veränderungen in der Produktionstechnologie, die Frage nach einer möglichen Ertragsgesetzwirkung bei der Produktion weiteren technischen Fortschritts bzw. den Innovationen und dergleichen fanden keine Beachtung. Vielmehr prallen alle aus solchen Langfristtendenzen herleitbaren Überlegungen zu einer möglichen Dauerstagnation und Dauerarbeitslosigkeit an dem glaubensfesten Panzer des Rates ab: alles, was geschieht, kann über Marktprozesse verarbeitet werden. Dem Rat obliegt dann nur, mehr oder weniger plausible Denkfiguren zu zeichnen, die Problementstehung und Problemlösung in einen scheinbar widerspruchsfreien marktwirtschaftlichen Erklärungszusammenhang fügen.

Des Rates Argumentationstechnik sei beispielhaft am Nachfrageproblem veranschaulicht. In den keynesianisch orientierten Krisenanalysen spielt u. a. die Stagnationsthese vom Hansen-Kalecki-Typ eine Rolle. Letztlich geht es um die Frage, ob hoch entwickelte Volkswirtschaften eine Sättigungstendenz aufweisen und deshalb Begrenzungen des Wachstums von der Nachfrageseite her bedingt erscheinen. Der Rat wendet in dem bereits zitierten Gutachten von 1975 dagegen folgendes ein (1975, 330):

– in der Vergangenheit gab es keinen Nachfragemangel, sondern eher (inflationäre) Übernachfrage;

– Sättigungsthesen würden «den verbliebenen Bedarf der unteren und mittleren Einkommensschichten nicht ausreichend berücksichtigen»;

– es ist zwar auch nach Ratsmeinung nicht unwahrscheinlich, daß «der Anteil der Ersparnis an den Einkommen im Trend weiter steigt» – auch wenn kurzfristige Angstsparreaktionen revidiert worden sind – aber: «Die zunehmende Kapitalintensität der Produktion wird diese Ersparnisse absorbieren – wenn nicht ausreichend, so könnte es zu mehr Kapitalexport kommen (und entsprechenden Warenlieferungen ins Ausland); oder der Staat dürfte rascher einen Teil seiner schier unermeßlichen Ausgabenwünsche realisieren ...»

– «schließlich aber, wenn denn wirklich die Menschen eine Mehrproduktion von Gütern nicht mehr der Mühe wert finden, die sie erfordert, kann man auch die Arbeitszeit weiter verkürzen».

Impliziert ist diesen Aussagen das Zugeständnis, daß die hohe Sparquote (der Bundesrepublik) durch die Verteilungsstrukturen zu erklären ist. Gewisse Sättigung wird also für höhere Einkommensschichten konzediert. Der Verweis auf den ungedeckten Bedarf der unteren und mittleren Einkommensschichten bleibt jedoch ohne verteilungspolitische Konsequenz. Vielmehr wird der Ausweg aus der «Überersparnis» dort gesucht, wo er unsicherer wird (Export) bzw. weitere Arbeitsplatzverluste bringt (Kapitalintensivierung) oder wo ein krasser Gegensatz zu der Konsolidierungsforderung des Rates an die öffentlichen Haushalte besteht.

In den vorstehend zitierten Remedia des Rates gegen überhöhte Ersparnis steckt jedoch ein prinzipieller Widerspruch. Wenn die Ersparnis, wie der Rat konzediert, von Verteilungsverhältnissen abhängt und Bedarf bei den unteren Einkommensschichten besteht, denen aber die Kaufkraft fehlt, so müßten doch all jene Absorptionsmechanismen für hohe Ersparnis mit Skepsis betrachtet werden, die die Kaufkraft der bedarfsstarken (unteren) Einkommensschichten weiter senkt. Eine Kapitalintensivierung (Rationalisierung) bedeutet, daß Arbeit durch Kapital ersetzt wird, also auch Arbeitseinkommen fortfallen bzw. sinken. Weiterhin führt die (steigende) Arbeitslosigkeit zu einem Reallohndruck – wie an den sinkenden Reallohneinkommen 1981–1983 bestens bestätigt. Reallohnminderungen sind zwar nach Ratsansicht marktwirtschaftlich geboten und seien ein Mittel zur Aktivierung der Wirtschaft, aber das Nachfrage- bzw. Sättigungsproblem wird dadurch noch verschärft; was ebenfalls bestens belegt wurde durch den realen Rückgang des privaten Verbrauchs in den Jahren 1981 und 1982.[2]

Der Ratseifer, eine hohe, lohngespeiste Nachfrage und entsprechende Beschäftigungseffekte zu desavouieren, wird jedoch verräterisch, wenn Vollbeschäftigung schlechtweg als ein mehr oder weniger ungesunder Zustand charakterisiert wird. Bereits 1975 stellte sich der Rat darauf ein, daß «nicht ohne weiteres an eine Rückkehr zu so niedrigen Arbeitslosenquoten zu denken (ist), wie sie für eine ganze Reihe von Jahren der vergangenen anderthalb Jahrzehnte kennzeichnend waren» (1975, 331). Diese Situation – so läßt sich dem Ratsdeutsch entnehmen – *soll* auch gar nicht wiederkehren. Denn: «Hier war oftmals starke Übernachfrage im Spiel, mit ihren Gefahren für die Stabilität. Zeit wird es überdies kosten, den Teil der Arbeitslosigkeit, wie groß er immer sein mag, abzubauen, der Folge einer übersteigerten Lohnpolitik ist» (1975, 331).

Übernachfrage stellte sich in der Regel als Diskrepanz zwischen kaufkräftiger Nachfrage und dem Angebot – bei gegebenen Preisen – dar. Am Arbeitsmarkt wäre eine Übernachfragesituation dadurch gekennzeichnet, daß die Zahl der offenen Stellen die Zahl der Arbeitslosen generell, zumindest aber auf Teilarbeitsmärkten übersteigt. Zu fragen ist allerdings, ob unter sozialen und politischen Aspekten nicht ein gewisser Überhang an offenen Stellen durchaus erwünscht ist, um die Humanisierung des Arbeitslebens zu verbessern. Auch müßte sich – marktwirtschaftlich betrachtet – eine Übernachfrage nach Arbeitskräften in intensiverer Rationalisierung auswirken, *ohne* daß damit größere Beschäftigungsprobleme verbunden sind. Schließlich erfolgt eine Anpassung von Nachfrage und Angebot am Arbeitsmarkt über (Real-)Lohnerhöhungen. Der Reallohnanstieg nach 1969 korrespondiert mit dem hohen Beschäftigungsniveau, so wie sich die Reallöhne in der Krisenverschärfung 1981/82 zurückgebildet haben. Entgegen

*Macht unsre Bücher billiger! …*

manchen Vorstellungen über die angebliche Inflexibilität der Löhne (nach unten) wurde in der jüngsten Vergangenheit deutlich, daß die Arbeitsmarktsituation sehr wohl auf die Lohnentwicklung durchschlägt. Daß andererseits in Vollbeschäftigungszeiten – bzw. nach SVR-Terminologie: bei Überbeschäftigung – besonders starke Lohnsteigerungen auftreten und die Lohndrift zunimmt, stellt eine völlig marktkonforme Reaktion dar. Warum jedoch marktkonforme Lohnerhöhungen und damit zugleich die Voraussetzung, nämlich hohes Beschäftigungsniveau, negativ bewertet werden, ist nicht verständlich. Unter strukturellem Aspekt könnte das Problem der permanenten Inflationierung, das den Hintergrund der Sorge des Rates um preisniveausteigernde Übernachfrage bildet, ganz andere Deutung erfahren, als es beim Rat und auch im übrigen Umfeld wirtschaftspolitischer Diskussionen üblich ist. Konjunkturelle Aufschwünge sowie auch eine Verkettung von Aufschwüngen sind in der Regel mit Preisniveausteigerungen verbunden. Schumpeter hat in seiner «Theorie der wirtschaftlichen Entwicklung» klargelegt, daß Aufschwünge notwendigerweise inflationäre Entwicklungen mit sich bringen. Allerdings ging er davon aus, daß der «Aufschwunginflation» eine Preisdeflation folgt, die das Preisniveau unter den langjährigen Durchschnitt der Vergangenheit senkt. Es kam so logischerweise zu der These einer «säkularen Deflation». Daß wir heute das Gegenteil, eine säkulare Inflation, erleben, könnte vor allem daran liegen, daß die konjunkturellen Rezessionen nicht mehr zu einer Preisniveausenkung, sondern nur zu einer *verminderten* Inflationierung – gegenüber der Aufschwungsinflation – führen. Und dies wiederum ließe sich durch die strukturellen Veränderungen begründen, welche mit dem Konzentrationsprozeß, der Oligopolisierung und privaten Preisadministration zusammenhängen. Es wäre fatal, wenn man der Inflationsbekämpfung halber auch Aufschwungsinflationen unterbinden würde und damit zugleich die Aufschwungsbewegungen – etwa durch unzureichende Geldmengenexpansion – begrenzt oder ganz unterbindet.

Im Gutachten von 1965 wurde der Übernachfrage noch eine ganz andere, positive Wertung zuteil. Übernachfrage wurde – auf der Grundlage einer umfassenden Strukturanalyse – damals als notwendige Bedingung für Faktormobilität gesehen. Der Rat stellte einen Zusammenhang zwischen Wachstumsintensität und Arbeitskräftemobilität fest und schlußfolgerte: «Wenn dies zutrifft, so hat es offenbar immer einer deutlichen Übernachfrage bedurft, um den im Wachstumsprozeß nötigen Wandel der Beschäftigtenstruktur herbeizuführen» (1965, 220, b). Diese Überlegung wird unter dem Eindruck der Rezession von 1967 erneut aufgegriffen und noch zugespitzt:

«Wie schon angedeutet, erleichtert eine hohe Nachfrage durch den Sog, den sie ausübt, die Ausschöpfung brachliegender und die Anpassung fehlgeleiteter Produktivkräfte» (1967, 335). Und weiter: «Ähnlich steigen in der Nachfrageexpansion auch die Anpassungschancen strukturschwacher Regionen» (1967, 335). Der Rat spricht sich in diesem Gutachten auch für eine aktive Strukturpolitik aus, die auch zu Konflikten bereit ist: «Wer eine Strukturpolitik um des Wachstums willen fordert, muß einem Konflikt mit herkömmlichen Auffassungen entgegensehen» (1967, 336).

### *Ratsposition und gesellschaftlicher Auftrag*

Bekanntlich wird der Rat nicht nur vom Bundespräsidenten auf Vorschlag der Bundesregierung ernannt – beide Verfassungsorgane sind auf das Wohl des ganzen deutschen Volkes vereidigt –, sondern der Rat und sein umfänglicher technischer Apparat werden auch aus öffentlichen Geldern finanziert. Wenn der Rat also wirtschaftliche Entwicklungen für möglich hält, die, durch «Übernachfrage» gekennzeichnet, zu einer niedrigen Arbeitslosenquote führen, so wäre es doch durchaus erforderlich, solche Möglichkeiten in Form von wirtschaftspolitischen Alternativstrategien durchzuspielen, auch wenn sie den Mitgliedern des Rates als natürliche Personen unbehaglich erscheinen. Die Sorge um die «Stabilität» – gemeint ist vorrangig die Preisstabilität – verdient *keinen* Vorrang, schon gar nicht vor der Vollbeschäftigung, wenn man den gesetzlichen Auftrag des Rates betrachtet, der *alle* Ziele des «magischen Vierecks» (Beschäftigung, Preisniveau, Wachstum, außenwirtschaftliches Gleichgewicht) als gleichrangig vorgibt.

Besonders problematisch erscheint die aus der Kurzfristperspektive und dem Gleichgewichtsdenken des Rates resultierende prognostische und lösungsstrategische Schwäche, wenn man berücksichtigt, daß die breitere wissenschaftliche und wirtschaftspolitische Diskussion bereits vor 1973 und intensiviert nach Beginn der weltwirtschaftlichen Krise nicht nur die *Möglichkeit* einer dauerhaften Stagnation erörterte, sondern auch auf Ursachen einging und die Wahrscheinlichkeit einer solch ungünstigen Entwicklung weitaus höher – und retrospektiv geurteilt realistischer – einschätzte, als sich aus den Ratsgutachten ablesen läßt.[3] Es rächte sich die theoretische, um nicht zu sagen ideologische Einseitigkeit, mit der der Rat zusammenberufen wurde. Es handelt(e) sich eben nicht um eine Widerspiegelung der in der wirtschaftswissenschaftlichen Diskussion vertretenen, verschiedenen Auffassungen, sondern um eine enge Auswahl aus dem Meinungs- bzw. Theoriespektrum. Das ist nicht dem Rat, sondern der berufenden Institution anzulasten, die sich damit keinen guten Dienst erwiesen hat: Ihr Informationsstand sowie die Chance, eine möglichst umfassende Problemdarbietung zu erhalten, wurden durch jenes Bias bei der Personalauswahl von vornherein beschränkt.

«Unabhängigkeit» und Objektivität eines Beratungsgremiums sind als funktionale Eigenschaften im Hinblick auf eine möglichst umfassende Information und eine *alle* Handlungsalternativen aufweisende Orientierungsvorgabe unabdingbar. Diese funktionale Qualifikation eines *Gremiums*, speziell einer wissenschaftlichen Arbeitsgruppe, läßt sich jedoch gerade nicht erreichen, wenn die wissenschaftliche Kontroverse durch personale Ausgrenzungen von vornherein unterbunden wird.

Wirtschaftspolitische Strategien, wie durch eine große Anstrengung eine rasche Beschäftigungszunahme bzw. ein Abbau der Arbeitslosigkeit – z. B. über Arbeitszeitverkürzung – erreicht werden könnte (selbstverständlich mit irgendwelchen unangenehmen Begleiterscheinungen), sucht man beim Rat vergebens. Auch hier – nicht nur bei den Unternehmern – Innovationsschwäche. Wie schon mit der «Sucharbeitslosigkeit» greift der Rat seit 1976 verstärkt auf ein theoretisches Importgut zurück, die angebotsorientierte Politik. Hiermit fand er ein seiner Theorie adäquates Rezept für «Strukturpolitik»: «Strukturpolitik ist ein Mittel der gesamtwirtschaftlichen Angebotssteuerung» (1976, 307). Zugleich erteilt der Rat der (spärlichen) bis dato betriebenen Strukturpolitik eine Absage: Sie sei dirigistisch und konservierend (1976, 313). Hiermit mag er recht haben, aber die Feuerwehrmaßnahmen der Steuer- und Subventionshilfen sind doch in vielen Fällen erst Folge der (Struktur-)Krise, deren Ursachen aufzuzeigen und Abhilfe zu empfehlen dem Rat selbst mit zeitlicher Verzögerung nur unzureichend gelang. Im wesentlichen wird vom SVR immer wieder der lohnpolitische Kanon gesungen, auch wenn es um Strukturpolitik geht (1977, 283; 1978, 217; 1979, 337).

### *Wieder auf dem Rückzug aus der Strukturdebatte?*

Seit dem Gutachten von 1980 sind die strukturanalytischen Bemühungen des Rates wieder gedämpfter. In den Vordergrund trat 1980 verständlicherweise die zweite Ölpreiserhöhung (1979), und verstärkt schwenkte der Rat dann auf die populäre Staatsschuldenschelte ein.

Das noch im Gutachten von 1978, das auch einige wohlwollende Bemerkungen zur Bedeutung der Nachfrage für den Wachstumsprozeß enthielt, dem Staat attestierte konjunktur- und wachstumspolitische Wohlverhalten – gemeint waren die öffentlichen Ausgabenexpansionen – schlägt nicht mehr zu Buche. Dies ist vor allem in Hinblick auf die vom Rat im 78er Gutachten hervorgehobene Tatsache mißlich, daß der leichte Aufschwung der Jahre nach 1976 binnenwirtschaftlich getragen wurde. Diese Entwicklung machte nicht nur deutlich, daß trotz der hohen außenwirtschaftlichen Abhängigkeit der Bundesrepublik – ein strukturell wichtiger Faktor – doch noch eine relativ kräftige Binnenkonjunktur möglich war, sondern der Rat wagte sogar eine perspektivische Aussage dahingehend, daß künftig der *Binnen*nachfrage größere Bedeutung zu geben wäre. Wegen der Bedeutung der einschlägigen Passage des 78er Gutachtens, auch im Hinblick auf die Zukunft, sei etwas ausführlicher zitiert:

«Die jüngste konjunkturelle Belebung (1977/78; d. V.) unterscheidet sich von der früherer Aufschwungsphasen vor allem dadurch, daß die Wende ohne außenwirtschaftliche Impulse zustande kam. Die ungebrochene Expansion der Automobilindustrie (Konsumnachfrage!; d. V.) und der Aufschwung in der Bauwirtschaft (öffentliche Investitionen; d. V.), im Handwerk und in den Dienstleistungsbereichen werden vorwiegend vom Binnenmarkt getragen ... Ob sich ein stärker binnenwirtschaftlich geprägtes Wachstum der deutschen Wirtschaft herauszubilden beginnt, kann in Anbetracht der massiven staatlichen Stützung der Binnennachfrage noch nicht gesagt werden. Für wahrscheinlich halten darf man jedoch, daß sich der Stau an unbewältigtem Strukturwandel, der sich im Gefolge der Rezession (1975f; d. V.) gebildet hatte, allmählich abbaut. Wenn es richtig ist, daß die sektoralen Anpassungsprobleme vor allem auf die kaum reversible reale Höherbewertung der Mark und Änderungen der internationalen Arbeitsteilung zurückgehen, dann kommt dem Wachstum in den Binnensektoren in Zukunft eine größere Bedeutung zu als in der Vergangenheit» (1978, 272).

Die vorstehende Sichtweise fällt aus dem langjährigen Grundtenor des Rates heraus. Offenbar frappiert von der Tatsache, daß ein binnenwirtschaftlich orientiertes Expansionsprogramm gegriffen hatte und daß sich hieraus kein bloßes Strohfeuer im Konsumbereich, sondern auch ein Investitionswachstum ergab, sah der Rat eine Chance, daß sich die bundesdeutsche Wirtschaft (wieder) von ihrer prononcierten Exportorientierung etwas löst. Weiterverfolgt hat der Rat diesen Weg in den folgenden Gutachten jedoch nicht. Im Gegenteil werden unter dem Eindruck der Ölpreiserhöhung von 1979 und den Zahlungsbilanzdefiziten wieder die außenwirtschaftlichen Aspekte und die Notwendigkeit, sich um «internationale Wettbewerbsfähigkeit» zu bemühen, in den Vordergrund gerückt.

Nachdem der Aufschwung 1977–1979 ausgelaufen war, ein Aufschwung, der vom Rat – wie erwähnt – klar als fiskalpolitisch initiiert diagnostiziert wurde («Mit Hilfe staatlich gestützter Nachfrage gelang es schließlich, die Konjunktur wieder zu beleben.» 1978, 270), kehrte im 80er Gutachten das antifiskalistische Ressentiment wieder. Der Abschwung wurde kurzerhand der nachfrageorientierten Politik angelastet: «Die Wirtschaftspolitik des Demand Management hat ihren Zauber verloren, seit die Länder, die am meisten auf sie gesetzt hatten, dafür mit einer Rezession bezahlen mußten» (1980, 277). Als ob nicht *jedem* Aufschwung – seit fast 200 Jahren – eine Rezession, wenn nicht Schlimmeres gefolgt wäre, ganz unabhängig von der jeweiligen Ursache und den Innovationsquellen des Aufschwungs.

### *No future?*

Resümiert man die Ratsvorstellungen der vergangenen Jahre zum Zusammenhang von Struktur, Wachstum und Beschäftigung, so ergibt sich das Bild einer durch «exogene», d. h. marktwidrige Störungen strukturellem Anpassungszwang ausgesetzten Wirtschaft. Der Rat hält entsprechend seinem gleichgewichtstheoretischen Referenzmodell den Anpassungsprozeß (nur) über Marktprozesse für möglich, wobei das Ausmaß der den Strukturwandel bewirkenden Marktkräfte wesentlich von der Gewinnhöhe bzw. den möglichst niedrigen Kosten bestimmt wird. Über den Zeitbedarf der Umstellungsprozesse besteht keine Klarheit, außer daß es «länger» dauern wird.

Strukturprobleme, die sich aus der marktwirtschaftlichen Mechanik selbst und/oder aus den historischen Veränderungen ergeben könnten, die durch eine lang anhaltende Wachstumsphase bewirkt werden, scheinen für den Rat nicht zu existieren. Daß (Unternehmer-)Gewinne und (steigende) Kapitalrenditen nicht die Ursache, sondern die Folge von Wachstum und Aufschwung sind, die Schumpeter in bisher unübertroffen präziser Analyse der Nationalökonomie ins Stammbuch schrieb, findet beim Rat kein Echo. Weiterhin bleibt unbeachtet, daß Strukturwandel keine Wachstumsursache ist, sondern teils als wachstumsinhärenter Prozeß, teils aber auch erst als Folge von Wachstum eintritt[12] und somit logischerweise die «Erklärung» von Wachstumsschwäche und Wachstumsproblemen durch so etwas wie aufgestauten «strukturellen Umstellungsbedarf» eine Tautologie darstellt: Wenn die Wirtschaft wächst, vollzieht sie auch einen strukturellen Wandel. Oder: Wenn struktureller Wandel stattfindet, so wächst die Wirtschaft. Ohne Wachstum kein Strukturwandel und umgekehrt. Die Ursachen für Wachstum und damit auch die Ursachen für den Strukturwandel bzw. die Ursachen für fehlendes Wachstum (fehlenden Strukturwandel) müssen jedoch separat von jenen Phänomenen, die eben *Folgen* der wachstumsfördernden bzw. -bremsenden Faktoren darstellen, gesucht und analysiert werden. Beispielsweise stellt eine hohe potentielle Nachfrage, wie sie in den ersten beiden Nachkriegsjahrzehnten (Nachholbedarf) gegeben war, einen Wachstumsfaktor dar; das gleiche könnte für Umweltschutzbedarf, Energieeinsparung u. a. gelten. Ähnliche wachstumswirksame Potenzen hat die Verfügbarkeit technologischer Inventionen, sofern der Wettbewerbsdruck stark genug ist, um sie innovativer Nutzung zuzuführen.

Es genügt aber nicht, wie es beim Rat Usus ist, das Vorhandensein solcher Wachstumsfaktoren einfach zu behaupten – etwa mit Hinweisen, daß es auch früher schon so war –, sondern eine Detailanalyse wäre notwendig. Die aus der geschichtlichen Erfahrung gewonnene Erkenntnis spricht erst einmal für die Wahrscheinlichkeit, daß sich nicht nur Rand- und Umweltbedingungen der Wirtschaft verändern, sondern daß auch immanente Veränderungen derart ablaufen, daß Wachstumsfaktoren sozusagen «verbraucht» sind, noch ehe neue verfügbar werden. Zudem gilt nach wie vor die Trivialerkenntnis aller sogenannten Wachstumskritiker, daß exponentielles Wachstum und damit ein unendlicher Strukturwandel auf einem begrenzten Planeten eine logische Unmöglichkeit darstellen. Wenn aber Wachstumsgrenzen bestehen und wenn – wie auch der Rat inzwischen einsehen mußte – günstigstenfalls durchschnittliche Wachstumsraten zwischen zwei und drei Prozent zu erreichen sind, so müßte sich auch der offizielle bundesdeutsche Sachverständigenrat zur Begutachtung der gesamtwirtschaftlichen Entwicklung eine politisch umsetzbare Strategie erarbeiten, mit der Vollbeschäftigung wiederzugewinnen ist.

# Anmerkungen

1 Dies gilt vor allem für das zweite Gutachten von 1965, das eine sehr umfangreiche Strukturanalyse enthält, die auf einer Langfristuntersuchung basiert (1965, 213–260). – Im folgenden werden die Gutachten jeweils in Klammern mit Erscheinungsjahr (erste Ziffer) und der Textziffer (zweite Ziffer) zitiert, wenn nicht anders angegeben.

2 Es handelt sich um eine Selbstverstärkung der Krise im Sinn der ökonomischen Wellenbewegungen immanenten Selbstverstärkungstendenzen. Vgl. Zinn, K. G., Variationsmuster ökonomischer Krisen, in: Leviathan, Jg. 11, H. 2, 1983.

3 Als Beispiel sei auf die seit 1975 jährlich erscheinenden «Memoranden» der Arbeitsgruppe «Alternative Wirtschaftspolitik» verwiesen, deren Analysen im Hinblick auf die mittelfristige Entwicklung von Wachstum und Beschäftigung pessimistischer und – inzwischen bestätigt – realitätsgerechter waren als die des Sachverständigenrates.

*Gernot Müller*

# Bundesregierung und Bundesbank

## Die «Fünf Weisen» und die wirtschaftspolitische Entscheidungsfindung*

Zwanzig Jahre Gesetz über die Bildung eines Sachverständigenrats (SVRG), neunzehn Jahresgutachten (JG), eine entsprechende Anzahl von Stellungnahmen der Bundesregierung gemäß § 6 des SVRG, eine beachtliche Anzahl von Sondergutachten (SG) des Sachverständigenrats (SVR), das vielfältige wirtschaftspolitische Geschehen selbst und schließlich eine umfangreiche Literatur zum Gegenstand[1] – das Anschauungsmaterial zum Verhältnis der Arbeiten des SVR zur wirtschaftspolitischen Entscheidungsfindung in der Bundesrepublik ist immens. Ein relativ kurzer Beitrag kann schwerlich einen Gesamtüberblick bieten und ein wohlausgewogenes Resümee der Diskussion um die Wirtschaftspolitik ziehen. Statt dessen soll versucht werden, anhand der Aufarbeitung zentraler Fragen einige generalisierende Schlußfolgerungen abzuleiten.

## I. Die Diskussion um die außenwirtschaftliche Absicherung und die Konzertierte Aktion

Die Gutachtertätigkeit des Rates begann für die Regierung in den Jahren 1964/65 mit Überraschungen. Die Volkswirtschaft befand sich in einem exportinduzierten Aufschwung bei mäßigen Preissteigerungen. In dieser Situation war die Haupterwartung maßgeblicher Schöpfer des SVR, der Rat möge dafür sorgen, daß die Löhne weniger stark stiegen als bis dahin.[2] Dieser Rollenerwartung kam der SVR damals für mehrere Jahre nicht nach. Er entwarf zwar bereits in seinem ersten Gutachten das Konzept einer kostenniveauneutralen Lohnpolitik, das Hauptaugenmerk des Rates lag jedoch auf der Beobachtung, daß die schleichende Geldentwertung ein internationales Problem war. Diese Analyse führte zu dem Schluß, daß eine einseitige Zurechnung der Inflationsverursachung unangemessen sei. Binnenwirtschaftliche Stabilisierung habe zur Voraussetzung, daß man sich über flexible, zumindest flexiblere als die damals vorherrschenden

Wechselkurse gegen das inflationäre internationale Umfeld abschotte.

Die Reaktion der Bundesregierung auf diese Überlegungen war heftig. Sie verwies auf internationale Verträge, die feste Wechselkurse zum Grundsatz erhoben, auf die mit flexiblen Kursen verbundenen Gefahren einer destabilisierenden Devisenspekulation, den möglichen Verlust an wirtschaftlicher Integration, und vertrat vor allem die Ansicht, daß eine Verteidigung der Preisstabilität auch bei festen Wechselkursen möglich sei.

Der Konflikt zwischen SVR und Bundesregierung verschärfte sich, als im JG 1965/66 wiederum nicht die Tarifpolitik, sondern die hohe Steigerung der öffentlichen Ausgaben eines Wahljahres für die eingetretene Inflationsbeschleunigung wesentlich verantwortlich gemacht wurde und der SVR in dieser Situation ein neues Politikum ins Spiel brachte. In dem Bemühen, eine «Stabilisierung ohne Stagnation» einzuleiten, hat der SVR damals situationsbezogen eine Konzertierte Aktion der öffentlichen Gebietskörperschaften, der Tarifvertragsparteien und der Bundesbank vorgeschlagen. Bei außenwirtschaftlicher Absicherung der Aktion hoffte der Sachverständigenrat über eine schrittweise Begrenzung des Wachstums der nominalen Ausgaben die Preissteigerungen auf 1 v. H. begrenzen zu können, ohne die reale Sphäre der Volkswirtschaft zu tangieren. Auch dieser Vorschlag des SVR scheiterte an der Haltung der Bundesregierung. In einer bemerkenswerten Debatte des Deutschen Bundestages begründete Kanzler Erhard die negative Entscheidung sogar persönlich. Ihn störte, daß der Rat mit seinem Vorschlag vorübergehend die Existenz einer unvermeidlichen Preissteigerungsrate anerkannte, zudem schien ihm die gesamte Vorgehensweise zu mechanistisch. Seiner Ansicht nach verfüge eine Regierung in einer Marktwirtschaft nicht über ausreichend ökonomische Daten, um eine Konzertierte Aktion zu dem vorgesehenen Ergebnis führen zu können.[3]

Im JG 1966/67 zog der SVR dann Bilanz. Statt sich an der Konzertierten Aktion zu beteiligen und den Preiswettbewerb des Auslands zu aktivieren, hatten Geld- und Finanzpolitik zur Bekämpfung des Preisanstiegs ausschließlich auf Nachfragedämpfung gesetzt. Deren Folgewirkungen führten bekanntlich bis hin zur ersten Nachkriegsrezession im Jahre 1967. Die Themen der außenwirtschaftlichen Absicherung und einer Konzertierten Aktion blieben noch längere Zeit aktuell. Die Konjunkturkrise der Jahre 1966/67 konnte u. a. mit Hilfe von zwei öffentlichen Investitionsprogrammen, über deren Sinn zwischen SVR und der damaligen neuen Bundesregierung übrigens Einvernehmen bestand, nach heutigen Maßstäben bekanntlich relativ schnell überwunden werden. Doch das Problem des Inflationsimports und wenig später auch das allgemeiner Preissteigerungen stellte sich wieder ein, obwohl die Idee der Konzertierten Aktion von Wirtschaftsminister Schiller aufgegriffen worden war und in Form regierungsamtlicher Orientierungsdaten für ein gleichzeitiges aufeinander abgestimmtes Verhalten der Gebietskörperschaften, Gewerkschaften und Unternehmensverbände in § 3 des neuen sogenannten Stabilitätsgesetzes vom Juni 1967 realisiert wurde. Zeitgenössische Untersuchungen fanden, daß sich durch diesen Versuch der Verhaltensabstimmung, der sogar durch regelmäßige Gesprächsrunden beim Bundeswirtschaftsminister institutionalisiert wurde, an der Marktbestimmung der Lohnentwicklung nichts änderte.[4] Lag dies etwa daran, daß es an einer Absicherung des Versuchs, Einkommenspolitik zu betreiben, durch flexible Wechselkurse gefehlt hatte? Wohl kaum, denn auch bei flexiblen Wechselkursen ist die Entwicklung der Güterpreise und der privaten Investitionen als Einflußfaktoren der Einkommensverteilung nicht hinreichend determiniert, um eine per Einkommenspolitik gewünschte Einkommensverteilung sicherzustellen.

Ohne eine parallel zur Einkommenspolitik verlaufende politische Bestimmung der Güterpreise und der Investitionsquote konnte die Beteiligung der Gewerkschaften an der Konzertierten Aktion einkommenspolitisch nur unverbindlich sein. Dennoch dürfte gelten, daß flexible Wechselkurse unabhängig von einer Konzertierten Aktion konjunktur- und preisglättend hätten wirken können. Der SVR hat dies im JG 1969/70 in einer Art Simulationsrechnung zu zeigen versucht. Die Kette von Währungsproblemen ab 1969 bis hin zur Auflösung des Systems von Bretton Woods im März 1973 sprach für die Überlegungen des Rates. Zwar bestätigten sich in der Folgezeit z. T. auch die früheren Bedenken der Regierung Erhard. Denn soweit die Wechselkurse später flexibel waren, es kam zu Über- und Unterbewertungen der DM. In der lang anhaltenden Phase der Überbewertung der DM wären die Überlegungen des Rates dennoch einen konsequenten Umsetzungsversuch wert gewesen. Darüber hinaus scheint mir eine allgemeinere Feststellung wichtig zu sein. Die Gutachtertätigkeit des Rates machte in den ersten Jahren sehr deutlich, daß der SVR es für erforderlich hielt, das System der konjunkturpolitischen Mittel auszubauen und so die Chance zu verbessern, den Zielkatalog des magischen Vierecks zu erfüllen. Er popularisierte damit bereits ältere Erkenntnisse Tinbergens, die besagen, daß es zur Realisierung eines Systems unabhängiger wirtschaftspolitischer Ziele mindestens ebenso vieler unabhängig wirksamer Mittel bedarf, daß es darüber hinaus hilfreich ist, mehr wirtschaftspolitische Instrumente zur Verfügung zu haben, als man strenggenommen braucht, um den Einsatz einzelner Mittel abmildern zu können.[5]

## II. Diskussion um regelgebundene Wirtschaftspolitik

Nachdem der SVR bereits im JG 1964/65 eine Regel für die Lohnpolitik aufgestellt hatte, begann er im JG 1969/70 und im JG 1970/71 auch für die Bereiche der Fiskal- und Geldpolitik für ein regelgebundenes Verhalten zu werben. Dieser Vorstoß kam zumindest insofern überraschend, als der Rat der öffentlichen Haushaltspolitik für die Jahre 1969 und 1970 eine konjunkturgerechte antizyklische Ausrichtung bescheinigte. Die restriktive Geldpolitik des Jahres 1966 war in ihrer Dauer dagegen auch vom Rat kritisiert worden. Doch es ging ihm darum, vermeintliche Probleme einer Wirtschaftspolitik der fallweisen Entscheidungen (sog. diskretionäre Wirtschaftspolitik), die er in Verzögerungen der Diagnose, Prognose und Entscheidungsfindung wie in der Unvorhersehbarkeit für die privaten Wirtschaftssubjekte sah, grundsätzlich abzubauen.

Die Art der Regelbindung, die der SVR von Anfang an ausschließlich im Auge hatte, war eine spezielle. Die öffentlichen Haushalte wie die Geldpolitik sollten an der Entwicklung des gesamtwirtschaftlichen Produktionspotentials orientiert sein.

### *1. Potentialorientierte Budgetpolitik und konjunkturneutraler Haushalt*

Wichtige Vorüberlegungen für die Konstruktion einer potentialorientierten öffentlichen Haushaltspolitik finden sich bereits in den Gutachten ab 1967. In ihrem Mittelpunkt steht das Konzept des sog. konjunkturneutralen Haushalts, der Orientierungsmaßstab für das Gesamtkonzept ist, indem er zwei Charakteristika zu erfüllen hat. Einmal sollten von ihm selbst keine Veränderungen im Auslastungsgrad des Produktionspotentials ausgehen, zum zweiten ist er ein Haushalt, von dem man annehmen kann, daß er hinsichtlich seiner Ausgaben-, Steuer- und Kreditfinanzierungsquoten der vom Staat für die Situation der Vollbeschäftigung festgelegten Haushaltsstruktur entspricht. Potentialorientierte Budgetpolitik heißt dann, ausgehend von diesem Haushalt Ausgaben und Einnahmen so zu steuern, daß das wachsende Produktionspotential möglichst stetig ausgelastet wird. Zunächst galt der öffentliche Haushalt (Staatsausgaben- und Staatseinnahmenquoten) von 1966 als optimal und damit als Basishaushalt, weil sich – lt. SVR – die Gesamtwirtschaft in diesem Jahr im Gleichgewicht befand. Seit 1979 werden die durchschnittliche Ausgaben-, Steuer- und Kreditfinanzierungsquote der Jahre 1966–1977 (ohne die Werte des Krisenjahres 1975) aufgrund anhaltender Kritik am SVR-Konzept hinzugezogen.

Das Konzept des SVR war für mehrere Jahre nicht nur in bezug auf Abweichungen des potentialorientierten vom konjunkturneutralen Haushalt offen. Auch mittelfristige Veränderungen der Staatsausgabenquote waren dem Rat nicht fremd. Eine erhöhte Staatsausgabenquote, wie sie seinerzeit diskutiert wurde, sollte nach Meinung des Rates dann jedoch konjunkturneutral finanziert werden. «Eine Änderung der Staatsquote ist konjunkturneutral, wenn den konjunkturellen Effekten, die von der Ausgabenseite ausgehen, gleich große, aber entgegengerichtete konjunkturelle Effekte, die von der Einnahmenseite ausgehen, gegenüberstehen.»[6] Dem fügte der Rat zwar sogleich hinzu, daß die Ausdehnung des öffentlichen Bereichs wohl auch nicht beliebig weit getrieben werden könne, doch wo die Grenzen hierfür liegen, meinte zunächst auch er nicht angeben zu können.

Ab 1975 verschob sich die SVR-Analyse anhand dieses Konzepts. Der Rat bezeichnete zwar den expansiven Haushalt dieses Jahres und die mit ihm verbundenen Defizite noch als konjunkturgerecht, zugleich versuchte er jedoch ausführlich zu begründen, daß die expansiven Impulse einer öffentlichen Nachfragepolitik ausgereizt seien. Da er sich von einer Wiederholung der konjunkturellen Impulse durch den Staat keine Rückkehr zur Vollbeschäftigung mehr versprach, wurden die Defizite, die bisher für den konjunkturellen Impuls gestanden hatten, fast vollständig zu strukturellen Defiziten erklärt. Der Rat schloß die Forderung an, diese Defizite konsequent abzubauen, den Staatshaushalt zu konsolidieren, wie der Vorgang seitdem auch genannt wird. Anders formuliert bedeutete das, der Staat solle die konjunkturellen Impulse der öffentlichen Haushalte schrittweise fast völlig beseitigen[7] und sich auf die sog. konjunkturbedingten Defizite, die zur Vermeidung von konjunkturschädlicher Parallelpolitik damals wie heute zugestanden werden, beschränken. Dieser Schwenk war insofern höchst bedeutsam, als der konjunkturneutrale Haushalt damit praktisch nicht mehr Orientierungsmaßstab für eine potentialorientierte Budgetpolitik war, sondern unabhängig vom Beschäftigungsstand selbst zum Ziel der Haushaltsplanung erhoben wurde. Als der Rat seiner Analyse dann auch noch den Aspekt hinzufügte, daß die Belastungsgrenzen der Volkswirtschaft hinsichtlich Steuern und Abgaben erreicht seien, war das einstmals offene Konzept des konjunkturneutralen Haushalts auch von dieser Seite gegen eine Erhöhung der Staatsausgabenquote abgeschottet. Diese Position des Rates ist für ihn bis heute in jeder Hinsicht bestimmend geblieben. Finanzpolitisch sind die Güter- und Arbeitsmärkte damit fast vollständig der Selbstregulierung überlassen.

Die Bundesregierung reagierte in der Frage der Regelbindung ihrer Haushaltspolitik zunächst mit gelassenem Interesse. Grundsätzlich merkte sie an, daß der SVR in seiner Kritik an einer diskretionären Konjunkturpolitik die Möglichkeiten prophylaktischen Handelns, die das Stabilitäts- und Wachstumsgesetz der Regierung seit 1967 biete, unterschätzen dürfte. 1971 machte sie insbesondere auf einige praktische Probleme der Berechnung eines konjunkturneutralen Haushalts aufmerksam (Probleme bei der Wahl des Basisjahres).

Auch dem Vorwurf des Rates, die Bundesregierung habe im Jahre 1972 der Preisstabilität keinen ausreichenden Rang beigemessen, trat sie geschickt entgegen. Die öffentlichen Haushalte seien in Übereinstimmung mit den Konjunkturanalysen des Rates gestaltet worden. Immerhin habe er im JG 1971/72 kaum Zweifel gehabt, daß der damalige konjunkturelle Abschwung in Unterauslastung der Produktionskapazitäten münden würde, daß selbst ein kumulativer Abschwung nicht auszuschließen war. Tatsächlich war es 1972 dann anders gekommen. Doch für eine auf Fehlprognosen des Rates basierende Politik wollte die Bundesregierung verständlicherweise nicht verantwortlich gemacht werden. Diese Stellungnahme der Bundesregierung macht zugleich deutlich, daß der Prognosebedarf und die Prognosefähigkeit des Rates trotz regelgebundener Konjunkturpolitik ein wunder Punkt für die Konjunkturpolitik geblieben war; ein Problem, das sich auch in der Folgezeit noch öfter offenbarte.[8]

Das Jahr 1975 markiert dann ganz offensichtlich auch für die Bundesregierung eine Wende. Unter dem Schock der Krise ringt sich die Bundesregierung zu einem Einschwenken auf die neue Linie des Rates durch. Sie konzediert nicht nur, daß man zu lange an stabilitätswidrigen festen Wechselkursen festgehalten habe. Plötzlich gilt auch: gestiegenen Anforderungen an den Staat habe keine ausreichende Reduktion der privaten Nachfrage entsprochen, es sei richtig gewesen, den Forderungen nach noch expansiverer Fiskalpolitik im Jahre 1975 zu widerstehen, die Lasten der Krise seien nach Lage der Dinge nicht vermeidbar gewesen, der Rat habe zu Recht auf die begrenzten Möglichkeiten zur Rezessionsbekämpfung hingewiesen, die Bundesregierung bekenne sich deshalb zu einer mehr mittelfristigen Orientierung der Wirtschaftspolitik, um Marktimpulse nicht zu lähmen, es bedürfe einer deutlichen Zunahme der Investitionen in der gewerblichen Wirtschaft, der öffentliche Sektor habe dem über eine verbesserte Haushaltsstruktur und verringerte Zuwachsraten der Ausgaben zu entsprechen. Die Bundesregierung entsprach den Empfehlungen des Rates tatsächlich. Bereits 1977 war der öffentliche Gesamthaushalt konsolidiert. Aber auch die Konjunktur lag nach nur kurzem Aufbäumen wieder darnieder. Selbst der Rat konnte nicht länger ausschließen, daß es Nachfrageprobleme gab, und sprach davon, daß sein Konzept eine Schlappe erlitten habe.[9] Gegen entsprechende Empfehlungen einer Mehrheit des Rates schaltete die Bundesregierung deshalb ab 1978 auf eine wieder expansivere Haushaltspolitik um. Der bald einsetzende konjunkturelle Aufschwung konnte sich aber gegen die Nachfrageentzugseffekte der zweiten Ölkrise wie die Belastungen einer rigoros auf Preisstabilisierung ausgerichteten Geldpolitik nicht lange halten. Die noch kaum überwundene Wirtschaftskrise verschärfte sich vor allem im Jahre 1982, nachdem die öffentlichen Haushalte nach anhaltendem Drängen des Rates wieder auf scharfen Konsolidierungskurs gingen. Orientiert an der Beseitigung der strukturellen Defizite, wurden diese zwar verringert, parallel dazu stiegen die konjunkturell bedingten aber im fast gleichen Ausmaß an. Es fällt schwer, hierin einen wesentlichen Erfolg zu sehen. Nachdem die sozialliberale Koalition im September 1982 wohl nicht zuletzt an der Diskussion um die weitere Konsolidierung der Haushalte zerbrach, erleben wir jetzt eine Wirtschaftspolitik, die sich noch konsequenter bemüht, die Vorschläge des Rates in die Wirklichkeit umzusetzen.

### 2. *Potentialorientierte Geldpolitik*

Es entsprach der ehemals herrschenden Lehre in der Geldtheorie, wenn SVR und Bundesbank für viele Jahre gemeinsam davon ausgingen, daß eine angemessene Steuerung der geldpolitischen Rahmenbedingungen des Wirtschaftsablaufs über die Beeinflussung der freien Liquiditätsreserven der Banken erfolgen könne und solle. Man durfte annehmen, daß die Wachstumsrate der Kredite und des Geldvolumens mit der Höhe dieser freien Liquiditätsreserven korrelierte. So plausibel diese Überlegung war, feste quantitative Zusammenhänge zwischen diesen Größen waren nicht zu erwarten. Es war diese Elastizität des Bankensystems, die insbesondere quantitätstheoretisch orientierte Geldpolitiker beunruhigte.[10]

Als der Rat im JG 1969/70 erstmals eine Regelbindung der Geldpolitik ins Auge faßte und davon sprach, daß das Geld- und Kreditangebot in Einklang mit dem Wachstum des Produktionspotentials gesteuert werden sollte, blieb zunächst offen, wie dies technisch zu realisieren sei. Ab 1972 begann der Rat gegen den Widerstand von C. Köhler[11] dann jedoch, sein neues Konzept zu konkretisieren. Mit Hilfe einer neuen mengenorientierten Ausrichtung der Offenmarkt-Politik schien es ihm möglich, die Menge des entstehenden Zentralbankgeldes an der Quelle zu kontrollieren. Zunächst stand dem freilich immer noch entgegen, daß die Bundesbank im Falle eines Zuflusses von Devisen verpflichtet war, diese zum herrschenden Wechselkurs aufzukaufen, und so quasi automatisch Zentralbankgeld zur Verfügung stellen mußte. Diese Situation änderte sich bekanntlich schlagartig, als die Interventionspflicht zugunsten des Dollar im März 1973 erlosch und nur noch gegenüber den Währungen einiger EG-Länder bestand. Die Bundesbank hatte selbst beobachtet, daß sich 1971 und 1972 der Zusammenhang zwischen den freien Liquiditätsreserven und der Kreditexpansion deutlich gelockert hatte. Sie erklärte dies damit, daß die Banken angesichts voll entwickelter nationaler und internationaler Geldmärkte die freien Liquiditätsreserven für eine unübliche weitere Ausdehnung der Kreditexpansion nutzten.[12] Die Konsequenz war drastisch. Im wesentlichen abgeschirmt gegen Devisenzuflüsse, schöpfte die Bundesbank die freien Liquiditätsreserven der Banken praktisch völlig ab und beseitigte so den Kreditschöpfungsspielraum der Banken. Fortan stellte sie für die weitere Kreditvergabe nur noch Zentralbankgeld in der von ihr gewünschten und bestimmbaren Menge zur Verfügung. Eine Mehrheit des Rates unterstützte den neuen Kurs der Bundesbank sogleich ohne Bedenken, denn eine potentialorientierte Steuerung der Zentralbankgeldmenge war möglich geworden. Einige technische Details der neuen Geldpolitik, in denen es zwar bis heute bei wenig gravierenden Auffassungsunterschieden geblieben ist, waren zwar noch zu klären; über das Prinzip aber herrschte sogleich hoher Konsens.

Es besteht seit etwa 1974 in der Regel, die um die Einflüsse von Mindestreservesatzänderungen bereinigte Zentralbankgeldmenge stetig gemäß der Entwicklung des Produktionspotentials unter zusätzlicher Berücksichtigung einer unvermeidlichen Steigerung des Preisindex des Bruttosozialprodukts wachsen zu lassen. Zum Konzept der potentialorientierten Geldpolitik gehört ferner, das auf der Basis der erwarteten Entwicklung des nominalen Produktionspotentials errechnete Ziel der Zentralbankgeldmengenentwicklung für ein Jahr im voraus anzukündigen, um die Wirtschaftssubjekte auf diese Weise über den Kurs der zu erwartenden Geldpolitik zu informieren. Mit der neuen Regel hofft man zweierlei bewirken zu können. Zum einen glaubt man, mit der stetigen Versorgung der Wirtschaft mit Geld auch eine stetige Entwicklung der Nachfrage zu gewährleisten, z. B. eine über das Produktionspotential hinausschießende Nachfrage tendenziell kappen, eine das Produktionspotential aber nicht voll nutzende Nachfrage tendenziell stimulieren zu können. Zum zweiten meint man, durch die Vorgabe einer bestimmten schrittweise zu reduzierenden unvermeidlichen Preissteigerungsrate die Volkswirtschaft aus einer Situation der Inflation auch schrittweise an eine niedrigere wünschenswerte Preissteigerungsrate heranführen zu können.

Bei der praktischen Anwendung der neuen Geldpolitik in den Jahren 1974/75 stand dieser antiinflationäre Aspekt zunächst im Vordergrund. Dabei zeigte sich sogleich, daß sich insbesondere aufgrund von Preisinflexibilitäten auf den Gütermärkten die Anpassung an ein verringertes Geldmengenwachstum weniger über einen Rückgang der Inflation denn über einen Rückgang der produzierten Mengen und der Beschäftigung vollziehen mußte. Bundesbank und Sachverständigenrat vertraten dagegen gemeinsam die Ansicht, daß es nicht an der Geldversorgung, sondern an ausreichender Flexibilität der Lohnpolitik gemangelt habe. Im Anschluß an die Rezession von 1975 bewies die Bundesbank dann jedoch, daß sie nicht bereit war, den neuen Regeln dogmatisch zu folgen. Beobachtend, daß die Preisstabilisierung durchaus weiter vorankam, ließ sie es zu, daß die Zentralbankgeldmenge in den Jahren 1976 und 1977 ein wenig, 1978 sogar deutlich schneller wuchs, als es der Zielgröße entsprach.[13] Kritik des Sachverständigenrats blieb natürlich nicht aus. Insbesondere 1978 aber konnte die Bundesbank ihr Verhalten mit einem guten Argument, das zuvor auch schon theoretisch abgeleitet worden war,[14] verteidigen. Die Bundesbank verwies darauf, daß es aufgrund der damaligen Dollar-Schwäche zu einer verstärkten internationalen Kassenhaltung von DM gekommen war. Solche exogenen Veränderungen der Geldnachfrage aber sind sinnvollerweise durch ein verstärktes Geldangebot auszugleichen, um unerwünschte Zinseffekte einer instabilen Geldnachfrage zu neutralisieren. Pragmatisch handelnd bügelte die Bundesbank auf diese Weise eine Schwäche des Konzepts der potentialorientierten Geldmengensteuerung, das Instabilitäten der Geldnachfragefunktion nicht systematisch berücksichtigt, aus. Als sich die Preissteigerungen im Zuge der Ölkrise von 1979/80 wieder beschleunigten, ging die Bundesbank umgehend wieder zu einer Politik geringen Geldmengenzuwachses über. Ja, sie demonstrierte vor allem 1981, daß sie willens war, die potentialorientierten Geldmengenregeln auch in kontraktiver Richtung zu verletzen. Amerikanische Hochzinspolitik und ein erhebliches Leistungsbilanzdefizit in der Bundesrepublik hatten die DM gegenüber dem Dollar stark abwerten lassen. Inflationäre Importpreissteigerungen waren die Folge. In dieser Situation zog es die Bundesbank vor, zwecks Stabilisierung des DM-Kurses eine außenwirtschaftsorientierte Zinspolitik zu betreiben, statt den binnenwirtschaftlichen konjunkturellen Erfordernissen gerecht zu werden. Bis auf ein Mitglied gehörte der SVR zu den wenigen, die sich zu einem klaren Votum für diese Politik der Bundesbank entschlossen.

Seit 1979 ist die Bundesbank dazu übergegangen, nicht mehr einen exakten Zielpfad, sondern einen Zielkorridor mit einer Spannbreite von 3 Prozentpunkten für die Geldmengenentwicklung vorzugeben. Das erlaubt ihr, neben der Potentialorientierung andere Aspekte bei der Geldmengenentwicklung zu berücksichtigen. Die Mitte dieses Zielkorridors stimmte bisher jedoch meist sehr genau mit den Vorstellungen des SVR über die anzustrebende Geldmengenentwicklung überein. In der neuen Methode der Bundesbank ist deshalb wohl eher eine Reaktion der Praxis auf ein inflexibles theoriegeleitetes Konzept zu sehen, als eine grundsätzliche Abkehr von der Idee einer potentialorientierten Geldmengenpolitik. Deren zentrale Problematik ist ihre mangelnde antizyklische Ausrichtung. Da die Schwankungen der Wirtschaftsaktivität von gleichgerichteten Veränderungen der Geldumlaufsgeschwindigkeit begleitet sind, bleibt für den in der Geldmengenregel enthaltenen Steuerungsautomatismus bestenfalls geringer Wirkungsspielraum.

## III. Von der Nachfrage- und Konjunkturpolitik zur Angebots- und Wachstumspolitik

Nachdem der Sachverständigenrat im Jahre 1975 der Idee einer private Nachfrageschwäche kompensierenden Fiskalpolitik für die Zukunft eine Absage erteilt hatte und auch die Geldpolitik von einer bewußten Antizyklik auf die Potentialorientierung eingeschwenkt war, stellte sich die Frage, woher der Anstoß für neue Wachstumsdynamik fortan würde kommen können. Trotz tief unterausgelasteter Kapazitäten und reduzierter konjunkturpolitischer Impulse setzte der Rat sogleich auf die Investitionen, die zuvor in der Krise von 1974/75 deutlich zurückgegangen waren. Sein Vorschlag war, durch sog. angebotsfördernde Maßnahmen die Ertragserwartungen und die Risikobereitschaft der Unternehmer zu verbessern, um sozusagen aus dem Stand einen längerfristigen Prozeß beschleunigter Kapitalakkumulation in Gang zu setzen. Nur auf diese vom Güterangebot ausgehende Weise der Wachstumsförderung schien ihm die Vollbeschäftigung wieder erreichbar zu sein.[15]

In den kommenden Jahren präzisierte der Rat seine Argumentation. Ähnlich wie damals stehen noch heute die folgenden Vorschläge im Raum: Die Staatsausgabenquote sei über eine Reduktion und schließliche Beseitigung der strukturellen Defizite bei gegebener Steuerquote abzusenken; die Struktur der Staatsausgaben sei zu Lasten konsumtiver und Transferausgaben in Richtung auf mehr investive Ausgaben zu verändern; die Steuern seien von den direkten Steuern, die auf der Einkommenserzielung lasten, auf die indirekten Steuern, die den Konsum treffen, teilweise zu verlagern; vor allem müßten die Gewinnsteuern vermindert werden; dabei seien speziell die sog. ertragsunabhängigen Steuern (Gewerbesteuer, Vermögenssteuer) abzubauen; staatliche Regulierungen der Wirtschaftstätigkeit seien zu reduzieren; der Reallohnanstieg müsse hinter dem Produktivitätszuwachs zurückbleiben; eine straffe Geldpolitik habe die Kosten- und Preiserwartungen der Investoren zu verstetigen.[16]

Die Reaktion der Bundesregierung auf den Entwurf einer neuen angebotsorientierten Politik war sogleich von so hoher Zustimmung getragen, daß die Vermutung naheliegt, der SVR habe mehr oder minder die Vorstellungen der Regierung selbst artikuliert.[17] Lange Passagen der grundlegenden Ausführungen des Rates aus dem JG 1976/77 zustimmend zitierend, kündigte die Bundesregierung im Jahreswirtschaftsbericht 1977 nicht nur die weitere Konsolidierung der Staatsfinanzen, sondern auch umgehend Steuererleichterungen für die Unternehmen an. Den Worten folgten auch Taten. Bereits für 1981 läßt sich feststellen, daß die Steuer- und Gesamtabgabenquote gegenüber 1977 erkennbar abgesunken ist, der Anteil der indirekten Steuern dabei zugenommen hat und der Anteil der Steuern auf Unternehmens- und Vermögenseinkommen zu Lasten eines stark steigenden Lohnsteueraufkommens zurückgegangen ist.[18] Die sog. Operation '82 im September 1981, die sog. Gemeinschaftsinitiative vom Februar 1982 wie vor allem die Maßnahmen der neuen Koalition von CDU/CSU/FDP setzten weitere angebotspolitische Akzente. Auch die Lohnpolitik, ob gewollt oder ungewollt, ist seit längerer Zeit auf dem von SVR und Regierung favorisierten Kurs, und der Geldpolitik kann man ab 1979 alles andere denn Laschheit vorwerfen.

Die Verbesserung der Angebotsbedingungen einerseits ist so augenscheinlich wie die Verschlechterung der ökonomischen Lage andererseits. Ist nicht genug Angebotspolitik betrieben worden? Gab es andere die Angebotspolitik unterminierende Maßnahmen? Ist die zur Zeit erkennbare Belebung von Nachfrage und Produktion schließlich ein später Erfolg der Angebotspolitik? Wer argumentiert, daß die Angebotspolitik noch betonter hätte vorgehen müssen, begeht einen logischen Fehlschluß. Die Theorie der Angebotspolitik argumentiert nicht mit einem Schwellenwert, der ihren Erfolg erst sichert, sondern steht in der Tradition des Marginalismus. Jede Verbesserung der Angebotsbedingungen hätte gemäß dieser Theorie auch eine Verbesserung der ökonomischen Lage bringen müssen. Mit Bezug auf die zweite Frage hat der Rat festgestellt, daß die von 1978 bis 1981 angestiegenen Haushaltsdefizite der Angebotspolitik viel von ihrer Wirkung genommen hätten. Eine Verbesserung der Angebotsbedingungen konnte also auch er nicht voll negieren. Zudem hat sich gezeigt, daß die expansive Haushaltspolitik ab Mitte 1978 zu einem Aufschwung beigetragen hat, solange die Geldpolitik noch nicht in Konflikt zu ihr stand. Was schließlich die jüngste Erholung von Nachfrage und Produktion anbelangt, so muß diese sehr weitgehend, wenn nicht gar völlig Resten von Nachfragepolitik, die auch in der Bundesrepublik noch existieren, zugeschrieben werden. Das gilt für die durch Zins-, Vermögens- und Nachholeffekte belebte Nachfrage nach langlebigen Gebrauchsgütern wie für die zusätzlich durch ein Sonderprogramm stimulierte Wohnungsbaunachfrage. Zwar sind auch die Unternehmensinvestitionen angestiegen, im wesentlichen aber wohl aufgrund eines kurzfristigen Effekts, dem Auslaufen der Investitionszulage am Jahresende 1982. Faßbare expansive Erfolge hat die Angebotspolitik also nicht vorzuweisen. Ihr «Erfolg» besteht bisher nur darin, zu einer enormen Nachfrage-, Einkommens- und Beschäftigungslücke beigetragen zu haben, die für die Zukunft, falls es trotz allem gelingt, zu einem Wirtschaftsaufschwung zu gelangen, erheblichen Spielraum für ein längerfristig verstärktes Wachstum des Produktionspotentials und der Gewinne bietet.

## IV. Einige Schlußfolgerungen

Das Verhältnis zwischen den staatlichen Institutionen und dem SVR hat sich entscheidend gewandelt. Fungierte der Rat in den Anfangsjahren seiner Tätigkeit als eine kritisch-wissenschaftliche Instanz, die im Interesse der Öffentlichkeit den Staat zu verstärktem politischem Handeln herausforderte, so ergänzen sich beide Institutionen jetzt prinzipiell darin, von breiten Teilen der Allgemeinheit Opfer und mehr Selbstverantwortung zu verlangen. Zwar unterlag im Prozeß dieser Annäherung auch staatliches Handeln meist der Kritik des Rates, dies jedoch vor allem dann, wenn es darauf ausgerichtet war, eine vermeintlich nicht tragbare Verantwortung gegenüber der Öffentlichkeit zu übernehmen. Das machte es dem Staat leicht, diese Kritik zu aktzeptieren und die Steuerung des Wirtschaftsprozesses verstärkt den Marktkräften zu überlassen. Im Vordergrund seines Handelns steht inzwischen die Erfüllung von ökonomischen Regeln als Zwischenzielen, nicht mehr die Erreichung der ökonomischen Ziele selbst, und die Förderung des privaten Unternehmertums. Seine Handlungsregeln sind zwar der Idee nach immer so ausgelegt, staatliches ökonomisches Handeln nicht selbst zu einem destabilisierenden Faktor für die Marktprozesse werden zu lassen, der Keynessche Grundgedanke, daß der Staat Mängel der Marktsteuerung zu kompensieren habe, ist jedoch ersatzlos ad acta gelegt. Diese Entwicklung war keineswegs folgerichtig. Denn die Erkenntnis, daß keynesianische Wirtschaftspolitik in ihrer Funktionsfähigkeit zeitweilig eingeschränkt sein kann und Vollbeschäftigung und Preisstabilität auf Dauer nicht gleichzeitig zu garantieren vermag, legt nicht die prinzipielle Rückbesinnung auf den kapitalistisch strukturierten Markt, sondern die Frage nahe, was am Keynesschen Modell der Wirtschaftspolitik selbst unvollkommen blieb. Die Idee der Konzertierten Aktion wies in die richtige Richtung, indem sie das Problem aufgriff, wie sich gegensätzliche ökonomische Interessen stabilitätsgerecht kompatibel machen lassen. Wenn sie scheiterte, dann wohl deshalb, weil diese Form der Beteiligung der Arbeitnehmer an ökonomischen Entscheidungen nicht weit genug ging und die möglichen Ergebnisse dieser Beteiligung nicht deren Präferenzen entsprach. Statt jedoch auf eine stärkere Beteiligung der Arbeitnehmer und Gewerkschaften an der Gestaltung ökonomischer Abläufe und auf diese Weise auf eine wachsende Mitverantwortung für diese Prozesse zu setzen, wird zunehmend für ihre Unterwerfung unter ein spezifisches Lösungsmodell plädiert. Es sieht vor, unter Ausbau unternehmerischer Entscheidungsbefugnisse bei im wesentlichen unveränderter Arbeitszeit die Lösung der ökonomischen Probleme allein über Wirtschaftswachstum zu suchen. Dieses Modell findet viel Zustimmung. Doch seine Funktionsvoraussetzungen sind schlecht. Es wäre zu hoffen, daß es einer kritischen wissenschaftlichen Öffentlichkeit gelingt, die Kritik an diesem Modell wachzuhalten.

# Anmerkungen

* Für Unterstützung und hilfreiche Hinweise danke ich R. Henschel, D. Hockel und H. Markmann.

1 Vgl. etwa R. Molitor (Hg.), Zehn Jahre Sachverständigenrat, Frankfurt 1973; H. G. Fabritius, Konjunkturtheoretische Vorstellungen des Sachverständigenrats zur Begutachtung der gesamtwirtschaftlichen Entwicklung, Berlin 1975; H.-P. Spahn, Die Stabilitätspolitik des Sachverständigenrats, Frankfurt 1979, und W. Meißner, Die Lehre der fünf Weisen, Köln 1980, sowie die dort jeweils zitierte Literatur.

2 Vgl. O. Sievert, Die wirtschaftspolitische Beratung in der Bundesrepublik Deutschland, in: H. K. Schneider (Hg.), Grundsatzprobleme wirtschaftspolitischer Beratung, Schriften des Vereins für Socialpolitik, N. F. Band 49, Berlin 1968, S. 37.

3 Vgl. Verhandlungen des Deutschen Bundestages, 5. Wahlperiode, 22. Sitzung.

4 Vgl. M. Kern, Konzertierte Aktion als Versuch einer Verhaltensabstimmung zwischen Regierung und Wirtschaftsverbänden, Köln 1978, S. 68ff, und R. Seitenzahl, Einkommenspolitik durch Konzertierte Aktion und Orientierungsdaten, Köln 1974, S. 166/167.

5 Vgl. J. Tinbergen, On the Theory of Economic Policy, Amsterdam 1952, und J. Tinbergen, Wirtschaftspolitik, Freiburg 1968, S. 192–194.

6 JG 1970/71, Ziff. 324, 325.

7 Konjunktureller Impuls = Strukturelles Defizit + arbeitslosigkeitsbedingte Zuschüsse des Bundes.

8 Vgl. Ch. C. Roberts, Konjunkturprognosen und Wirtschaftspolitik, Köln 1981.

9 JG 1977/78, Ziff. 335.

10 JG 1972/73, Ziff. 401.

11 Vgl. JG 1972/73, Ziff. 430–436.

12 Vgl. Geschäftsbericht der Deutschen Bundesbank für das Jahr 1972, S. 11f und für das Jahr 1973, S. 3f.

13 Geschäftsbericht der Deutschen Bundesbank für das Jahr 1977, S. 21 und für das Jahr 1978, S. 28.

14 Vgl. W. Poole, Optimal Choice of Monetary Policy Instruments in a Simple Stochastic Macro Model, in: Quarterly Journal of Economics, Vol. 84, 1970, S. 197f.

15 JG 1975/76, Ziff. 296f; JG 1976/77, Ziff. 309f.

16 JG 1981/82, Ziff. 300f; JG 1982/83, Ziff. 217f.

17 Vgl. zum Verhältnis von Politik und Theorienbildung allgemeiner H. P. Spahn, a. a. O., S. 187f.

18 Vgl. Monatsbericht der Deutschen Bundesbank, 1982, Heft 8, S. 26.

*Jürgen Hoffmann*

# Eine «natürliche» Allianz

## Der Sachverständigenrat und die Sache der Unternehmer

> Die Mitglieder des Sachverständigenrats dürfen «nicht Repräsentant eines Wirtschaftsverbandes oder einer Organisation der Arbeitgeber oder Arbeitnehmer sein oder zu diesen in einem Dienstverhältnis stehen» (aus § 1 Abs. 3 des Gesetzes über die Bildung eines Sachverständigenrats ...).
>
> Der Sachverständigenrat soll «untersuchen, wie im Rahmen der marktwirtschaftlichen Ordnung gleichzeitig Stabilität des Preisniveaus, hoher Beschäftigungsstand und außenwirtschaftliches Gleichgewicht bei stetigem und angemessenem Wachstum gewährleistet werden können» (ebd., § 2).

1.

Die beiden Zitate grenzen unser Thema ein. Es geht hier *nicht* um die Untersuchung des personellen und/oder professionellen Hintergrundes der jeweiligen Mitglieder des Rats. Es geht vielmehr jenseits einer solchen einflußtheoretischen Untersuchung um Überlegungen zum wissenschaftlichen Hintergrund des Sachverständigenrats und einer daraus resultierenden Interessenorientierung. Und dafür ist das zweite o. a. Zitat wichtig: Denn die Aufgabenstellung *«im Rahmen der marktwirtschaftlichen Ordnung»* setzt nicht nur in der Realität der Politik bestimmte «Systemgrenzen», sondern auch dem darauf bezogenen Sachverstand und seinen Erkenntniszielen. Inwieweit aber auch noch durch eine extrem enge Interpretation dieses «Rahmens» mögliche Alternativen verbaut werden, soll darüber hinaus diskutiert werden.

Wenn hier gleich zu Anfang die Banalität vom «marktwirtschaftlichen Rahmen» betont wird, dann deshalb, weil wir ja nach Formen der Interesseninteraktion im Zusammenhang mit den Gutachten des Sachverständigenrats fragen müssen und weil durch den Rahmen der marktwirtschaftlichen Ordnung die Formen und Möglichkeiten der Interesseninteraktion sehr unterschiedlich verteilt sind. Dies soll im folgenden kurz vorab dargestellt werden.

Gemeinhin werden Interessen durch Verbände, die bestimmte

Gruppen der Bevölkerung zusammenfassen, gegenüber dem politischen System (i. e. S.) artikuliert. Bestimmte *Forderungen* sollen in der Politik Berücksichtigung finden, politisch zugunsten der fordernden Gruppe umgesetzt werden. Diese Vorstellung impliziert *dreierlei*: (1.) daß nahezu alle Interessen mehr oder weniger *gleichrangig* sind und der Form nach von gleichartiger Qualität – ein Punkt, der neuerdings besonders in der «Korporatismus-Diskussion» in Zweifel gezogen wird; (2.) daß Interessen wesentlich über diesen *«intermediären»* Kanal (also via Politik) in der Gesellschaft durchgesetzt werden. Aus dieser Vorstellung folgt dann (3.), daß durch eine Untersuchung besonderer *Einflußpotentiale* bereits Aufschluß über die Macht- und Herrschaftsverhältnisse in der Gesellschaft zu erlangen ist, Herrschaftsbeziehungen wesentlich politische Beziehungen sind.

Demgegenüber sei hier der besonders in der neueren kritischen Staatsdiskussion herausgearbeitete Zusammenhang betont, in dem die Besonderheit der Herrschaftsbeziehungen in der bürgerlichen Gesellschaft ja gerade in der Doppelung von Herrschaft durch die Trennung von Ökonomie (Gesellschaft) – als Ort der *sozialen* Herrschaft – und Politik – als Ort der *politischen* Herrschaft *gegenüber* der Gesellschaft – herausgearbeitet wurde.[1] Daraus folgt aber, daß bestimmte Interessenartikulationen nicht erst den Umweg über die Politik nehmen müssen, während andere auf diesen Umweg angewiesen sind. Bezogen auf unser Problem: Wenn gefragt wird, inwieweit eine Institution des politischen Systems wie der Sachverständigenrat bestimmte Interessen – hier der Unternehmer – aufnimmt, so müssen wir uns zunächst fragen, welche Qualität diese Interessen haben, welcher Form sie bedürfen, um effektiv durchgesetzt zu werden. Gerade Unternehmerinteressen in der Ökonomie werden ja zunächst immanent (im ökonomischen System selbst) virulent und im Rahmen der durch das Institut des Privateigentums an Produktionsmitteln garantierten *sozialen Herrschaft* durchgesetzt – als *sachliche Zwänge* («der Druck der Konkurrenz zwingt zur Rationalisierung ...», «die Lohnkosten fressen die Arbeitsplätze ...» usw.). Dagegen befinden sich die Gewerkschaften als Organisationen der «sozial Beherrschaften» in einer völlig anderen Position: Sie müssen ja *Forderungen* entlang von *Lebens-* und *Arbeits*bedürfnissen gegen das «sachlich Gegebene» artikulieren und durchzusetzen versuchen. Diese qualitativ andersartige Artikulationsstruktur zeigt sich nochmals im Verhältnis zur Politik: Claus Offe hat dies im Anschluß an Arbeiten von A. O. Hirschman folgendermaßen zusammengefaßt: Während Gewerkschaften der Logik des *Forderns* folgen (müssen) und dieses Fordern mit der Androhung von verbandlichen Sanktionsmaßnahmen verbinden, um überhaupt gehört zu werden, fordern Unternehmer(verbände) «nichts von der Regierung, sondern allenfalls ‹fordern› sie die Regierung ‹auf›, von sich aus etwas zu tun (oder häufiger: zu *unterlassen*); dabei spielen die hiervon berührten Interessen und deren explizite Legitimation so gut wie niemals eine Rolle; statt dessen beziehen sich die verbandspolitischen Äußerungen nicht auf Ansprüche, sondern auf ökonomische und rechtliche *Gegebenheiten* (die internationale Konkurrenz, bestehende Rechtsgarantien usw.)» (Offe 1979, S. 82; vgl. auch Hirschman 1974). Dies ist aber exakt die Bezugsebene des Sachverständigenrats «zur Begutachtung der gesamtwirtschaftlichen Entwicklung»: die «gegebenen», durch das Wirken der Marktkräfte gesetzten Verhältnisse darzustellen, zu analysieren und daraus mögliche wirtschafts- und sozialpolitische Maßnahmen abzuleiten, zu «empfehlen», stellt sich ihm als gesetzliche Aufgabe. Sieht man einmal von einzelunternehmerischen Interessen ab – und der Rat muß aufgrund seines gesamtwirtschaftlichen Bezugs davon absehen –, dann ist die *«Sache» des Rats* die *«Sache» der Unternehmer*: die gegebene marktwirtschaftliche Ordnung zu effektivieren.

2.

Sehen wir uns die vom Rat zu untersuchenden «ökonomischen Gegebenheiten» näher an. Für den Unternehmer stellt sich der Gewinn banal als *Residuum* dar, als das, was «übrig»bleibt, wenn vom Erlös die Kosten abgezogen sind. Seine Handlungsmaxime leitet sich daraus ab: die Kosten minimieren, die Erlöse maximieren! Und das Residuum ist – von Kreditaufnahmen zunächst einmal abstrahiert – wiederum der Fonds, der seine Nettoinvestitionen finanzieren muß. Ob diese Investition auch tatsächlich getätigt wird, hängt allerdings von der zu erwartenden Rentabilität dieser Investition ab – d. h., der zukünftige Gewinn wird auf die Kosten bezogen, die vorzuschießen sind, um diesen Gewinn zu erwirtschaften. Wirtschaftswachstum, Arbeitsplätze, Einkommen und indirekt auch das Steueraufkommen des Staates sind so von unternehmerischen (einzelwirtschaftlichen) Kalkülen abhängig, deren Schlüsselgröße die *Rentabilität* (oder die «Profitrate») ist. Stellt man die daraus sich ergebenden Kreislaufbeziehungen auf der Ebene der Gesamtwirtschaft in Rechnung (vgl. dazu Altvater u. a. 1980, S. 40ff, Semmler 1977, S. 157ff), dann wird sich ein Sachverständigenrat zur Begutachtung der gesamtwirtschaftlichen Entwicklung im Rahmen der marktwirtschaftlichen Ordnung nolens volens die Bestimmungsgründe dieser einzelwirtschaftlichen Kalküle zu eigen machen müssen – egal, ob die jeweiligen Mitglieder sich als «unternehmer-» oder «gewerkschaftsnah» verstehen. Er muß also, wenn er seinem gesetzlichen Auftrag gerecht werden will, nach Bedingungen suchen, die die Schlüsselgröße wirtschaftlicher Entwicklung, die Rentabilität der Investitionen, zugunsten der wirtschaftspolitisch gesetzten Aufgaben verändert, verbessert.

Dieser Zusammenhang einmal vorausgesetzt, ist die Förderung der Bedingungen von Produktion und Realisierung des Profits «sachlich» vorgegeben. Nur: dieser Zusammenhang ist eben nur deshalb so beschaffen, weil die marktwirtschaftliche Ordnung die «privat-dezentrale» Produktionsweise, i. e. die kapitalistische, zur Voraussetzung hat – d. h. mit anderen Worten, daß die «Sachen», von denen in der Folge zu reden sein wird, *gesellschaftliche* und keineswegs naturgegebene Verhältnisse sind.

Wenn bereits der «sachliche» Zusammenhang für die Förderung von existentiellen Interessen der Unternehmer spricht – welche Rolle können dann noch die Gewerkschaften und der Staat in diesem Spiel spielen? Der *Staat* «liefert» zwar den Unternehmen als «Rechtsstaat» die Garantie der allgemeinen Verkehrsverhältnisse (z. B. die rechtliche Absicherung des Privateigentums an Produktionsmitteln), darüber hinaus sichert er die Qualifikation der Arbeitskräfte für die Produktion und die allgemeinen materiellen Produktionsvoraussetzungen (Infrastruktur etc.). Und die *Gewerkschaften* sichern – so scheint es – die *Nachfrage* nach den produzierten Waren durch ihre Tarifpolitik.[2] Trotzdem müssen die Forderungen von Staat (via Steuern) und Gewerkschaften (via Lohnforderungen) von den *einzelnen* Unternehmern zumindest kurzfristig als störend bzw. zerstörerisch empfunden werden, zumal dann, wenn der Staat über seine im Sinne der Unternehmer notwendigen Ausgaben hinaus auch noch den Sozialstaat «ins Kraut schießen» läßt (im Sinne unproduktiver Ausgaben) und Lohnforderungen nur zum Teil und nur gegenüber einem Teil der Unternehmen sich als nachfragewirksam auswirken. Beide Forderungen bedeuten für den einzelnen Unternehmer in erster Linie *Kosten*(erhöhungen) und drücken damit auf die Rentabilität. An der Beurteilung der jeweiligen Gewichte von Angebots- und Nachfragefaktoren im Kreislaufzusammenhang scheiden sich allerdings die Geister – hier: die Theorien. Während *«keynesianische»* Theorien die Kreislaufgleichungen von der Nachfrage her lesen und damit die sozialstaatlichen Interessen und die Lohninteressen mit dem Interesse der Unternehmen an Profit «versöhnen», lesen klassische und neoklassische Theorien die Kreislaufgleichung eher von der *Angebotsseite* her und betonen die Produktionsbedingungen von Profit – sie müssen sich damit natürlich in Gegensatz zu den Lohnforderungen der Gewerkschaften und den Forderungen nach einer Erhöhung des Staatsanteils setzen – beides beschneidet ja den Profit und die Rentabilität in der Produktion.

Ist der Sachverständigenrat schon deshalb allein «unternehmernah», weil er – mit Unterbrechung gegen Ende der sechziger Jahre – letztere Theorievariante bevorzugt? Zumindest spricht ja dagegen, daß auch keynesianische Varianten nicht den Profit abschaffen, sondern ihn mit Hilfe der Durchsetzung der Interessen des Sozialstaats und der Gewerkschaften stabilisieren und erhöhen wollen. Der «Umschwung vom Keynesianismus zum Monetarismus» erfolgt m. E. zu Beginn der siebziger Jahre *nicht* primär aufgrund einer besonderen Einflußnahme von Unternehmerverbänden (im Verein mit der Bundesbank), weil eher Unternehmerinteressen durch monetaristische Stabilitätspolitik hätten gewährleistet werden können. Vielmehr erweist sich das keynesianische Konzept der Konjunktursteuerung in einer bestimmten Phase der mittel- und langfristigen Entwicklung der Ökonomie und der sozialen Beziehungen als «im Rahmen der marktwirtschaftlichen Ordnung» nicht mehr effektiv genug:

Wenn man nämlich von einer privat-dezentralen Produktionsweise ausgeht, dann ist der *Ort* in der Ökonomie, an dem die gesellschaftlichen Proportionalitäten der Produktion und der Bedürfnisse sich herstellen, *der Markt*, und das «gesellschaftlich notwendige Maß» wird nicht zuletzt in der *Krisenperiode* gewaltsam über den Markt hergestellt. Die keynesianische Politik aber konnte (zumindest in der durchgeführten Form!) die Interessen der Unternehmer, der Gewerkschaften und des Staates nur noch dadurch in Übereinstimmung halten, daß gesamtwirtschaftlich «notwendige» Bereinigungen von Produktions- und Strukturdefiziten (bis hin – aber dies nicht nur allein!! – zur Struktur und Höhe der Einkommen) durch staatsinterventionistische Maßnahmen verhindert bzw. via Inflation aufgeschoben wurden – mit der Folge von gesamtwirtschaftlichen Instabilitäten («Stagflation»); Instabilitäten allerdings, die ihre *Ursache* in der mittel- und langfristigen *zyklischen* Entwicklung der kapitalistischen Produktionsweise in der Bundesrepublik haben (vgl. Altvater u. a., 1980)! Daß dieser Umschwung der Politik den Interessen «der» Unternehmer (als gesamtgesellschaftlicher Größe!) entsprach, ist so wahr wie auch offensichtlich ist, daß die *einzelnen*, von der Krise und z. B. dem Nachfrageausfall von seiten des Staates betroffene Unternehmen diesem Umschwung nicht viel abgewinnen konnten.

Die Sachverständigen dokumentieren m. E. in dem Umschwung in ihrer theoretischen Grundorientierung auch die veränderte Problemlage, wie sie sich gesamtwirtschaftlich nach 1969/70 darstellt, und vertreten – indem sie die Systembedingungen analysieren – damit auch allgemeine Interessen der Unternehmer – nämlich der Unternehmer als «Funktionären» des Kapitals. Wir werden auf die Implikationen der dann eingenommenen theoretischen Position unten eingehen. Zunächst noch soviel: Die Analyse der «ökonomischen Gegebenheiten» und die Schlußfolgerungen daraus binden den Sachverständigenrat «im Rahmen der gesamtwirtschaftlichen Ordnung» an allgemeine Interessen der Unternehmer, weil *diese* Interessen *konstitutiv* (Schlüsselgrößen) sind für die im Gesetz festgelegten Ziele des Rats. Mehr noch: Diese Ziele sind im vorgegebenen Rahmen mittelbar auch allgemeine Interessen der Arbeitnehmer, weil nur vermittelst der unternehmerischen Investitionstätigkeit Arbeitsplätze geschaffen und Einkommen wie auch die Finanzierung sozialstaatlicher Ausgaben gesichert werden. Dagegen spricht auch nicht die Tatsache, daß gerade seit der Krise 1975 durch die investive Verwendung des Profits Arbeitsplätze und Einkommen vernichtet werden. Vielmehr zeigt sich hier nur die *system*bedingte ungleichgewichtete Verteilung des Risikos in der Produktion aufgrund der *Autonomie der Unternehmen* bzw. des unternehmerischen Kalküls. Denn die Unternehmer, als «Inhaber» der Schlüsselgrößen für Wirtschaftswachstum und hohes Beschäftigungsniveau, sind auch fremdbestimmt über den stummen Zwang der Markt-Verhältnisse; sie sind nicht nur in ihrer Ideologie (vgl. dazu Abromeit 1981), sondern tatsächlich *Sach*walter der «Sachgesetze» der Ökonomie, die die Rationalität der Ökonomie gegen die Irrationalitäten der sozialen und politischen Anforderungen meinen verteidigen zu müssen. Daß Unternehmer dabei vergessen, daß ihre Sachgesetze *gesellschaftliche* Verhältnisse widerspiegeln, ist verstandlich. Daß die Sachverständigen gleichwohl die Sachlichkeit ihres Untersuchungsgegenstands unablässig betonen, setzt sie dem Ideologieverdacht aus. Denn schließlich treten *sie* im Namen der Wissenschaft auf, die diese Verhältnisse dechiffrieren sollte.

3.

Im Rahmen der hier skizzierten «Systemgrenze» sachverständiger Erkenntnis kann darüber hinaus bereits durch die Wahl des theoretischen Paradigmas eine Vorentscheidung zugunsten bestimmter gesellschaftlicher Interessen gefallen sein; die strukturell vorgebene Ungleichverteilung der Lebenschancen in der Gesellschaft kann durch politische Maßnahmen durchaus abgemildert, aber auch verschärft werden. Dabei wird es uns zunächst darum gehen, darzustellen, daß schon durch das Auseinanderreißen des *ökonomisch*-sachlich «Gegebenen» und der *sozialen* Interessengegensätze die strukturelle Bevorteilung der Unternehmerinteressen in der Gesellschaft auch analytisch in den Gutachten festgeschrieben (und somit «sachlich» gerechtfertigt) wird.

Daß die politischen Aktionen von (Sozial-)Staat und Gewerkschaften das «sachlich Gebotene» aus der Sicht des einzelnen Unternehmers stören bzw. verhindern, wurde oben schon herausgestellt. Seine *Reaktions*möglichkeiten beschränken sich nun nicht nur auf das Auf-Fordern politischer Instanzen, das sachlich Gebotene durchzuführen (Stabilitätspolitik, Disziplinierung der Gewerkschaften etc.). Zunächst wird er vielmehr immanent ökonomisch reagieren: durch den Versuch, die gestiegenen Kosten auf die Preise überzuwälzen. Wie wird dieser Prozeß von dem Sachverständigenrat analysiert?

*1. Möglichkeit:* Den Unternehmern *gelingt* die Überwälzung der Kosten auf die Preise. «Die» Kosten sind in den Gutachten zunächst wesentlich *Lohn*kosten und *Steuern*, denn beide (s. u.) sind ja auch *politisch* und *sozial variabel*, anspruchsbedingt etc., während die anderen Kostenkomponenten mehr oder weniger *markt*vermittelt *erzwungen*, daher fix sind (z. B.: der «notwendige» Kapitaleinsatz pro Arbeitsplatz). Es liegt daher auf der Hand, die Ursachen der Inflation zu einem wesentlichen Teil den gestiegenen Lohnkosten und den erhöhten Staatsausgaben in die Schuhe zu schieben, während der Versuch der Unternehmer, ihre Profitrate durch Preiserhöhungen zu halten, dann sich nur als sachlich gebotene Abwehr solcherart erhöhter Ansprüche darstellt. Im «inflationären Gerangel» zwischen Staat, Gewerkschaften und Unternehmen sind die Karten damit verteilt: Der Schwarze Peter liegt allemal bei den außerökonomischen Instanzen Staat und Gewerkschaften, die (im Sinne der monetaristischen Theorie) von außen die Ökonomie «schockieren» («exogene Schocks»). Die Unternehmer dagegen als Funktionäre des Kapitals handeln nur sachgerecht, wenn sie «parieren»: «Zum selben Zeitpunkt, als der Staat sich anschickte, die Staatsquote zu erhöhen, traten die Arbeitnehmer zur Expansion ihres eigenen Anteils an und trieben die Zuwachsrate des Tariflohnniveaus hinauf. (...) Die Unternehmen versuchten ihre Ansprüche zu verteidigen (!), gegen beide Seiten, gegen erhöhte Forderungen des Staates und gegen erhöhte Forderungen der Beschäftigten. Sie wehrten (!) sich in der ihnen eigenen Form; sie erhöhten die Preise» (JG 1975, Ziff. 290). Zusammengefaßt wird dies unter dem Stichwort «Inflationärer Verteilungskonflikt».

*2. Möglichkeit:* Die Überwälzung der Kosten in die Preise *gelingt nicht*! Die Karten bleiben wie oben dargestellt verteilt: «Lohnsteigerungen, die weit über den in der Wirtschaft erzielbaren Produktivitätsfortschritt hinausgingen, wurden mit Preissteigerungen pariert ...» – als ob Unternehmen nicht auch dann Preiserhöhungsspielräume nutzen würden, wenn die Lohnsteigerungen unter der Rate des Produktivitätsfortschritts liegen – «... Daß die Abwehrversuche (!) der Unternehmen nicht voll gelangen und diese Terrain preisgeben mußten, brachte außer Verlusten an Stabilität ...» – weil die Kosten nicht überwälzt werden konnten?? – «... zunehmende Beschäftigungsrisiken ...» (JG 1975, Ziff. 64). Davon ausgehend bastelt dann der Rat in diesem und in den folgenden Gutachten seine Theorie der *Mindestlohnarbeitslosigkeit* zusammen, die letztlich nicht nur die Politik, sondern auch den Rat selbst von jedweden Legitimationsproblemen bezüglich der Arbeitslosigkeit entlastet und diejenigen mit dieser Verantwortung betraut, die ohnehin schon im Sumpf der Arbeitslosigkeit stecken.

Die Unternehmer jedenfalls handeln marktgerecht und damit entlang dem sachlich Gebotenen, weil sie ja nur die «überhöhten Ansprüche» (auf den Maßstab dieser Messung kommen wir noch zurück) von Staat und Gewerkschaften *konter*karieren. Sie bewahren die Schlüsselrolle des Profits, und wenn sie schon ihre Ansprüche (an eine bestimmte erwartete Höhe der in den Preisen kalkulierten Profitrate) nicht durchsetzen können, dann sind Beschäftigungsrisiken die Folge. Mit anderen Worten: Die Höhe des Lohns muß sich nach der für notwendig erachteten Profitrate richten, nicht umgekehrt.

An diesem Beispiel sollte lediglich demonstriert werden, wie der wissenschaftliche Anspruch des Sachverständigenrats «im Rahmen der marktwirtschaftlichen Ordnung» strukturbedingt Interessenidentitaten schafft, weil eben die Stellung der Unternehmer im Felde der «Interesseninteraktion» eine strukturell andere ist als die des Staates und die der Gewerkschaften: Während die Unternehmer selbst die Rahmenbedingungen der Interesseninteraktion setzen (allerdings nicht aus «freiem Willen», sondern marktvermittelt erzwungen), können sich Staat und Gewerkschaften den Resultaten unternehmerischen Handelns nicht entziehen; zwar können sie Ansprüche gegenüber den Produktionsergebnissen formulieren, müssen dann aber immer einkalkulieren, daß sie ihre eigene materielle Basis (die finanziellen Ressourcen des Staates, die Arbeitsplätze und Einkommen der beschäftigten Arbeitnehmer) gefährden.

Allerdings: Hinzu kommt nicht zuletzt, daß auch *unabhängig* von den Anforderungen durch Staat und Gewerkschaften diese materiellen Ressourcen durch die zyklische Verlaufsform der kapitalistischen Reproduktion gefährdet werden, ein Faktum, das den Sachverständigen mit ihrer Theorie der Mindestlohnarbeitslosigkeit gar nicht in den

Blick gerät und erst in den Jahresgutachten 1981 ff – angesichts der unübersehbaren weltwirtschaftlichen Stagnationsphase – zögernd angegangen wird. Die These von der «Mindestlohnarbeitslosigkeit» ist jedenfalls eine *extrem enge* – um nicht zu sagen bornierte – Auslegung marktwirtschaftlicher Gegebenheiten und taugt als *Krisen*erklärung schon gar nicht, erklärt sie doch alle anderen Kosten als für das Beschäftigungsproblem irrelevant bzw. zumindest zu fixen Größen, denen sich die Lohnhöhe nach Maßgabe einer für notwendig erachteten Profitrate anzupassen habe.

4.
Auf wen kann/will der SVR überhaupt begründet einwirken? Die Unternehmer? Diese würden sich im Verein mit den nun wirklich ihnen «nahestehenden» Theoretikern (vgl. dazu Hoppmann 1971) einen solchen Eingriff in ihr autonomes, marktgeleitetes Handeln herzlich verbitten. Deren einzelwirtschaftliches Handeln ist ja als autonomes, durch das Institut des Privateigentums geschütztes Handeln jenseits eines solchen Ansinnens. (Und wenn – in anderen Ländern! – tatsächlich versucht wurde, z. B. durch Preisstopps an diesem Punkt zu intervenieren, hat sich gezeigt, daß die Unternehmen genügend «äquivalent-funktionale» Handlungsmöglichkeiten besaßen, um doch noch auf ihre angezielte Rentabilität zu kommen.) Nach seinem eigenen theoretischen Ansatz ist ja auch für den Rat das Handeln der Unternehmer deswegen rational, weil es durch das Wirken der Marktkräfte bestimmt und sanktioniert wird, und es sozusagen noch einmal exogen einzubinden hieße ja, das Wirken dieser Marktkräfte außer Kraft setzen zu wollen. Deren Wirkung gilt es ja gerade zu effektivieren ... Bleiben also nur noch der *Staat* und die *Gewerkschaften*, deren Ansprüche an das Nettosozialprodukt – wie schon erwähnt – letztlich nicht ökonomisch immanent, sondern zu einem großen Teil *politisch* bestimmt sind durch die Reformprogramme der sozialliberalen Koalition und durch die via staatliche Vollbeschäftigungspolitik gestiegene Macht der Gewerkschaften auf dem Arbeitsmarkt. Deren «Anteile» werden daher vom Sachverständigenrat als «abhängige Variable der Kapitalakkumulation» betrachtet.

Als *«abhängige Variablen»* stellen sich Staatsanteil und Lohnanteil wie folgt dar: Es wird – sozusagen in Umkehrung des oben dargestellten Unternehmergewinns als Residuum von Erlös minus Kosten – danach gefragt, wie hoch Staatsanteil (der steuerliche Abzug vom Bruttoprofit) und Lohnanteil sein dürfen, ohne eine als notwendig erachtete Rentabilität der Investitionen («marginale Profitrate») und dadurch wiederum wirtschaftliches Gleichgewicht und Wirtschaftswachstum zu gefährden. Alle anderen Kostenelemente wie Zinsen (sofern sie nicht durch staatliche Kreditaufnahme auch noch in die Höhe getrieben werden), Rohstoffpreise (externer Einfluß des Weltmarktes), Kapitaleinsatz pro Arbeitsplatz (als von der Konkurrenz vorgegebenes technologisches Niveau der Produktion) etc. werden als unabhängige Variablen vorangestellt – was bleibt, sind dann eben ein gegenüber politisch artikulierten Ansprüchen erheblich reduzierter Staats- und Lohnanteil. Es ist dies der zur gesamtwirtschaftlichen Maxime erhobene Standpunkt des Einzelunternehmers, für den Steuern und Löhne immer zunächst *nur Kosten* darstellen, ohne daß diese Kosten für ihn unmittelbare Produktivitätseffekte nach sich zögen: «störende» externe Einflüsse auf die Produktion, die zudem noch politisch variabel sind.[3]

Auch diese Position, die der Sachverständigenrat besonders seit *seiner* Wende ab 1972/73 verstärkt einnimmt, ergibt sich nicht aus einer vordergründigen Interessengebundenheit, sondern aus seinem extrem «ökonomistischen» Ansatz, durch den einerseits der *Rahmen* der marktwirtschaftlichen Ordnung zunehmend *enger* für die Wirtschaftspolitik definiert wird, während andererseits der Geltungsbereich marktwirtschaftlicher *Mechanismen* ganz im Sinne der Chicago-Schule Friedmans (vgl. dazu Lepage 1979) zunehmend in andere Gesellschaftsbereiche hinein *ausgeweitet* wird.

Daß dieser Ansatz bis in die statistischen Aufschlüsselungen in den Jahresgutachten hineinreicht, ließe sich am Beispiel des «konjunkturneutralen Haushalts», den der Rat seiner alljährlichen Kritik der Finanzpolitik zugrunde legt, zeigen. Aber auch schon die alljährliche Aufschlüsselung der Veränderung der sogenannten *Reallohnposition* zeigt, wie bereits auf dieser Ebene der Darstellung Wirtschaftspolitik gemacht wird:

Im Jahresgutachten 1980/81 wird eine «verbesserte» Berechnung der «Reallohnposition» der Arbeitnehmer vorgeschlagen. Diese umfaßt jetzt nicht nur – wie die bis dahin üblichen – die Bruttolohn- und Gehaltssumme je Arbeitnehmer *plus* Lohnkosteneffekt der Arbeitgeberbeiträge (womit übrigens aus den Arbeit*geber*beiträgen unversehens Arbeit*nehmer*beiträge werden!) *minus* Produktivitäts-, Terms-of-Trade- und Preiseffekte, aus deren Ergebnis dann eine Veränderung der Verteilungsverhältnisse *in bezug auf* die *Kosten*struktur der Unternehmen herauszulesen war. In der neueren Berechnung wird nun die Kostenrechnung der Unternehmen noch ergänzt um den «Kapitalkosteneffekt» und den «Kosteneffekt von indirekten Steuern minus Subventionen». In beiden Rechnungen, aber präzisiert in der zweiten, verbesserten, wird sozusagen das, was für den Arbeitnehmer «übrigbleibt», gemessen an dem, was eigentlich für das Kapital notwendig ist, um sich «rentierlich» zu reproduzieren. Entsprechend ist jede Verbesserung der Reallohnposition bereits statistisch als Einschränkung unternehmerischer Dispositionen zur Investition festgeschrieben.

Mehr noch: Obwohl statistisch gesehen sich aus einer so berechneten «verbesserten Reallohnposition» noch keineswegs zwingend ergibt, daß sich auch der Lebensstandard der Arbeitnehmer verbessert hat, suggeriert dies eine auf Kosten des Kapitals verbesserte «Reproduktion der Arbeitskraft». Und da u. a. aufgrund steigender Zinsen, gestiegener Rohstoffpreise und einer seit geraumer Zeit fallenden Kapitalproduktivität der «notwendige» Kapitalvorschuß pro Arbeitsplatz weiter ansteigen dürfte, wird sich dieser Spielraum des Lohn- und Staatsanteils wohl in der Zukunft weiterhin verengen – jedenfalls in den Statistiken der Jahresgutachten. Alles, was die Rentabilität des Kapitals gefährdet und politisch variabel ist, wird in die Pflicht genommen nach Maßgabe dieser Schlüsselgröße wirtschaftlichen Gleichgewichts und Wachstums.

Schließlich könnte man den Spieß ja auch *umdrehen*: nämlich nach den gestiegenen Reproduktionskosten *der Arbeitskraft* fragen, nach den kurzfristigen und langfristigen Schädigungen der Gesundheit durch Intensifikation der Arbeit, durch mangelnde Arbeitsschutzvorrichtungen, durch wachsende Umweltbelastungen, durch erhöhte Bildungsaufwendungen – Kosten, die allerdings oft genug monetär gar nicht kompensierbar sind.

Gleiches gilt für den *Staats*anteil («Kosteneffekt» des Steueranteils). Zwar wird vom Sachverständigenrat stets betont, wie wichtig die staatlichen Investitionen (im Sinne allgemeiner materieller Produktionsvoraussetzungen) sind; zugleich wird der gestiegene Kosteneffekt der Steuerbelastungen wesentlich auf die angestiegenen Personalkosten zurückgeführt. Daß sich in diesen Personalkosten wesentliche Posten der *gesellschaftlichen Reproduktion* (Bildungsausgaben, Gesundheitsvor- und nachsorge, soziale Systeme) verbergen, wird am Rande vermerkt – oder gar zur Privatisierung freigegeben. Nicht für die Reproduktion einer menschlichen Gesellschaft hat der Staat dazusein, sondern für die Reproduktion des Kapitals. Es ist nur folgerichtig, wenn der Sachverständigenrat ganz im Sinne der Unternehmer gegen die Verschärfung der Umweltschutzbestimmungen plädiert, für «deregulation» (= Abschaffung «bürokratischer» Hemmnisse der Investitionen), für die Erweiterung der Anlagemöglichkeiten privaten Kapitals in Sphären, die bislang weitgehend staatlich organisiert waren. Primat der (privat-dezentralen) Ökonomie, dies ist das Credo des Sachverständigenrats, und dies ist das Credo der Unternehmer (vgl. dazu Abromeit 1981, S. 134ff). Denn darin ist sich der Sachverständigenrat in seiner Grundposition mit den Unternehmern einig: daß viele politische Hemmnisse für Investitionen letztlich der Herrschaft politischer (Reform- etc.) Ideologien über den Sachverstand geschuldet sind.

So ist auch eine «rationale» Entscheidung – am Beispiel des Umweltschutzes im Jahresgutachten 1975, Ziff. 278 – nur dort möglich, wo sich auch ein Marktpreis herausbildet (bzw. ein solcher möglich wäre): Es gilt nämlich, daß «umweltbewußte Bürger, unterstützt durch eine für sie günstige öffentliche Meinung, es dem Staat im Einzelfall schwermachen können, die Berücksichtigung der Umweltgesichtspunkte in vernünftigen Grenzen zu halten. Auch Umweltschutz darf ja nicht beliebig viel kosten. Überall, wo der direkte Vorteilsausgleich, der Ausgleich von Interesse und Gegeninteresse, von Kosten und Ertrag nicht möglich ist, stößt man rasch an die Grenzen für die Möglichkeit einer rationalen Entscheidung.» Darüber hinausgehende Rationalitätskriterien sind dann notwendig ideologisch – also nicht akzeptabel! Es ist dieser Rationalitätsbegriff, der die «Sache» der Sachverständigen so eng mit der «Sache» der Unternehmer verknüpft und der sie so trefflich für das Gesamtinteresse der Unternehmer in der Gesellschaft einspannen läßt.

## 5.

Welche Interessen vertritt nun der Sachverständigenrat? Sicherlich nicht die einzelner Unternehmer oder Branchen. Sicherlich aber die Selbsterhaltungsinteressen des gegebenen ökonomischen (bzw. gesellschaftlichen) Systems. Dessen «Sachgesetzlichkeiten» verbergen aber selbst schon eine ungleiche Verteilung von Lebens- und Arbeitschancen; hinzu kommt aber, daß der Sachverständigenrat den gesetzlich geforderten Rahmen der marktwirtschaftlichen Ordnung zumindest in den letzten zehn Jahren sehr eng definiert hat. Aus dem in den Jahresgutachten vertretenen Primat der Ökonomie folgt, daß erstens die marktwirtschaftlichen Verhältnisse geradewegs so analysiert werden, wie sie sich dem einzelnen Unternehmer als «stummer Zwang der Verhältnisse» darstellen; daß zweitens jene Faktoren, die als soziale oder politische «Störgrößen» sich negativ auf die Kostenstrukturen auswirken, als systemfremde, exogene Faktoren herausdefiniert werden und diese sich den Systemzwängen anzupassen haben.

Soziologisch gesprochen geht es dem Sachverständigenrat um «Systemintegration», nicht um «Sozialintegration» – und er kann nicht zuletzt deshalb von einer solchen Prioritätenskala ausgehen, weil er sich weder «gesetzlich» noch in der bundesrepublikanischen Realität vorerst über Sozialintegration allzu große Gedanken machen muß: sei es, daß ein (vom Rat oft genug hervorgehobener) «sozialer Konsens» für die notwendigen Stabilisierungsmaßnahmen vorausgesetzt werden konnte, sei es, daß, wie in den letzten Gutachten seit 1975, auf die disziplinierenden Wirkungen des Arbeitsmarktes verwiesen werden konnte.[4]

Allerdings zielen seine ökonomischen Konzepte implizit auch auf die Lösung des Problems der «Sozialintegration» in Perioden der Massenarbeitslosigkeit. Im Zuge der Übernahme von marktradikalen Theorievarianten übernimmt er natürlich auch die von diesen Theorien vertretenen gesellschaftspolitischen Positionen (vgl. dazu Lepage 1979, kritisch: Altvater 1981, Frank 1983). Denn natürlich sind auch den Sachverständigen die *sozialen und ökologischen Folgen* der Verschiebung vom sozialen hin zum privaten Konsum, der Öffnung von bislang politisch organisierten Bereichen für die private Kapitalverwertung, der Verringerung der «bürokratischen Hemmnisse» der Investitionen bekannt – oft genug werden sie (vgl. dazu das JG 1975, Ziff. 273ff) benannt, an der Meßlatte des «ökonomisch Vernünftigen» gemessen und als zu leicht befunden. Was wiegen schon die gesellschaftlich schädlichen Folgen gegenüber der Möglichkeit der Erschließung eines immens großen Feldes der privaten Kapitalanlage im Bereich des Kabelfernsehens? Und liegt darin nicht auch die Möglichkeit begründet, zumindest einen Teil des Problems der «Sozialintegration» zu lösen? Natürlich wissen die Sachverständigen, daß die in ihrem Konzept der *Mindestlohnarbeitslosigkeit* enthaltene Forderung nach einer «leistungsgerechteren» Lohnstruktur zum Zwecke der Bewältigung der Arbeitslosigkeit von «Problemgruppen» zu Entsolidarisierungseffekten führen und die Gewerkschaftspolitik schwächen muß – von der Realitätstüchtigkeit des Konzepts angesichts der Existenz segmentierter Arbeitsmärkte einmal ganz zu schweigen. Es ist im Rahmen dieser Überlegungen zur «Sozialintegration» zu vermuten, daß die Sachverständigen diese sozialen Folgen des von ihnen vertretenen Primats der Ökonomie nicht nur wissen, sondern zumindest diese sich in Richtung auf eine gesellschaftliche Desintegration auswirkenden Folgen *in Kauf nehmen* und ihnen sogar *ökonomische Funktionen* zukommen lassen im Sinne der Auflösung «unnatürlicher» Monopolstellungen auf dem Arbeitsmarkt und im Sinne einer marktmäßigen Reorganisation der Gesellschaft. Und die Betonung von Leistung und Eigentum in der Marktwirtschaft dürfte zur Zeit sicherlich weit über die Sache der Unternehmer in dieser Gesellschaft hinausgehen und selbst in der Arbeiterschaft (insbesondere ihrem «Kern») verwurzelt sein.

Die hier vorgestellten Überlegungen sind als Versuch zu werten, die Position des Sachverständigenrats *jenseits* einer Einflußanalyse auf die allgemeinen Interessen der Unternehmer zu beziehen. Die These, «der Sachverständigenrat vertritt die Sache der Unternehmer», ist deshalb hier nicht im Sinne einer «moralischen Verurteilung» mißzuverstehen: Sie wurde begründet durch die Darstellung des *systemisch* eingeengten Erkenntnisfeldes des Sachverständigenrats («Systemgrenze») und weiterhin präzisiert durch die Feststellung, daß durch eine extrem enge Interpretation der «marktwirtschaftlichen Ordnung» sozusagen *im Rahmen der Systemgrenzen* nochmals die Gewichte («Kompromißlinien») zuungunsten der sozial Beherrschten verschoben werden.

Die «Sache der Unternehmer» ist aber aufgrund der existentiellen Anbindung an dieses Regelsystem und mangels Alternativen immer noch auch die «Sache» des größten Teils der Arbeiterschaft. Dies mag man «falsches Bewußtsein» nennen, nur ist es gleichwohl ein Faktum, das nicht zuletzt auch durch die Wirkung des Sachverständigenrats zementiert wird.

## Anmerkungen

1 Zur neueren marxistischen Staatsdiskussion, auf die hier Bezug genommen wird, vgl. die Arbeiten von Blanke, Jürgens, Kastendiek 1975 und Blanke 1977.

2 In den folgenden Ausführungen wird auf die Rolle des Lohns als Nachfragefaktor nicht mehr näher eingegangen. Soviel nur hier: der Verfasser vertritt keine krude Kaufkrafttheorie, von der aus es ein leichtes wäre, die Position des Rats als «gewerkschaftsfeindlich» zu deklarieren. Vgl. zur eigenen Position Altvater u. a. 1978 und 1980.

3 Wie diese Vorstellung aus der Welt des einzelnen Unternehmers zum Gesamtinteresse der Unternehmer addiert und publizistisch vertreten wird, zeigt Heidrun Abromeit in der schon zitierten Studie.

4 Dabei wird das Problem durchaus gesehen. Sofern nicht generell der soziale Konsens als hinreichend stabil für notwendige Stabilisierungsmaßnahmen eingeschätzt wird, wird neuerdings eine restriktive Lohnpolitik mit dem Vorschlag der Vermögensbildung verbunden: die Lösung des Konsensproblems wird mit der Lösung des Finanzierungsproblems von Investitionen gekoppelt!

## Literatur


ABROMEIT, HEIDRUN, 1981: Staat und Wirtschaft, Frankfurt/M.–New York

ALTVATER, ELMAR; HOFFMANN, JÜRGEN; SEMMLER, WILLI, 1978: Produktion und Nachfrage im Konjunktur- und Krisenzyklus, in: WSI-Mitteilungen Nr. 7

Dies. 1980: Vom Wirtschaftswunder zur Wirtschaftskrise, Berlin

ALTVATER, ELMAR, 1981: Der gar nicht diskrete Charme der neoliberalen Konterrevolution, in: Prokla Nr. 44

BLANKE, BERNHARD; JÜRGENS, ULRICH; KASTENDIEK, HANS, 1975: Kritik der politischen Wissenschaft, Frankfurt/M.–New York

BLANKE, BERNHARD, 1977: Formen und Formwandel des politischen Systems in der bürgerlichen Gesellschaft, in: Brandes, Volkhard; Hoffmann, Jürgen; Jürgens, Ulrich; Semmler, Willi, Hg., Handbuch 5 Staat, Frankfurt/M.–Köln

FRANK, JÜRGEN, 1983: Markt versus Staat. Zur Kritik einer Chikago-Doktrin, in: Ökonomie und Gesellschaft, Jahrbuch 1, Frankfurt/M.–New York

HIRSCHMAN, ALBERT O., 1974: Abwanderung und Widerspruch, Tübingen

HOPPMANN, ERICH (Hg.), 1971: Konzertierte Aktion, Frankfurt/M.

LEPAGE, HENRI, 1979: Der Kapitalismus von morgen, Frankfurt/M.–New York

OFFE, CLAUS, 1979: Die Institutionalisierung des Verbandseinflusses – eine ordnungspolitische Zwickmühle, in: Ulrich v. Alemann, Rolf G. Heinze (Hg.), Verbände und Staat, Opladen

SEMMLER, WILLI, 1977: Zur Theorie der Reproduktion und Akkumulation, Berlin

*Arnim Bechmann*

# Umwelt bedarf der Aufmerksamkeit

Plädoyer für einen ökologischen Bildungsurlaub der «Fünf Weisen»

## 1. Würde durch Bürde

Aller Augen blicken auf den Sachverständigenrat, wenn er seine Gutachten der Öffentlichkeit kundtut. Denn Verstand ist seine Sache – so das Gesetz, dem er seine Existenz verdankt.

Zu Zeiten hilfloser Wirtschaftspolitik in einer sich wandelnden Welt wurde ihm eine schwere Aufgabe übertragen. Soll er doch in seinem jährlichen Gutachten

– die gesamtwirtschaftliche Lage und deren absehbare Entwicklung darstellen,

– die Möglichkeiten zur Sicherung von Preisniveaustabilität, Vollbeschäftigung, außenwirtschaftlichem Gleichgewicht bei stetigem und angemessenem Wachstum untersuchen,

– Fehlentwicklungen sowie Möglichkeiten zu deren Vermeidung oder Beseitigung aufzeigen.

Kurz: von den «Fünf Weisen» wird mehr erwartet als ein konjunkturpolitisches Gutachten. Sie sind gleichsam in der Pflicht, ständig zu überprüfen, ob sich die gesamtwirtschaftliche Entwicklung auf einem anstrebenswerten Pfad bewegt.

Das «magische Viereck» gibt die Kriterien vor, unter denen dieser Pfad zu beurteilen ist. Die Würde des Rates beruht also auf einer schweren Bürde, die es leicht macht, den «Fünf Weisen» kleine Fehler nachzuweisen.

Um kleine Fehler soll es hier nicht gehen.

Als ich diesen Beitrag übernahm, interessierte mich das wirtschaftstheoretische und wirtschaftspolitische Konzept des Sachverständigenrates zur Umweltproblematik.

Die Umweltproblematik stellt heute in mehrfacher Hinsicht eine einschneidende Rahmenbedingung für Wirtschaftspolitik dar:

– Wirtschaften ist an die Nutzung endlicher erschöpfbarer Ressourcen gebunden.

– Der Wirtschaftsprozeß mit seinen Folgen ist heute der umfassendste und bedrohendste Eingriff in unsere Umwelt- und Lebensbedingungen.

– Die Ökologiebewegung und ihre «Vordenker» drängen auf eine Ökologisierung von Wirtschaftspolitik und Wirtschaftsstruktur (Stichwort: ökologische Kreislaufwirtschaft).

Gesamtwirtschaftliche Fehlentwicklungen lassen sich nur vermeiden, wenn auch die Umweltentwicklung als wesentlicher Faktor mit in die Analyse einbezogen wird. Hierüber herrscht Konsens in allen Parteiprogrammen.

Was liegt somit näher als die Frage:

«Ihr ‹Fünf Weisen›, wie haltet ihr es mit der Umwelt?»

Die Umweltdebatte weist enge Beziehungen zur Wachstumsdiskussion auf. Wachstum ist ein magisches Wort für die fünf Priester des magischen Vierecks. Aus diesem Grunde erhält die Frage nach der Umweltkonzeption des Sachverständigenrates ein zusätzliches Gewicht.

## 2. Das Umweltkonzept der «Fünf Weisen» – Bericht von einer unersprießlichen Fährtensuche

### *2.1 Umwelt und Wachstum – seit mehr als zehn Jahren ein dominierendes Thema*

Seit den fünfziger Jahren hätscheln die Ökonomen das Wachstumsthema. Die Nachkriegsphase bescherte den westlichen Industriestaaten einen unerwarteten Aufschwung, den die Wirtschaftstheorie nachzuvollziehen suchte. Die Diskussion um die Bedingungen des Wachstums und die Frage nach dem optimalen Wachstumspfad wurden ein Lieblingsthema theoretisierender Ökonomen der sechziger Jahre.

Den Schock hingegen brachten die Siebziger. Die Wachstumsraten schrumpften gegen Null, die Weltwirtschaft verfiel in eine Strukturkrise, und die grundsätzliche Kritik an der Wachstumsgesellschaft wurde hoffähig. Die Wachstumseuphorie der sechziger Jahre brach von heute auf morgen in sich zusammen.

Erinnern wir uns: Die Studien des Club of Rome sahen durch Umweltzerstörung, Bevölkerungswachstum und Ressourcenverbrauch ausgelöste Krisen auf die Menschheit zukommen. Die Kappsche Lehre von den hohen Sozialkosten der Privatwirtschaft erhielt neuen Auftrieb. Schumacher formulierte in «Small is beautiful» seine Kritik der Großindustrie und Großorganisationen. Er plädierte für eine Neuorientierung von Technik und ökonomischer Organisation. Gruhl und Eppler behaupteten unter den Vorzeichen sehr unterschiedlicher politischer Leitbilder die Fehlorientierung von Technikentwicklung und Wirtschaftspolitik. Internationale Expertenkommissionen analysierten die Weltwirtschaftsentwicklung und forderten eine grundlegende Reform bestehender Strukturen. Die UN-Organisationen änderten ihr Konzept der Entwicklungspolitik zu «Hilfe zur Selbsthilfe» und «Erfüllung der basic needs» anstatt «nachholende Industrialisierung mit Hilfe hochentwickelter Großtechnologie».

Das Schlagwort vom qualitativen Wachstum kam auf. Kurz: das Wachstumskonzept der sechziger Jahre ging gleichermaßen in Theorie und Praxis in die Brüche und mit ihm jede Form der natürlichen Selbstsicherheit einer auf diesem Konzept basierenden Wirtschaftspolitik.

In der Wachstumsdiskussion der sechziger Jahre spielte Umwelt keine relevante Rolle. Dies änderte sich naturgemäß in den Siebzigern. Umwelt wird seither von vielen als ein zentral begrenzender Faktor herkömmlichen Wachstums angesehen, und dies sowohl auf der Input- (Ressourcenverbrauch) als auch auf der Outputseite (Zerstörung von Umwelt- und Lebensbedingungen, hohe Folge- und Entsorgungskosten des Wirtschaftswachstums).

Die Wirtschaftstheorie gebar eine neue Subdisziplin – die Umweltökonomie.

## *2.2 Auf der Suche nach dem Umweltkonzept der Sachverständigen*

All dies hat die Weisen offensichtlich nur marginal bewegt. Schon der erste Blick auf die Titel der Gutachten des Sachverständigenrates offenbart, was die detaillierte Analyse belegt: Die Weisen leiden mit der Wachstumsschwäche – Umweltprobleme hingegen rühren sie wenig.

Keines der Gutachten greift die Umweltthematik und die von ihr initiierte Debatte in Wirtschaftstheorie oder -politik engagiert auf. Umwelt ist für die Weisen zwar ein Kostenproblem, ansonsten aber ein Un-Thema.

Trotz ihrer Zurückhaltung gegenüber der Umweltthematik konnten die Sachverständigen diese jedoch nicht völlig ausblenden.

Ich habe mich deshalb auf die Spurensuche begeben, um zu drei Themen, die alle enge Bezüge zur Umweltpolitik haben, die Position der «Fünf Weisen» indizienhaft zu rekonstruieren.

Die folgenden drei Abschnitte enthalten das Protokoll meiner Recherche.

## *2.3 Erdöl, Energie, Umwelt – Ignoranz und schnelle Schlüsse*

### 2.3.1 Der Rat kommt zur Sache – Kohle und Kernenergie

Die Energiedebatte ist stets auch Umweltdebatte – und dies in mehrfacher Hinsicht.

– Spätestens durch die erste «Ölkrise» (1973) wurde augenfällig, wie empfindlich Industriegesellschaften auf Ressourcenverknappung reagieren.

– Die herkömmlichen Star-Energieträger Kohle und Erdöl gehören nicht nur zur Klasse der nichterneuerbaren Ressourcen, ihre Verwendung – wie auch die Nutzung des Newcomers Kernenergie – verursachen gemeinsam beträchtliche

– Umweltbelastungen, wie z. B.
  Abwärme,
  $SO_2$,
  $CO_2$,
  freigesetzte Radioaktivität,
  Atommüll.

– Umweltrisiken, wie z. B.
  Unfallgefahren von Anlagen im gesamten Kernenergie-Brennstoffkreislauf (Urananreicherung, Kernkraftwerke, Atom-Müll-lager, Wiederaufbereitungsanlagen),
  Unfallgefahren bei Transporten radioaktiven Materials,
  die «Empfindlichkeit» von Atomkraftwerken gegenüber Terror-, Sabotage- oder kriegerischen Angriffen.
  Gefahren der Verbreitung von Atomwaffen (Möglichkeiten des Umstieges aus der «friedlichen» in die waffentechnische Nutzung von Atomkraftwerken und Wiederaufbereitungsanlagen).

Die Ökologiebewegung setzt sich daher seit langem für eine umweltangepaßte Energiepolitik ein und hat zur Entwicklung entsprechender Strategien und Technologien Erhebliches beigetragen.

Die «Fünf Weisen» jedoch legen sowohl vornehme Zurückhaltung (bezüglich der Rekapitulation des vollen Umfangs der Energiedebatte) als auch Beharrungsvermögen (hinsichtlich ihres simplen, aber schon in seinen Voraussetzungen nicht durchdachten energiepolitischen Konzeptes) an den Tag.

Ihrem bereits 1973 verkündeten energiepolitischen Credo (Sondergutachten 1973) haben sie bis heute nichts wesentlich Neues hinzugefügt. Es läßt sich dialogisch wie folgt umreißen:

*Durch die Verknappung des Erdölangebots (1973) und die rapiden Steigerungen der Erdölpreise (Mitte und Ende der siebziger Jahre) gibt*

es nur einen Pfad «Weg vom Öl»! So weit – so gut, doch wie soll dies geschehen?

*Durch Sparen und Substituieren.* Auch das ist einleuchtend. Doch wer soll dies steuern? *Der Markt!* Und wie soll der Markt das leisten? *Ganz einfach:*

*– Sparen von Heizöl und Benzin durch die Haushalte. (Hier hilft das Steigen des Ölpreises und, sofern dies nicht ausreicht, eine kräftige Erhöhung der Mineralölsteuer.)*

*– Substitution von schwerem Heizöl durch Kohle und Kernenergie. (Hier ist die Finanzpolitik aufgerufen, die Investitionssteuer selektiv zu senken bzw. ganz zu streichen.)*

Überhaupt: Trotz radikalem Bekenntnis zur Marktwirtschaft bekommt der Staat einige kaum erfüllbare Aufgaben übertragen. Er soll

– durch eine eindeutige klare Energiepolitik den Rahmen für die notwendigen Marktprozesse setzen. Allerdings soll er dabei die Wirtschaft keineswegs behindern oder dirigieren. Ja, selbst die Energieprognosen – an denen sich ja seine Politik zu orientieren hätte – entwerfen die Unternehmer am besten allein (JG 1980, Ziff. 415).

– Durch Öl-Steuern für die Haushalte und Investitionserleichterungen für die Industrie steuert der Staat den Kurs «Weg vom Öl».

– Bei der langfristigen Sicherung von Rohstoffquellen durch Verträge hilft er, so gut er kann. *(Die USA haben hier begonnen, das Mögliche zu demonstrieren. Entwicklungshilfe wird mit Priorität an Staaten gegeben, die sich der amerikanischen Vorherrschaft unterwerfen. Proamerikanische Diktaturen erhalten umfangreiche Waffenhilfe gegen ihr rebellierendes Volk, und die US-Eingreifreserve steht Gewehr bei Fuß, um die amerikanischen Ölinteressen in Nahost mit Waffengewalt zu sichern.)*

– Der Staat darf außerdem Forschungsprojekte zur Verbilligung der Energiegewinnung und Erschließung neuer Energiequellen in Gang setzen.

– Last not least hat er dafür zu sorgen, daß endlich wieder klare Verhältnisse herrschen, denn «Allzu groß sind nach wie vor die Unsicherheiten, die den weiteren Kurs des Ausbaus von Kernkraftwerken belasten. Entscheidende Hindernisse sind die langwierige Genehmigungspraxis und die Dauer der Prozesse vor den Verwaltungsgerichten» (JG 1980, Ziff. 415). *(Recht so – das sind doch alles nur Schikanen eines dirigistischen Staates gegen das freie Unternehmertum. Oder sollten die Genehmigungsverfahren und der mit ihnen verbundene komplizierte Rechtsweg doch einen Sinn haben?)*

«Heute wird von unvorhergesehenen Verlängerungen der Bauzeit von Kernkraftwerken um sieben Jahre – von fünf auf zwölf Jahre –

berichtet, bei Baukosten von mehreren Milliarden DM für ein Kraftwerk ist das eine kaum erträgliche wirtschaftliche Belastung (FÜR WEN? *Für die Verbraucher, deren Strompreis im Hinblick auf den Kernkraftwerksbau vorsorglich erhöht wurde.*) und ein Risiko, das abschreckend auf den Bau neuer Kernkraftwerke wirkt. Diese Unsicherheiten gilt es zu beseitigen» (JG 1980, Ziff. 415).

Alles in allem, «Die Substitution von Öl durch Kernenergie kommt nicht schnell genug voran» (JG 1980, Ziff. 414).

Ohne Kernenergie aber ist es vorbei mit dem Wachstum, denn «die Grundstoffindustrie in der Bundesrepublik könnte nicht weiter wachsen, da nicht genügend Energie zur Verfügung stünde» (JG 1980, Ziff. 400).

Fast kein Propagandaslogan der Kernenergielobby einschließlich der Milchmädchenrechnung vom billigen Atomstrom (JG 1980, Ziff. 415) oder dem Aberglauben, daß mehr Wachstum und mehr Beschäftigung nur mit mehr Energie bewerkstelligt werden kann, fehlt in den Gutachten der Weisen.

All diese vielen Behauptungen münden schließlich in den Ruf ein, «Ein Weg, der weniger auf Reglementierung und dirigistische Eingriffe setzt, erforderte nicht nur mehr Kohle, sondern auch den Bau weiterer Kernkraftwerke» (JG 1980, Ziff. 400).

Das alles klingt gut – zumindest für die Kernkraftlobby oder die Energiehamster, nur leider ist es in der Sache unzutreffend. Wird solch eine Politik praktiziert, so wird es für uns alle teuer und gefährlich.

### 2.3.2 Weisheit oder Weis-Macherei?

Allein die Lektüre weniger öffentlich zugänglicher Gutachten und Untersuchungen hätte die Weisen vor vorschnellen Schlüssen bewahren können (vgl. z. B. Bossel, Krause, Müller-Reißmann 1980; Hatzfeld, Schuhmacher, Teufel 1982; ÖKO-Mitteilungen 1982; Traube, Ulrich 1982),

denn

– nur wenige Güter und Dienstleistungen wie z. B. Beerdigungen, Gefängnisaufenthalte, MX-Raketen werden unter so marktfernen Bedingungen produziert und vertrieben wie Elektrizität (Monopolstellung der Energieversorgungsunternehmen) und Benzin (vermachteter Markt). Ehe man hier auf den freien Markt vertraut, sollte man ihn vielleicht erst einmal herstellen.

– mittelfristig ist wesentlich mehr Wachstum, als wir derzeit überhaupt erreichen, auch ohne Kernergie und Erdöl sowie bei einem nur geringen Zuwachs der Kohlenutzung möglich. Voraussetzung dafür ist die intensive Nutzung der derzeit vorhandenen Energiespar- und -substitutionspotentiale. Dies ergab eine Untersuchung des Freiburger ÖKO-Instituts (Bossel, Krause, Müller-Reißmann 1980), deren Ergebnisse trotz eifriger Bemühungen der Kernforschungsanstalt Jülich nicht widerlegt werden konnten (KFA Jülich 1980; Müller-Reißmann 1980).

Dies «Energieszenario» des ÖKO-Instituts hat die Arbeit der Enquete-Kommission «Zukünftige Kernenergiepolitik» wesentlich geprägt.

– der Vorschlag, Energieprognosen durch die Unternehmer aufstellen zu lassen, da sie ja das Risiko zu tragen hätten, kann wissenschaftlich nicht ernst gemeint sein.

Sollen die Energienutzer sich zusammenfinden und nach intensiver Debatte den Energieanbietern ihre Nachfragekurve überreichen? Doch wie entstehen dann Marktpreise und -menge?

Oder sollen die Energieanbieter, d. h. vor allem die monopolartig organisierten, mit Bestandsgarantien versehenen Energieversorgungsunternehmen den Bedarf prognostizieren? Das hatten wir schon, mit dem peinlichen Ergebnis der riesigen Bedarfsüberschätzung und der Folge, daß versucht wurde und wird, auf Kosten von Umwelt und Verbrauchern überflüssige Energie an den Mann zu bringen (z. B. durch elektrische Nachtspeicherheizungen) bzw. vorhandene Energie nicht zu nutzen (Abwärme in Luft und Wasser anstelle von Fernwärmenutzung und Wärme-Kraft-Kopplung).

– für den Sachverständigenrat sind Energiepolitik und Umweltpolitik zwei verschiedene Paar Schuh. «Energiepolitik ist allemal und zuallererst Wachstumspolitik ... Umweltschutzpolitik und Energiepolitik sind getrennte Politikbereiche mit getrennten Zielen und getrennten Instrumenten» (Stellungnahme zum Problem der Energieversorgung ... 1977, S. 207 und S. 210) im JG 1977, obwohl zur gleichen Zeit, im gleichen Haus (Statistisches Bundesamt) ein anderer Sachverständigenrat der Bundesregierung das Sondergutachten «Energie und Umwelt» anfertigt. Dieser «Rat der Sachverständigen für Umweltfragen», parteipolitisch streng proportioniert und alles andere als radikal, kommt nach ausführlicher Beschäftigung mit vorhandenen und möglichen Energieversorgungsstrukturen und ihren Umweltwirkungen zur folgenden – diplomatisch formulierten – Einsicht: «In der Bundesrepublik Deutschland werden als energiepolitische Optionen zur Ausweitung des Energieangebotes und zur Substitution von Öl vor allem der verstärkte Einsatz von Kohle und der Ausbau der Kernenergie verfolgt. Der Rat weist mit Nachdruck darauf hin, daß beide Optionen aus umweltpolitischer Sicht problematisch sind ... Weder Kohle noch Kernenergie eignen sich deshalb für eine auf massive Ausweitung des Energie-Angebots gerichtete Strategie. Demgegenüber sieht der Rat noch erhebliche Handlungsspielräume für eine Verminderung der Energienachfrage durch Maßnahmen der rationellen Energienutzung und Energieeinsparung in allen Sektoren des Energieverbrauchs ... Über die großen Möglichkeiten der rationellen Energienutzung hinaus können bedeutende zusätzliche Einsparpotentiale durch den Ausbau der Fernwärmeversorgung gewonnen werden» (RSU 1981, S. 155).

Die Energieversorgungsstrategie des Rates der Sachverständigen für Umweltfragen ist nicht nur billiger und politisch praktikabler. Sie ist vor allem wesentlich umweltfreundlicher. Allein schon deswegen hätten die «Fünf Weisen» ihr Beachtung schenken müssen. Denn wem hilft eine Wirtschaft, die ihre eigene Basis zerstört?

– Wie konnten die Wirtschafts-Weisen außer acht lassen, was heute Allgemeingut ist. «Bei der Nutzung energiepolitischer Handlungsspielräume müssen umweltpolitische Anforderungen deshalb ein hohes Gewicht erhalten, weil die Gewinnung, Umwandlung und Verwendung von Energie direkt und indirekt den entscheidenden Beitrag zur Gesamtbelastung der Umwelt mit Schadstoffen, Lärm und Abwärme leistet» (RSU 1981, S. 154).

Das Waldsterben in der Bundesrepublik belegt inzwischen mit erschreckender Deutlichkeit, wie wahr diese Einsicht ist.

## *2.4 Wachstum ist notwendig und Umweltschutz ein Kostenproblem*

### 2.4.1 Der Rat kennt keine Zweifel

Für den Sachverständigenrat ist Wachstum der Problemlöser Nr. 1. Die Frage nach der Qualität des heißerfieberten Wachstums stellt sich für die «Fünf Weisen» nicht. Da, wo sie sie dennoch aufgreifen (JG 1975), ist eine abwiegelnde Antwort schnell formuliert. «Mit der Steigerung des privaten Wohlstands aber treten Probleme hervor, die vordem weniger dringlich erschienen, so vor allem nachteilige Nebenwirkungen auf Umwelt und Gesundheit ... Das Bewußtsein, daß es hier zu Disproportionalitäten gekommen war, hat zu der verbreiteten Vorstellung geführt, daß Marktwirtschaft auf rein ‹quantitatives› wirtschaftliches Wachstum angelegt sei, daß sie schon aus dem System heraus qualitative Aspekte vernachlässige. Das ist ein Irrtum.

Die marktwirtschaftliche Ordnung kennt strenggenommen gar

kein isoliertes Wachstumsziel; sie ist darauf angelegt, daß möglichst viele einzelne möglichst viel Spielraum haben, selbständig etwas zu entscheiden, daß die arbeitsteilige Produktion von Gütern sich möglichst nach den Wünschen der einzelnen richtet, und daß die Produktion und Zuteilung der Güter möglichst effizient organisiert wird. Der Motor des Ganzen beruht auf dem Grundsatz: Kompetenz und Haftung gehören zusammen; wer etwas tut, darf darauf rechnen, daß der Erfolg ihm zufällt, zumindest teilweise, und für einen Mißerfolg hat er geradezustehen, in zumutbaren Grenzen. Bei alledem ergibt sich zwar im allgemeinen wirtschaftliches Wachstum, aber eben nicht aus einer speziellen Zielsetzung des Systems heraus» (JG 1975, Ziff. 274f).

Genau hier klemmt die Wachstumsgesellschaft, viele unkoordinierte, an kurzfristigen Marktbedürfnissen orientierte Eingriffe in die Umwelt führen zu dem Phänomen, mit dem wir heute in der Bundesrepublik zu kämpfen haben: der schleichenden, umfassenden Umweltzerstörung. Der Wald stirbt, Lärm herrscht allerorts, mehr und mehr Landschaft wird überbaut und versiegelt; die Artenvielfalt von Pflanzen und Tieren schrumpft; Boden, Luft und Wasser sind z. T. gefährlich hoch belastet – aber all das ist für die Weisen keine ernst zu nehmende Qualität des Industriewachstums.

Nein, es handelt sich wohl eher um ein bißchen reparables Marktversagen: «In der Tendenz zur Abwälzung von Kosten auf Externe liegt eine Leistungsgrenze des Marktes, die man als solche erkennen und akzeptieren muß, um sie auch überwinden zu können ... Das darf aber nicht den Blick dafür verstellen, daß die Umweltprobleme im Rahmen der marktwirtschaftlichen Ordnung lösbar sind und daß ihre Lösung begonnen hat» (JG 1975, Ziff. 278).

Umweltschutz ist für den Rat ökonomischer Luxus, denn «Entschließen sich die Menschen, mehr als bisher Bedacht auf den Umweltschutz zu nehmen, so verringert das, bei unveränderter Arbeit, die Möglichkeit des Produktionswachstums – weil wir die Umweltveränderungen im Sozialprodukt nicht messen –, ebenso den Produktivitätszuwachs. Gleichwohl geht es den Menschen besser, vorausgesetzt, sie haben die Kosten des Umweltschutzes bedacht – geringeres Produktions- und Einkommenswachstum oder ein Mehr an Arbeit» (JG 1982, Ziff. 211).

Vor zehn Jahren hätte man – zumindest unter Laien – noch so spekulieren dürfen. 1982 war dies allerdings nicht mehr zulässig. Inzwischen ist ausreichend belegt, daß

– Umweltschutzgüter durchaus einen Markt besitzen und somit zur Erhöhung des Sozialproduktes beitragen (Zimmermann, Ullmann 1981).

– Umweltschutz eine beträchtliche Anzahl von Arbeitsplätzen geschaffen hat und sichert (Hödl, Meißner 1979).

– qualitatives Wachstum und eine Ökologisierung der Wirtschaft möglich sind, was konkret bedeutet, daß umweltbelastende Technologien und Produktionsverfahren durch umweltangepaßte ersetzt werden können (Energiespartechnologie, mittlere Technologie, ökologischer Landbau usw.). Teure Umweltreparaturen sind in einer ökologisch orientierten Wirtschaft nicht mehr in dem Umfang notwendig wie heute.

Allerdings, dies alles setzt einen gezielten Strukturwandel unserer derzeitigen Wirtschaft voraus, der sich nicht von selbst einstellen wird. Erst wenn dieser Wandel Realität geworden sein wird, hat der Sachverständigenrat wirklich recht, wenn er behauptet: «Ein niedriges Sozialprodukt kann viel mehr Zerstörung der Umwelt bedeuten als ein hohes. Und tatsächlich verhält es sich auch so» (JG 1982, Ziff. 211).

Doch was tun die Weisen, um solch einen Strukturwandel zu propagieren? Wie stellen sie sich eine zukunftsgerechte Wirtschafts- und Strukturpolitik vor? An welchen Zielen und Kriterien ist sie zu orientieren? Wer hat sie zu steuern? Wie sichert diese Politik, daß
«1. die Leistungsfähigkeit des Naturhaushaltes,
2. die Nutzungsfähigkeit der Naturgüter,
3. die Pflanzen- und Tierwelt sowie
4. die Vielfalt, Eigenart und Schönheit von Natur und Landschaft
als Lebensgrundlage des Menschen und als Voraussetzung für seine Erholung in Natur und Landschaft nachhaltig gesichert sind» (Bundesnaturschutzgesetz § 1)?

### 2.4.2 Die Gedanken sind frei – ein Minderheitsvotum

Selbst im Rat, mit seiner über die Zeit sehr homogenen Position zum Wachstum, gab es Fragen, müssen Kontroversen stattgefunden haben. 1977/78 zieht das inzwischen ausgeschiedene Ratsmitglied Prof. Scherhorn in einem Minderheitsvotum die Ideologie des quantitativen Wachstums in Zweifel. Er weist darauf hin, daß mit jeder Entscheidung über quantitatives Wachstum auch über Qualitäten entschieden wird und daß es eine Mindestforderung an rationales Entscheiden ist, vorab darüber nachzudenken, ob man diese Qualität mit allen ihren Folgen will.

«Die Entscheidung, über die Nebenfolgen einzelner Technologien erst nachzudenken, wenn sie eingetreten sind, oder die Entscheidung, die Gestaltung der Städte und Landschaften den je einzelnen Bauherren und Architekten zu überlassen, beeinflußt die Chancen der freien Wahl zwischen alternativen Lebensformen anders, aber nicht weniger als die Entscheidung, die Einführung neuer Technologien an Auflagen über die Vermeidung bestimmter Nebenfolgen zu binden oder Regeln für die äußere Form von Bauwerken im Verhältnis zu ihrer jeweiligen Umgebung aufzustellen. Jede Entscheidung, die heute über das künftige Wachstum getroffen wird, schränkt spätere Wahlchancen ein. Eine Entscheidung für Wachstum schlechthin gibt es nicht; sie bestimmt stets zugleich auch über die Art des künftigen Wachstums mit. Dies geschieht nur dann nicht unreflektiert, wenn der Entscheidung über die Bedingungen eines angemessenen Wirtschaftswachstums explizit formulierte, öffentlich diskutierte Vorstellungen darüber zugrunde liegen, welchen Weg die wirtschaftliche Entwicklung nehmen wird» (JG 1977, Ziff. 480).

Diese Folgen brauchen sich nicht einmal allein als ökologische Kosten niederzuschlagen. Was ist, wenn Frank / Viefhues (1983) recht behalten, daß heute jedes neue Atomkraftwerk über seine ganze Betriebsdauer hinweg einen volkswirtschaftlichen Verlust von 25–50 Mrd. DM «erwirtschaften» wird. Die wissenschaftlichen Belege sprechen für diese These. Sage keiner, er hätte es nicht gehört oder gelesen.

### *2.5 Zukunft, die sie meinen*

Keine wünschbare Zukunft ohne Wachstum – dies ist nach wie vor die Haltung der Weisen. Dies steht im deutlichen Widerspruch zu den vielen Wachstumsskeptikern (vgl. Abschnitt 2.1). Die gängige Kritik am Wachstum mündet in der Regel nicht in ein uneingeschränktes Nein zum Wachstum, sondern sie ist Kritik an der Qualität der derzeitigen Wirtschafts- und Technologiestruktur. In Politik umgesetzt, zielt sie auf eine grundlegende Verbesserung der Umwelt- und Lebensqualität des Wirtschaftswachstums durch eine Strukturreform der Wirtschaft. Strukturpolitik wird so zu Umwelt- und Zukunftspolitik.

Die «Fünf Weisen» ficht dies jedoch wenig. Ohne sich mit den Argumenten der Wachstumsskeptiker ernsthaft auseinanderzusetzen, bleiben sie auf Kurs. Ihr Kurs ist der Kurs der sechziger Jahre.

Wie sieht folglich ihr strukturpolitisches Konzept aus? Welchen Zukunftszielen soll ihre Variante von Strukturpolitik dienen? Zunächst die fundamentalen Annahmen. Sie lauten:

1. Ohne Wachstum geht nichts – auch keine Strukturpolitik.

2. Was, wie und wo wächst und was wachsen soll, bestimmt der Markt im allgemeinen und das unternehmerische Investitionsverhalten im besonderen.

3. Der Staat hat dafür zu sorgen, daß die Unternehmer ein gutes Investitionsklima vorfinden, die Qualität des Wachstums und die sich herausbildende Struktur der Wirtschaft (d. h. daß was, für wen, mit welchen Folgen für Ressourcenbedarf, Umwelt und Gesellschaft produziert wird) geht ihn nichts an.

Strukturwandel steht an, ist wünschenswert und vollzieht sich – das ist unbestritten, denn die Zeichen für die herkömmlichen Wachstumsbranchen stehen auf Niedergang (JG 1976, Ziff. 314). Trotzdem Hände weg von einer intervenierenden Strukturpolitik. «Der Strukturwandel wird nicht dadurch gefördert, daß man ihn lenkt, sondern dadurch, daß man ihm Hindernisse aus dem Weg räumt» (JG 1976, Ziff. 314).

Da Prognosen häufig die Zukunft nur sehr ungenau treffen (JG 1978, Ziff. 224) – wer weiß das besser als die «Fünf Weisen» –, ist es wenig empfehlenswert, sie zur Grundlage von staatlicher Strukturpolitik zu machen. *(Wo sollte der Staat auch all die notwendigen Informationen herbekommen? Soll er sie etwa der Wirtschaft abzwingen?)*

DES ZUKUNFTS-RÄTSELS LÖSUNG WIRD SCHON DER MARKT BESORGEN. «Die beste Wirtschaftspolitik in einer solchen Situation ist, der Wirtschaft die Flucht nach vorn so leicht wie möglich zu machen ... Die Wirtschaft steht erst am Anfang eines sich möglicherweise sehr lang hinziehenden Investitionszyklus, dem die Wirtschaftspolitik Hindernisse aus dem Weg räumen muß» (JG 1980, Ziff. 285).

Eine Reise in die Zukunft, ohne eine Vorstellung von den konkreten Gefahren, die es in dieser Zukunft zu vermeiden gilt, und ohne eine erkennbare Zielvorstellung, wie diese Zukunft aussehen könnte bzw. sollte, läßt den umweltsensiblen Bürger schaudern. Sie führt zurück ins Gestern. Hat nicht marktgesteuertes, industrielles Wachstum zu dem Ausmaß von Umweltbelastung und -zerstörung geführt, das wir heute um uns herum erleben?

Dies mag den Bürger beschäftigen. Für die «Fünf Weisen» ist Umweltschutz nach wie vor primär ein Kostenproblem – für die ebenfalls von der Bundesregierung eingesetzte wissenschaftliche Expertengruppe «Aktionsprogramm Ökologie» (der auch Wirtschaftswissenschaftler angehören) hingegen ist Umweltschutz inzwischen ein Existenzproblem. Ende Mai 1983 fordert die dreißigköpfige Projektgruppe «Aktionsprogramm Ökologie» u. a.: «Zum Schutz von Natur und Umwelt sollten keine neuen Straßen gebaut und keine neuen Industriegebiete ausgewiesen werden, soll die Hälfte aller Binnengewässer für Badende und Angler gesperrt werden, sollen keine neuen Deiche gebaut und keine Abfälle mehr ins Meer versenkt werden» (*HAZ* vom 25.5.1983). Ein solcher Strukturwandel mit allen seinen Folgen wird sich allerdings nicht allein über den Markt vollziehen.

Er geht an die Substanz der derzeitigen Form von Wachstumspolitik.

Was werden die «Fünf Weisen» dieser Attacke an sachkompetenter Argumentation entgegenzusetzen haben?

### *2.6 Eine dürftige Bilanz*

Die Bilanz könnte dürftiger kaum ausfallen:

– 20 Jahre Rat der Sachverständigen zur Begutachtung der gesamtwirtschaftlichen Entwicklung;

– 15 Jahre weltweite Debatten über Umwelt, Wirtschaftswachstum und Entwicklung;

– 10 Jahre Anwachsen der Ökologiebewegung in der Bundesrepublik zu einem brisanten politischen Faktor;

– 10 Jahre leben der Wirtschaftssachverständigenrat und der Umweltsachverständigenrat der Bundesregierung in Hausgemeinschaft (allerdings ohne miteinander zu sprechen);

– Umweltschutz wurde inzwischen von allen Parteien zu einem vorrangigen Ziel erklärt.

Doch all das verdrängen die Wirtschaftsdelphianer. In ihren Gutachten spielt die Umweltproblematik keine Rolle. Und dies ist vielleicht sogar gut so. Denn da, wo sich das Umweltthema nicht vermeiden läßt, brillieren die Weisen mit Platitüden, Uninformiertheit und einer Marktgläubigkeit, die aller Umweltwirklichkeit spottet.

## 3. Epilog – Was ist, das muß nicht fortbestehen

Zugegeben – ich bin enttäuscht darüber, mit welcher Oberflächlichkeit und Leichtfertigkeit der Rat die Umweltproblematik beiseite schiebt.

Zugegeben – solange das so ist, bleibt jedem Umweltökonomen oder Umweltschützer bestenfalls die sachbezogene Polemik als Form der Auseinandersetzung mit den Wirtschafts-Weisen. Von selbst wird der Sachverständigenrat hier wohl wenig Abhilfe schaffen. Das Parlament und die Regierung sollten jedoch ihre Chance nutzen und aus Eigeninteresse helfen. Sie können etwas tun. Das folgende kleine «Sofortprogramm» zeigt, was jederzeit machbar ist.

*«Sofortprogramm zur Verbesserung der Umweltverträglichkeit des Sachverständigenrates zur Begutachtung der gesamtwirtschaftlichen Entwicklung»*

1. Das magische Viereck wird ergänzt um eine Umweltschutzklausel (Umweltverträglichkeit als Rahmenbedingung für wirtschaftspolitische Aktivitäten).

2. In jedem Jahresgutachten wird im Abschnitt Wirtschaftspolitik für 198. und danach Umweltpolitik kommentiert und skizziert (und zwar aus der Sicht des Vorsorge- und Verursacherprinzips).

3. Der Sachverständigenrat legt in seinen Gutachten die Umweltimplikationen der von ihm favorisierten wirtschaftspolitischen Strategien offen dar.

4. Die Sachverständigenräte für Wirtschaft und Umwelt diskutieren die Konzepte ihrer Gutachten miteinander.

5. Dem Sachverständigenrat gehört regelmäßig ein engagierter Umweltökonom an. Seine Benennung erfolgt im Benehmen mit den Umweltverbänden.

6. Der Mitarbeiterstab des Sachverständigenrates wird so zusammengesetzt, daß er den gewandelten Anforderungen durch Sachverständige Rechnung tragen kann.

Dies alles klingt nach kleiner Reform und ist es auch. Und dennoch, würde sie realisiert, so könnte weiteres Unheil vermieden werden. Der Qualität wegen sollte die Reform mit einem umweltpolitischen Bildungsurlaub der «Fünf Weisen» – von mir aus auch in einer schönen Gegend Bayerns – beginnen, in dem die Ratsmitglieder befreit von aller Bürde endlich einmal all die Umweltbücher gierig schmökern dürften, denen sie sich seit Jahren versagen mußten.

Sollte sich meine kleine bescheidene Reform einschließlich des erforderlichen Bildungsurlaubs absolut nicht realisieren lassen – vielleicht weil Strauß und Lambsdorff hier Seite an Seite streiten würden –, so lautet meine Bitte:

Alle zukünftigen Gutachten erhalten auf den Einband ein grasgrünes Band, in das eine der tiefgründigsten Erkenntnisse unserer Weisen in Goldbuchstaben eingegraben wird. «Die Freiheit zu Fehlverhalten ist in einer Wirtschaftsordnung wie der unseren größer als anderswo» (JG 1975, Ziff. 383).

Freunde von Recht und Ordnung innerhalb des Rates können (notfalls ironisch schmunzelnd) hinzufügen: «Wo Macht ist, muß auch Haftung sein» (JG 1973, Ziff. 332).

Mich wird das nicht anfechten. Ich bin mir jedoch sicher, daß es so schlimm nicht kommen wird. Ich glaube an den Erfolg meines Sofortprogramms, denn «Erst einmal herausgefordert, haben Menschen immer wieder vollbracht, was zunächst unmöglich erschien» (JG 1974, Ziff. 63).

## Literatur


Bossel, Krause, Müller-Reissmann: Energiewende – Wachstum und Wohlstand ohne Erdöl und Uran, Frankfurt/M. 1980

Franke, J.; Viefhues, D.: Das Ende des billigen Atomstroms, ÖKO-Bericht, ÖKO-Institut Freiburg 1983

Hatzfeldt, Leinen, Schuhmacher, Teufel (Hg.): Kohle – Konzepte einer umweltfreundlichen Nutzung, Frankfurt 1982

Meissner, W.; Hödl, E.: Positive ökonomische Aspekte des Umweltschutzes, Umweltbundesamt, Berlin 1977

Meissner, W.; Hödl, E.: Auswirkungen der Umweltpolitik auf den Arbeitsmarkt, Bundesminister des Innern, Bonn 1978

Müller-Reissmann: Ein Bärendienst für die Kernenergie. Stellungnahme zur Kritik der KFA-Jülich an der Energiewende, Freiburg 1980

ÖKO-Institut (Hg.): ... ausgebrütet. Neue wissenschaftliche Argumente gegen die Atomenergienutzung. ÖKO-Mitteilungen, Heft 2, 1982

Rat der Sachverständigen für Umweltfragen: Energie und Umwelt, Sondergutachten, Stuttgart 1981

Schmitz, K.; Voss, A.: Energiewende? Analysen, Fragen und Anmerkungen zu dem vom ÖKO-Institut vorgelegten «Alternativ-Bericht», Jülich 1980

Stellungnahme zu Problemen der Energieversorgung, die der Vorsitzende des Sachverständigenrates für die Anhörung des Ausschusses für Wirtschaft des Deutschen Bundestages am 17. und 19. Oktober 1977 in Bonn abgegeben hat.

Sprenger, U.: Beschäftigungseffekte der Umweltpolitik, Berlin–München 1979

Traube, K.; Ulrich, O.: Billiger Atomstrom? Reinbek 1982

Ullmann, A.; Zimmermann, K.: Umweltpolitik und Umweltschutzindustrie in der Bundesrepublik Deutschland. Bericht des Umweltbundesamtes, Berlin 1982

*Helmut D. Fangmann*

# Die «marktwirtschaftliche Ordnung»

## Verfassungsprobleme eines Auftrags

### *1. Sachverständigenrat: eine «unverantwortliche Nebenregierung»?*

Eine Zitatenlese der verfassungs- und wirtschaftsrechtlichen Literatur über und um den Sachverständigenrat zur Begutachtung der gesamtwirtschaftlichen Entwicklung (SVR) zeigt ein kontroverses Bild. So wurde der SVR als «unverantwortliche Nebenregierung» tituliert, «die der demokratischen Legitimation entbehrt».[1] Andere glaubten in ihm den «Hüter der gesamtwirtschaftlichen Entwicklung»[2] zu erkennen. Kaiser[3] behauptete, daß die «Fünf Weisen» zu «einer Art ‹tribuni plebis› unserer Demokratie» geworden seien. Ist der SVR etwa der «pouvoir neutre»[4] der Wirtschaftspolitik mit der «Kompetenz zur Entmachtung»? Oder sollte die Ansicht von Stern/Münch/Hansmeyer richtig sein? Sie bezeichnen den SVR als «politisch nicht verantwortliches, institutionell verselbständigtes permanentes Gutachtergremium eigener Art».[5]

Wie richtig bzw. plausibel die teilweise sehr zugespitzten und effekthaschenden Charakterisierungen des SVR auch sein mögen, im Zusammenhang mit anderen Einrichtungen und Ideologien der «Verfassungswirklichkeit» erzeugen sie einen merkwürdigen Eindruck auf denjenigen, der das Grundgesetz unbefangen zu Rate zieht und aus Art. 20 Abs. 1 GG erfährt: «Die Bundesrepublik Deutschland ist ein demokratischer und sozialer Bundesstaat», in dem alle Staatsgewalt vom Volke ausgeht (Art. 20 Abs. 2 S. 1 GG). Denn die Demokratie wird offenbar so intensiv «behütet» oder «gehütet», daß dem souveränen Volk zur Entscheidung nicht viel übrigzubleiben scheint: Die Deutsche Bundesbank «hütet» die Währung, das Bundesverfassungsgericht «hütet» die Verfassung, der Sachverständigenrat «hütet» die gesamtwirtschaftliche Entwicklung etc. Es sieht so aus, als wären das Parlament und die Bundesregierung von mehreren Nebenregierungen umgeben, die das Regieren der Regierung nur noch im Rahmen von Vorentscheidungen der Nebenregierungen erlauben. Wie auf anderen Feldern der Politik tendenziell die Freiheit «zu Tode» geschützt wird, wird hier die Demokratie fast «zu Tode» gehütet. Dieser Anschein drängt sich jedenfalls auf, sofern man den Ansichten führender Verfassungsjuristen und Politiker Glauben schenkt.

Gar so dramatisch «behütet» sind die wirklichen Politik- und Rechtsverhältnisse nun aber nicht. Sowohl die realen Machtverhältnisse in Politik und Wirtschaft als auch die bestehende Rechtslage werden von einigen Interpreten verzerrend überzeichnet, immerhin fehlt dem SVR jede rechtsverbindliche Entscheidungskompetenz. Es wäre aber eine Illusion, glauben zu wollen, die «Hüterideologien» seien nichts als realitätsferne Behauptungen autoritätsfixierter Juristen und Politiker, die sich von selbst richten. Die Bezeichnungen sind durchaus symptomatisch für ein höchst wirksames Konzept der Einkreisung parlamentarisch-demokratischer Befugnisse und Entscheidungen, das eine lange Tradition in Deutschland hat. Ihre tieferen Ursachen liegen im 19. Jahrhundert, praktisch zu werden begann das autoritäre Demokratieverständnis dann nach 1918. Die Hochstilisierung des SVR zum «Hüter der Gesamtwirtschaft» offenbart eines der jüngeren Produkte des verbreiteten autoritären Demokratieverständnisses, das sich nicht mit der parlamentarischen Demokratie auf der Basis des allgemeinen und gleichen Wahlrechts abfinden kann und deshalb auf der permanenten Suche nach Institutionen und zumeist verfassungsrechtlich eingefärbten Konstruktionen ist, die parlamentarisch-demokratische Prärogative zu begrenzen oder so zu kanalisieren, daß die von «Hütern» und von anderen definierten Fundamentalinteressen unangetastet bleiben können. Selbst in mancher Kritik des SVR als Nebenregierung steckt dieses Grundverständnis, nämlich, wenn sie durch die Befürchtung motiviert ist, die Einheitlichkeit autoritärer Staatsgewalt, personifiziert durch die «eigentliche» Regierung, werde durch Nebenregierungen gefährdet.[6]

## *2. Der gesetzliche Auftrag des SVR*

Das 13 Paragraphen umfassende SVRG bestimmt in seinem § 2 den Auftrag des SVR. Danach soll der SVR «die gesamtwirtschaftliche Lage und deren absehbare Entwicklung darstellen». Insoweit ist der Auftrag umfassend angelegt, d. h., er schließt alle Daten, Fakten und Entwicklungen der Volkswirtschaft der Bundesrepublik ein. § 2 Satz 2 SVRG beschreibt die Aufgabe nun aber wie folgt: «Dabei soll er untersuchen, wie im Rahmen der marktwirtschaftlichen Ordnung gleichzeitig Stabilität des Preisniveaus, hoher Beschäftigungsstand und außenwirtschaftliches Gleichgewicht bei stetigem und angemessenem Wachstum gewährleistet werden können.» Für dieses sog.

«magische Viereck» der Ziele ist die marktwirtschaftliche Ordnung offenkundig als das gedacht, was man die Verbindungen bzw. Geraden zwischen den Eckpunkten nennen könnte.

Bildlich gesprochen, die Marktwirtschaft ist der Zaun, über den der SVR von Gesetz wegen nicht hinwegsteigen darf. Damit kommt dem Begriff «Rahmen der marktwirtschaftlichen Ordnung» die Schlüsselrolle bei der Definition des gutachterlichen Auftrags zu. Die Erreichung der vier Ziele darf nicht so begutachtet werden, daß sie auch oder nur außerhalb des marktwirtschaftlichen Rahmens vonstatten gehen könnte. Es ist deshalb anzunehmen, daß die marktwirtschaftliche Ordnungskonzeption als Grenze bzw. als gesetzlich verordnete Sperre der gutachterlichen Überlegungen aufzufassen ist. Nach herrschender[7] Auslegung des Wortlauts «bei stetigem und angemessenem Wachstum» hat das Wachstumsziel Priorität oder den Charakter einer Bedingung gegenüber den drei anderen Zielen, die unter sich als gleichrangig zu betrachten sind. Die Gutachten müssen mithin so konzipiert sein, daß aus ihnen hervorgeht, wie in der Marktwirtschaft der Bundesrepublik unter der Voraussetzung von Wachstum die Ziele Preisstabilität, hoher Beschäftigungsstand – nicht identisch mit Vollbeschäftigung – und außenwirtschaftliches Gleichgewicht realisiert werden können. Daß diese Vorgabe unter gesamtwirtschaftlichen Krisenbedingungen volkswirtschaftlich gesehen unerreichbar sein dürfte, steht auf einem anderen Blatt. Das Gesetz mag unrealistisch sein, das ändert aber nichts daran, daß es verlangt, die «relative Vollbeschäftigung» im Gleichklang mit den anderen genannten Zielen auf der Basis der Marktwirtschaft zu garantieren.

Die übrigen Sätze des § 2 SVRG stehen einer solchen Annahme nicht entgegen. Satz 3 beauftragt den SVR, in die Untersuchung nach Satz 2 auch «die Bildung und die Verteilung von Einkommen und Vermögen» einzubeziehen. Aus dem Wort- und Satzzusammenhang von Satz 2 und Satz 3 folgt klar, daß der Untersuchungsgegenstand «Einkommen/Vermögen» in dem Sinne kein gesonderter Auftrag neben dem des magischen Vierecks sein soll, daß die Einkommensfrage außerhalb marktwirtschaftlicher Überlegungen und außerhalb der vier Ziele erörtert werden dürfte. Im Klartext heißt das so viel, daß die marktwirtschaftliche Ordnung in allen Fällen der Begutachtung der Gesamtwirtschaft der Grenzstein wirtschaftswissenschaftlicher Erkenntnisse zu sein hat. Auch die in Satz 4 angesprochenen Spannungen zwischen Angebot und Nachfrage sind danach explizit dem marktwirtschaftlichen Ordnungsmodell unterworfen. Schließlich formuliert der letzte Satz des § 2 ein Empfehlungsverbot, denn der SVR darf «keine Empfehlungen für bestimmte wirtschafts- und sozialpolitische Maßnahmen aussprechen». Hier ist zunächst nur von Interesse, daß das «Soziale» über das Empfehlungsverbot aus der Aufgabe des SVR ausdrücklich ausgeklammert wird. Das Attribut «sozial» taucht – abgesehen von § 2 letzter Satz – im Gesetz nur noch zweimal auf (§§ 1 Abs. 3, 4 SVRG). In beiden Fällen ist seine Verwendung für den Gutachterauftrag unerheblich. Fassen wir zusammen: Der Gesetzeswortlaut dekretiert unmißverständlich, daß das «Soziale», was immer das im einzelnen auch sein mag, unter allen Umständen aus der Begutachtung der Gesamtwirtschaft durch den SVR fernzuhalten ist. Auffällig ist, daß nicht der bekannte und viel benutzte Begriff «soziale Marktwirtschaft» zur Leitlinie der SVR-Aufgabe erhoben wurde, sondern eben eine Marktwirtschaft ohne jedes Attribut.

Die Entstehungsgeschichte[8] des Gesetzes in den Jahren 1962/63 bestätigt die hier vorgenommene Auslegung des Wortlauts. Die Aufgabe des SVR wurde in § 2 des ersten Gesetzentwurfs vom 26. Juni 1962 u. a. wie folgt umschrieben: «Der Sachverständigenrat soll seine Gutachten zur gesamtwirtschaftlichen Entwicklung unter dem Leitgedanken der Erhaltung eines angemessenen Wachstums der Wirtschaft in einer freien Wirtschaftsordnung bei Wahrung von Währungs- und Preisstabilität, hohem Beschäftigungsstand und außenwirtschaftlichem Gleichgewicht erstellen.» Auf Vorschlag des Wirtschaftsausschusses des Bundestages wurde in der 2. und 3. Lesung der gesamte § 2 neu formuliert und in die geltende Gesetzesfassung gebracht. Die ausführlichen Begründungen des Ausschusses und die Plenardebatte haben jedoch speziell zu der Neufassung «... im Rahmen der marktwirtschaftlichen Ordnung ...» nicht Stellung bezogen. Das läßt den Schluß zu, daß der Bundestag den Formulierungsunterschieden keine Bedeutung beigemessen hat. Entstehungsgeschichtlich ist also von einer freien, sozial nicht beschränkten Marktwirtschaftsordnung auszugehen.

Es gibt mithin allen gesetzlich verbrieften Grund, § 2 SVRG so ernst zu nehmen, wie er gefaßt ist, zumal das damit angeschnittene Problem der Wirtschaftsordnung äußerst sensibel gehandhabt wird. Sie ist eine «Glaubensfrage» von höchstrangiger Bedeutung, die sich auch durch zahlreiche andere Wirtschaftsgesetze zieht, die der Sache nach wesentlich wichtiger sind als das SVRG. Besonders jene Interpreten, welche die Marktwirtschaft als die Systemfrage schlechthin begreifen, dulden keine Nachlässigkeit in der Begriffswahl oder werden bei jeder noch so entferntesten sozialen «Aufweichung» des marktwirtschaftlichen Selbstverständnisses sofort hellhörig, nicht zuletzt deswegen, weil sie eine schleichende Gefährdung unmittelbarer wirtschaftlicher Interessen befürchten.

Der gesetzliche Auftrag des § 2 SVRG ist eindeutig, er legt die «Fünf Weisen» explizit auf eine Marktwirtschaft ohne soziale Korrektive fest, im Rechtssinne wäre das die «freie Marktwirtschaft».

Gestützt wird diese Darstellung durch das gesetzliche Pendant zum SVRG, dem Gesetz zur Förderung der Stabilität und des Wachstums der Wirtschaft vom 6. Juni 1967 (StabG), denn § 1 StabG ist in dem hier entscheidenden Punkt wort- bzw. sinngleich.[9] Die danach von Bund und Ländern zu beschließenden Maßnahmen der Wirtschafts- und Finanzpolitik sind auf das gesamtwirtschaftliche Gleichgewicht verpflichtet (§ 1 Satz 1 StabG). Sie sind so zu treffen, «daß sie im Rahmen der marktwirtschaftlichen Ordnung gleichzeitig zur Stabilität des Preisniveaus, zu einem hohen Beschäftigungsgrad und außenwirtschaftlichen Gleichgewicht bei stetigem und angemessenem Wirtschaftswachstum beitragen» (§ 1 Satz 2 StabG). Bis auf zwei nebensächliche Formulierungsunterschiede – statt «Beschäftigungsstand» hier «Beschäftigungsgrad» und statt «Wachstum» hier «Wirtschaftswachstum» – legt § 1 Satz 2 StabG den gesetzlichen Maßstab so fest, wie es § 2 Satz 2 SVRG tut. Da das vier Jahre später beschlossene StabG in seinem § 31 das SVRG außerdem noch explizit änderte, indem es den SVR zu obligatorischen Zusatzgutachten beauftragte (§ 6 Abs. 2 SVRG), den Grundsatz des § 2 SVRG jedoch bestehen ließ, spricht alles dafür, daß die gesetzliche Verpflichtung auf die «marktwirtschaftliche Ordnung» eine bewußt gewollte gesetzgeberische Entscheidung war.[10] § 3 Abs. 1 SVRG stellt ergänzend klar, daß nur der durch das SVRG bestehende Auftrag maßgebend ist und keine andere gesetzliche Bindung in Betracht kommt.

### *3. Der Begriff: Marktwirtschaftliche Ordnung*

Über die wichtigsten Bestandteile der Marktwirtschaft als Ordnungsmodell einer Volkswirtschaft besteht in der Volkswirtschaftslehre und in der einschlägigen Rechtslehre weitgehend Einigkeit. Summarisch zusammengefaßt sind es folgende Prinzipien, die als unabdingbar gelten, um eine Volkswirtschaft als Marktwirtschaft bezeichnen zu können:

Dezentrale einzelne Wirtschaftssubjekte (Unternehmer, Haushalte) treffen die Entscheidungen über Bedarf und Bedarfsdeckung, über den Einsatz der Produktionsfaktoren (Arbeit, Kapital, Boden) sowie über Quantität und Qualität der Produktion allein bzw. primär nach ihrem jeweiligen einzelwirtschaftlichen Interesse. Gesamtwirtschaftlich koordiniert werden die einzelwirtschaftlichen Entscheidungen auf den verschiedenen Märkten über den Mechanismus von Angebot und Nachfrage, der auf der Grundlage der Konkurrenz der Anbieter und Nachfrager insbesondere den Preis der Waren bestimmt. Der Markt ist damit die Koordinationsinstanz, die «unsichtbare Hand» der Marktwirtschaft. Diesem System entsprechen in rechtlicher Hinsicht bestimmte rechtliche Freiheiten, mindestens sind dies das Privateigentum, vor allem an den Produktionsmitteln, die Gewerbe- und Handelsfreiheit, die Vertragsfreiheit sowie die Preisfreiheit.

Dieses als staatsfrei gedachte Modell wird allerdings dann problematisch, wenn die Frage zu beantworten ist, in welchem Ausmaß der Staat in den gesamtwirtschaftlichen Prozeß eingreifen darf bzw. muß. Die Bestimmung der Grenze zwischen der staatlichen Intervention und der staatlichen Nichtintervention in die Gesamtwirtschaft ist eine der herausragenden Streitfragen der Wirtschaftswissenschaften und der Rechtswissenschaften, besonders seit der Rezession von 1966/67. Ohne auf diese näher einzugehen, kann jedenfalls als sicher gelten, daß sowohl das SVRG von 1963 als auch das StabG von 1967 in der Frage des staatlichen Eingriffs nicht mehr den Leitbildern des ökonomischen Liberalismus der klassischen Nationalökonomie im Sinne von Smith, Ricardo u. a. folgen. Nicht altliberale Staatsabstinenz ist deshalb das Charakteristikum, vielmehr sind zwei den Staat einbeziehende Ordnungs- und Steuerungskonzeptionen, die sich nur teilweise unterscheiden, im SVRG zusammengeflossen. Die eine beruht auf der Wirtschaftsordnungspolitik der ordo-liberalen bzw. neoliberalen Wirtschaftstheorie (Eucken, Erhard, Böhm u. a.), die andere ist die der globalgesteuerten Marktwirtschaft (z. B. Karl Schiller).

Die Neoliberalen vertreten eine geordnete Marktwirtschaft, wobei der Staat die Aufgabe hat, die Abweichungen und Durchbrechungen der marktwirtschaftlichen Prinzipien des funktionsfähigen Preissystems, der vollständigen Konkurrenz und des Privateigentums zu verhindern oder zu beseitigen, zum Beispiel, wenn Monopolbildungen die wettbewerbliche Preisbildung behindern oder ausschließen. Das heißt, der Staat ist das Instrument zur Garantie marktwirtschaftlicher Bedingungen, wenn und soweit die marktwirtschaftliche Dynamik zur Aufhebung ihrer eigenen Grundlagen tendiert.

Dagegen sind dem neoliberalen Modell einer geordneten Marktwirtschaft sozialpolitische Zielvorstellungen generell fremd, seien es nur solche, welche die marktwirtschaftliche Güter- und Einkommensverteilung in dem Maße korrigieren, wie die marktwirtschaftliche Selbstregulierung tatsächlich versagt. Auch das oft aus ideologischen Gründen der Marktwirtschaft beigefügte Attribut «sozial» ändert nichts daran, daß der neoliberale Glaube die «soziale Gerechtigkeit» allein durch die Marktwirtschaft selbst verbürgt sieht. Zugespitzt formuliert ließe sich sagen, was der Markt für die Masse der Bevölkerung hergibt, ist auch sozial gerecht. Da die Neoliberalen die staatliche Funktion ausschließlich auf die Ordnungspolitik begrenzen, aber darauf verzichten, Ablaufspolitik zu betreiben, d. h. die marktwirtschaftlichen Prozesse der Produktion, Verteilung, Konsumtion selbst staatlich zu beeinflussen, werden damit auch ihre inhaltlichen Ergebnisse, z. B. die Einkommensverteilung, bewußt hingenommen.

Die zweite Komponente des SVRG gibt diesen Verzicht auf Ablaufspolitik auf. Auf der Grundlage neoliberaler Ordnungspolitik sollen die makroökonomischen Größen (Wachstum, Investitionen, Beschäftigung, Preisniveau u. a.) und deren Verhältnis zueinander staatlich gesteuert werden. Diese Globalsteuerung verlängert die wettbewerbliche Selbststeuerung der Mikrorelationen um die staatliche Lenkung der makroökonomischen Kreislaufgrößen. Mit verschiedenen Mitteln der Geldpolitik, der Fiskalpolitik, der Außenwirtschaftspolitik soll der konjunkturelle Krisenzyklus so beherrscht werden, daß die Makrogrößen untereinander im Gleichgewicht sind. In diesem Sinne ist die globalgesteuerte Ablaufspolitik des Staates im Prinzip antizyklisch. Unangetastet bleiben aber die von maximaler Gewinnerzielung bestimmten einzelwirtschaftlichen Unternehmungsentscheidungen, d. h., es findet nur eine indirekte Lenkung über die staatliche Manövriermasse der Geldpolitik, der Steuerpolitik, der Haushaltswirtschaft u. ä. statt. Die globalgesteuerte Gleichgewichtspolitik des «magischen Vierecks» ist strukturell reaktiv angelegt, denn die marktwirtschaftliche Ordnung und die darin eingeschlossenen Unternehmensentscheidungen setzen die Daten bzw. die Voraussetzungen für die Globalsteuerung. Zwar gibt es auch gewisse Vorwirkungen der Globalsteuerung auf die Unternehmensentscheidungen, im wesentlichen ist es aber so, daß das marktwirtschaftliche Prinzip die Globalsteuerung steuert und nicht umgekehrt.

Nun ließe sich behaupten, daß die in § 2 SVRG genannten Ziele eines hohen Beschäftigungsstandes, stabiler Preise sowie unter bestimmten weiteren Voraussetzungen auch der Bildung bzw. Verteilung von Einkommen und Vermögen, besonders für Lohnabhängige und für Personen, die auf Sozialausgaben im weiteren Sinne angewiesen sind, einen sozialen Charakter hätten, die das im SVRG fehlende Ziel der «Sozialpolitik» kompensieren würden. Der konzeptionelle Vorrang des marktwirtschaftlichen Prinzips relativiert aber die Erreichung dieser Ziele mit tendenziell sozialem Einschlag und läßt sie von vornherein zweitrangig sein. Selbst wenn diese Ziele angestrebt werden, müßte beispielsweise beachtet werden, daß zwar stabile, aber hohe Preise für die Bevölkerungskreise mit niedrigem Einkommen nicht gerade sozial sind. Der Begriff «hoher Beschäftigungsstand» ist zudem sehr dehnbar und hat in offiziellen und inoffiziellen Interpretationen schon außerordentlich hohe Arbeitslosenzahlen verkraften müssen, so daß erhebliche Zweifel angebracht sind, ob dieses Ziel soziale Sicherheit auszudrücken vermag. Außerdem kann nicht übersehen werden, daß stabile Preise und ein hoher Beschäftigungsstand nicht das gesamte Feld der Sozialpolitik im weiteren Sinne abdecken. Die Gleichgewichtspolitik der Globalsteuerung subsumiert die gesamten unmittelbaren Sozialausgaben des Staates jedoch unter die Zielgrößen des «magischen Vierecks». Sie werden zur makroökonomischen Lenkungsmasse für Ziele des SVRG bzw. des StabG, welche die Sozialpolitik ausklammern. Schon die Konstruktion des SVRG – nur die ist hier relevant – führt dazu, daß die Globalsteuerung unter der «Fuchtel» der Marktwirtschaft steht mit der Konsequenz, daß die Sozialpolitik nach der Marktwirtschaft und der Globalsteuerung gleichsam auf die dritte Stelle der gesamtgesellschaftlichen Prioritätenskala zurückfällt. So überrascht denn auch nicht, wenn einige Vertreter der Staatsrechtslehre die Vorrangigkeit der «marktwirtschaftlichen Ordnung» als verfassungsrechtlich geboten ansehen wollen.

### *4. Die Wirtschaftsverfassung des Grundgesetzes*

Die Kernfrage der Wirtschaftsverfassung ist das vieldiskutierte Problem, ob die Marktwirtschaft eine von mehreren Möglichkeiten ist, die das Grundgesetz zuläßt, oder die allein verfassungsrechtlich vorgeschriebene Wirtschaftsordnung ist. In der staatsrechtlichen Literatur ist die Frage nach wie vor umstritten. Erörtert wurde sie vor allem zu Beginn der fünfziger Jahre und nach der Neufassung des Art. 109 GG im Jahre 1967 bzw. 1969. Die These, die Wirtschaftsverfassung des Grundgesetzes sei die einer sozialen Marktwirtschaft, wurde insbesondere von H. C. Nipperdey[12] verfochten. In jüngster Zeit hat sich etwa Herzog zu ihr bekannt und behauptet, Nipperdeys Ansicht sei nicht widerlegt worden: «Heute (im Jahre 1980, der Verf.) sollte man ehrlicherweise hinzufügen: Sie ist nicht widerlegt worden, weil sie nicht widerlegbar ist.»[13] Herzog glaubt seine und Nipperdeys Ansicht durch die Grundrechte des Eigentums, der Berufsfreiheit, der Freizügigkeit und der allgemeinen wirtschaftlichen Handlungsfreiheit (Art. 14,12,11,2 Abs. 1 GG) grundgesetzlich gestützt.

Sein Kollege Theodor Maunz, mit Dürig der Begründer des führenden Grundgesetzkommentars «Maunz-Dürig», jetzt «Maunz-Dürig-Herzog-Scholz», ist in der Kommentierung des Art. 109 GG desselben Kommentars der entgegengesetzten Ansicht: «Das marktwirtschaftliche System ist zwar Motiv für die Schaffung der Abs. 2 bis 4 des Art. 109 gewesen. Bei aller Befürwortung dieses Systems läßt sich aber nicht feststellen, daß es im Grundgesetz unumstößlich verankert worden ist.»[14] Wenn die Marktwirtschaft durch Art. 109 Abs. 2/4 GG garantiert sei und diese mit der Vergesellschaftung der Produktionsmittel nach Art. 15 GG unvereinbar sei, müsse der neugefaßte Art. 109 GG den Art. 15 GG außer Kraft setzen. Das sei – so Maunz – nicht der Fall. Da beide Verfassungsnormen gleichrangig sind, wäre es verfassungsrechtlich auch nicht möglich, es sei denn, man würde sich der von einer Minderheit vertretenen Verfassungsrechtsideologie der «verfassungswidrigen Verfassungsnormen» bedienen, die aber keine Anerkennung gefunden hat.

Der Maunzschen Auffassung ist beizupflichten, weil sie Art. 109 GG korrekt interpretiert. Im Gegensatz zu § 1 StabG und § 2 SVRG, die als einfache Bundesgesetze im Range unter der Verfassung stehen,[15] verpflichtet Art. 109 Abs. 2 GG Bund und Länder nicht auf die marktwirtschaftliche Ordnung, sondern lediglich darauf, «bei ihrer Haushaltswirtschaft den Erfordernissen des gesamtwirtschaftlichen Gleichgewichts Rechnung zu tragen». Art. 109 Abs. 4 GG erwähnt das gesamtwirtschaftliche Gleichgewicht ebenfalls ohne den Bezug zur Marktwirtschaft. Darüber hinaus ist das «magische Viereck» verfassungsrechtlich ebenfalls nicht verankert, so daß die Ansicht, nicht einmal die Globalsteuerung sei durch Art. 109 GG festgeschrieben, zutreffend ist.[16] Alle entgegenstehenden Behauptungen einiger Staatsrechtslehrer mißachten den eindeutigen Wortlaut des Grundgesetzes und sind Beispiele für eine kaum zu ignorierende «Grundgesetztheologie», die ihr gesellschaftspolitisches Vorverständnis allzu durchsichtig ins Grundgesetz projiziert. Das Bundesverfassungsgericht hat in ständiger Rechtsprechung seit dem grundlegenden Investitionshilfe-Urteil von 1954[17] das Prinzip der relativen Offenheit der Wirtschaftsverfassung des Grundgesetzes vertreten. In dieser Entscheidung hieß es, daß das Grundgesetz nicht «eine nur mit marktkonformen Mitteln zu steuernde ‹soziale Marktwirtschaft› garantiert». Der Verfassungsgeber habe sich «nicht ausdrücklich für ein bestimmtes Wirtschaftssystem entschieden». Deshalb sei der Gesetzgeber berechtigt, die ihm «jeweils sachgemäß erscheinende Wirtschaftspolitik zu verfolgen, sofern er dabei das Grundgesetz beachtet».[18]

Im Mitbestimmungsurteil von 1979[19] hat das Gericht den Grundsatz nochmals bestätigt: «Das Grundgesetz ... enthält keine unmittelbare Festlegung und Gewährleistung einer bestimmten Wirtschaftsordnung.»[20] Damit wurden die von der Literatur gestarteten Versuche, die paritätische Mitbestimmung indirekt für verfassungswidrig zu erklären, weil diese die Marktwirtschaft verletze, deutlich zurückgewiesen. Die Aufgabe zur Gestaltung des Wirtschaftslebens hat das Bundesverfassungsgericht dem parlamentarischen Gesetzgeber zugesprochen, «der hierüber innerhalb der ihm durch das Grundgesetz gezogenen Grenzen frei zu entscheiden hat, ohne dazu einer weiteren als seiner allgemeinen demokratischen Legitimation zu bedürfen».[21]

Das skizzierte Meinungsbild aufgrund der Rechtsprechung des Bundesverfassungsgerichts und der wohl herrschenden Literaturmeinung bedeutet, daß weder die Marktwirtschaft noch die soziale Marktwirtschaft grundgesetzlich festgeschrieben ist. Die Festlegung der Wirtschaftsordnung steht zur Disposition des einfachen Gesetzgebers (Bundestag und Bundesrat) ohne verfassungsändernde Mehrheiten. Da mehrere Entscheidungsmöglichkeiten bestehen, könnte es so aussehen, als wäre die gesetzgeberische Entscheidung für die «marktwirtschaftliche Ordnung» in § 2 SVRG mit dem Grundgesetz vereinbar. Der Gesetzgeber ist aber nicht völlig frei, wie er sich entscheiden will. Jedes Gesetz muß mit dem Grundgesetz übereinstimmen, wie das Bundesverfassungsgericht zutreffend betont hat. Auch der Gesetzgeber ist vor allem an die Grundrechte der Art. 1 ff GG und die Staatsprinzipien des Art. 20 GG gebunden. Das heißt, der Entscheidungsspielraum des einfachen Gesetzgebers in der Frage der Wirtschaftsordnung wie in anderen Bereichen ist nur relativ. Ein Gesetz, welches beispielsweise die Garantie des Privateigentums (Art. 14 GG) mißachten würde, wäre genauso verfassungswidrig wie ein Gesetz, welches das Sozialstaatsprinzip (Art. 20 Abs. 1/28 Abs. 1 GG) übergehen würde.

Insofern stellt sich für das an dieser Stelle interessierende Problem der gesetzlichen Aufgabe des SVR (§ 2 SVRG) die Frage, ob der Gesetzgeber ungeachtet der relativen Offenheit des Grundgesetzes das Grundgesetz so beachtet hat, daß das SVRG als verfassungskonform bezeichnet werden kann. Die Fixierung der «marktwirtschaftlichen Ordnung» als zwingende Rahmenordnung für die Gutachten des SVR könnte nämlich unter anderem gegen den Sozialstaatsgrundsatz des Art. 20 Abs. 1 GG verstoßen.

Der Sozialstaatsgrundsatz wird sehr verschieden interpretiert, was zum Teil darin begründet ist, daß der Wortlaut des Art. 20 Abs. 1 GG sehr wenig für die Auslegung hergibt. Die Entstehungsgeschichte des Grundsatzes ist ebenfalls nicht besonders ertragreich, so daß sehr viel davon abhängt, wie die herrschende Lehrmeinung und besonders das Bundesverfassungsgericht über die Sozialstaatlichkeit der Bundesrepublik urteilen.

Zwei Momente sind jedoch unbestreitbar: Erstens ist Art. 20 Abs. 1 GG unmittelbar geltendes Verfassungsrecht und nicht ein unverbindlicher Programmsatz oder eine leerlaufende Blankettformel. Zweitens hat Art. 20 GG ebenso wie Art. 1 GG innerhalb der ansonsten mit gleichem Rang ausgestatteten Verfassungsnormen eine Sonderstellung, die aus Art. 79 Abs. 3 GG resultiert. Diese sog. «Ewigkeitsklausel» verbietet es, das Sozialstaatsprinzip mit noch so großen verfassungsändernden Mehrheiten von Bundestag und Bundesrat zu verändern. Diese bewußte Entscheidung des Parlamentarischen Rates schließt zumindest aus, das Sozialstaatsprinzip durch von vornherein restriktive Auslegungen abzuwerten, wie es einige Verfassungsjuristen fordern.[22] Alles spricht vielmehr für das Gegenteil, nämlich die formelle Hervorhebung der in Art. 20 GG genannten Prinzipien des Sozialstaates, der Demokratie und des Bundesstaates zu respektieren und in der Interpretation entsprechend zu berücksichtigen.

In Kommentierungen zum «magischen Viereck» des § 1 Satz 2 StabG haben mehrere Autoren klar betont, daß die staatliche Gleichgewichtspolitik (Art. 109 Abs. 2 GG) nicht allein jene vier Zielkomponenten beachten müsse, sondern insbesondere auch dem Sozialstaatsprinzip verpflichtet sei.[23] Ausgehend von der These, «daß das gesamte Recht eine soziale Tendenz haben» müsse, hat Maunz angedeutet, daß «das Sozialstaatsprinzip als möglicherweise widerstreitend zu den Zielen des § 1 StWG» angesehen werden könne, und hinzugefügt: «In jedem Falle sind bei der Verwirklichung des § 1 StWG auch die Erfordernisse der sozialen Gerechtigkeit zu beachten.»[24]

Die von Maunz offengelassene Frage des Widerspruchs zwischen den Zielen des StabG und dem Sozialstaatsgebot ist hier dahingehend zu konkretisieren, ob der mit dem entsprechenden Passus in § 1 StabG übereinstimmende § 2 Satz 2 SVRG lediglich neben dem verfassungsrechtlichen Prinzip der gerechten Sozialordnung steht oder ob die «marktwirtschaftliche Ordnung» wenigstens zum Teil mit der gerechten Sozialordnung des Sozialstaatsprinzips unvereinbar ist und infolgedessen verfassungswidrig bzw. nichtig ist.

Wenn mit der Marktwirtschaft die historische Erfahrung gemacht worden wäre, daß sie die sozialen Fragen gelöst hätte, gäbe es weder eine Sozialgesetzgebung noch soziale Grundrechte, und es wäre im Jahre 1949 für überflüssig erachtet worden, das Sozialstaatsprinzip ins Grundgesetz aufzunehmen. Die «Grundgesetzväter» hätten sich mit den liberalen Grundrechten von «Freiheit und Eigentum» begnügen können. Keine ernst zu nehmende Verfassungsinterpretation kann deshalb daran vorbei, daß die marktwirtschaftlich verfaßten Gesellschaftsordnungen vor 1949 die wesentliche Ursache für die eklatanten sozialen Probleme der nichtbesitzenden Schichten waren. Da die Marktwirtschaft das Soziale eben nicht garantiert, bedurfte es der sozialen Korrektur des Systems durch den Staat. In diesem historischen Sinne sind das Sozialstaatsprinzip ebenso wie soziale Grundrechte das Gegenstück zur marktwirtschaftlichen Ordnung. Spätestens in Zeiten heftiger wirtschaftlicher Krisen wird der Gegensatz manifest, wenn etwa die Krisen so reguliert werden, daß das marktwirtschaftliche Gewinnprinzip massiv begünstigt wird und die sozialen Standards der einkommensschwachen und sozialabhängigen Schichten drastisch benachteiligt werden. Dann nehmen die sozialen bzw. gesellschaftlichen Gegensätze wieder stark zu.

Der gesellschaftlichen Dimension des Sozialstaatsgebots war sich das Bundesverfassungsgericht in seiner über dreißigjährigen Judikatur immer bewußt, denn es hat die verfassungsrechtliche Pflicht des Staates ausgesprochen, «für einen Ausgleich der sozialen Gegensätze und damit für eine gerechte Sozialordnung zu sorgen»[25], und «das Ideal der sozialen Demokratie in den Formen des Rechtsstaates»[26] entwickelt. Der so verstandene Sozialstaat verfolgt nach Ansicht des Gerichts grundsätzlich die «annähernd gleichmäßige Förderung des Wohles aller Bürger und annähernd gleichmäßige Verteilung der Lasten».[27]

Daß das Sozialstaatsprinzip nicht nur «als Schutz sozial besonders Schwacher zu begreifen» sei, hat das Gericht noch 1977[28] hervorgehoben und den inneren Zusammenhang zwischen dem Sozialleistungssystem und der Volkswirtschaft darin gesehen, daß das System der sozialen Sicherung den Arbeitnehmern teilweise überhaupt erst ermögliche, ihren Beitrag in der Arbeitswelt zu leisten. Insofern sei das Sozialstaatsprinzip eine der wesentlichen Grundlagen der Volkswirtschaft.

Offenkundig beurteilt die Judikatur des Bundesverfassungsgerichts den Sozialstaat rechtlich wie empirisch nicht als Störfaktor bzw. Fremdkörper volkswirtschaftlicher Abläufe. Implizit folgt sie damit einer Einsicht wie der, daß staatliche Sozialleistungen als konsumtive

Nachfrage die Volkswirtschaft stärkende Faktoren sind. Die Gedankengänge zahlreicher verfassungsgerichtlicher Entscheidungen zum Sozialstaatsprinzip ergeben insgesamt ein integratives Konzept einer sozialen Gesamtwirtschaft, das keine Extremlösungen akzeptiert und beispielsweise keine ungehinderte Entfaltung von Kapitalinteressen duldet, sondern die Notwendigkeit des sozialen Ausgleichs favorisiert.

Die ausgleichende Funktion der gerechten Sozialordnung wurde in vielen Entscheidungen ergänzend mit dem Gleichheitssatz des Art. 3 Abs. 1 GG begründet, so etwa in dem Beschluß über den 1973/74 erhobenen Stabilitätszuschlag,[29] der nur die Bezieher mittlerer und höherer Einkommen belastete. Solche Steuern unter Berücksichtigung sozialer Gesichtspunkte seien verfassungsrechtlich zulässig und geboten.[30]

Das Integrationskonzept des Gerichts hat aber kein verfassungsrechtliches Verbot des sozialen Rückschritts zur Folge. Im Jahre 1975 formulierte es beispielsweise:[31] «Eine Verfassungsgarantie des bestehenden Systems der Sozialversicherung ... ist dem Grundgesetz nicht zu entnehmen.» Andere Entscheidungen, auch aus jüngster Zeit,[32] bestätigen diese zweite Richtung der Rechtsprechung, die ausgehend vom ebenso höchstrangigen Demokratieprinzip des Art. 20 Abs. 1 GG dem Gesetzgeber bei der Verwirklichung einer gerechten Sozialordnung die Priorität der Entscheidung einräumt und dem gesetzgeberischen Ermessen über das «Wie» sozialer Gerechtigkeit einen weiten Spielraum läßt. Dieser ist freilich nicht mit völliger Beliebigkeit zu verwechseln, das Sozialstaatsprinzip bleibt eine verfassungsrechtlich bindende Schranke gesetzgeberischer Freiheit, was nicht zuletzt daraus klar wird, daß das Bundesverfassungsgericht schon zahlreiche Gesetzesbestimmungen wegen Verstoßes gegen Art. 20 Abs. 1/28 Abs. 1 GG, häufig in Verbindung mit Art. 3 Abs. 1 GG, für nichtig erklärt hat. Die Judikatur versucht insoweit zwei Rechtsprinzipien, das des Sozialstaats und das der Demokratie, in Gestalt der sozialen Demokratie zu verbinden. Der kompliziert erscheinende Vorgang der wechselseitigen Beschränkung verschiedener Rechtsprinzipien und des Ausgleichs sozialer Gegensätze, ohne das Sozialleistungssystem zu zementieren, läßt immerhin den Schluß zu, daß das Sozialstaatsprinzip keineswegs nur die individualistische Fürsorge im Sinne des Bundessozialhilfegesetzes garantiert. Eine begrenzte, auf Ausgleich zielende Umverteilung, die zudem noch volkswirtschaftlich sinnvoll und stabilisierend wirkt, ist Bestandteil des grundgesetzlichen Sozialstaatsgebots. Unterstützung erfährt diese Garantie durch die Grundrechte mit sozialem Bezug wie Art. 1

Abs. 1, 3 Abs. 1 und 2, 6 Abs. 4 und 5, 9 Abs. 3 und 14 Abs. 2 und durch die Sozialisierungsermächtigung nach Art. 15 GG.

Der gesetzliche Auftrag des SVR gemäß § 2 SVRG, der die nicht einmal als «sozial» bezeichnete «marktwirtschaftliche Ordnung» zum vorrangigen Kriterium der Gutachten des SVR festschreibt, ist mit den Erfordernissen des Sozialstaatsprinzips nicht zu vereinbaren und deshalb nichtig, weil die Zielkomponenten des § 2 SVRG nicht die verfassungsrechtlichen Garantien der gerechten Sozialordnung, wie sie besonders vom Bundesverfassungsgericht definiert worden sind, einbeziehen. Die Verfassungswidrigkeit wird um so evidenter, je mehr § 2 SVRG im Sinne des Monetarismus ausgelegt wird, der nach richtiger Ansicht von Maunz gegen das Grundgesetz, besonders gegen Art. 109 Abs. 2 bis 4 GG,[33] verstößt: «Das Grundgesetz steht jedoch auf der Seite des Fiskalismus, der für eine staatliche Konjunktursteuerung, insbesondere mit Hilfe der öffentlichen Haushalte, eintritt. Die von den Monetaristen geforderte Enthaltung von staatlicher Konjunkturpolitik wäre demgemäß nach der gegenwärtigen Rechtslage nicht verfassungsgemäß.»[34]

## Anmerkungen

1 Böckenförde, Die Organisationsgewalt im Bereich der Regierung, 1964, S. 257; außerdem Heinze, Schaeder u. a., Nachweise bei Stern/Münch/Hansmeyer, StabG-Kommentar, 2. Aufl. 1972, S. 385

2 Möller, A., StabG-Kommentar, 2. Aufl. 1969, § 31 Rdnr. 3

3 Schneider, H. K., in: Grundsatzprobleme wirtschaftspolitischer Beratung, Verein für Socialpolitik, N. F. Bd. 49, 1968, S. 7

4 Kaiser, Joseph H., Der Plan als ein Institut des Rechtsstaats und der Marktwirtschaft, in: Planung II, 1966, S. 16

5 Stern/Münch/Hansmeyer, a. a. O., S. 386

6 Siehe z. B. Heinze, Der Staat 1967, S. 436f, der die Verfassungsmäßigkeit des SVR staatsorganisationsrechtlich anzweifelt und behauptet, der SVR sei keinem verantwortlichen Verfassungsorgan des Grundgesetzes zugeordnet und deshalb verfassungswidrig. Auf diese Kritik kann hier nicht eingegangen werden.

7 Der Wirtschaftsausschuß des Bundestages (zu BT-Drucksache IV/1320, S. 3) hat jedoch am 12. Juni 1963 betont, daß die genannten Ziele des «Vierecks» gleichrangig seien.

8 BT-Drucksache IV/540 – Antrag der Fraktionen der CDU/CSU, FDP vom 26. Juni 1962; BT-Drucksache IV/1320 – Bericht des Wirtschaftsausschusses des BT vom 12. Juni 1963; Stenographische Berichte, BT, 4. Wahlperiode, Bd. 51, S. 1923ff und Bd. 53, S. 3946ff. Das Gesetz wurde insgesamt einstimmig beschlossen.

9 Zur Entstehungsgeschichte siehe Zuck, NJW 1967, S. 1301 ff

10 Der im 1. Entwurf der Regierung Erhard vom 2. 9. 1966 fehlende Zusatz: «im Rahmen der marktwirtschaftlichen Ordnung» wurde nach Bildung der großen Koalition auf Betreiben der SPD ins StabG aufgenommen, vgl. Schiller, K., Stenographische Berichte, BT, 5. Wahlperiode, S. 5134. Damit sollte die Kontinuität zur Wirtschaftspolitik der Vergangenheit gesichert werden.

11 Das gilt auf jeden Fall für die Urkonzeption bei Eucken, Grundsätze der Wirtschaftspolitik, 1959 und einige andere Autoren. Die soziale Komponente ist außerdem – wenn überhaupt – immer ein zusätzliches Moment gewesen. Sie war nie genuiner Bestandteil der Ordnungskonzeption an sich. Zudem wurde das «Soziale» durch das in § 2 SVRG fehlende Attribut «sozial» ausgedrückt.

12 Nipperdey, H. C., Soziale Marktwirtschaft und Grundgesetz, 3. Aufl. 1965

13 Herzog, in: Maunz-Dürig-Herzog-Scholz, GG-Kommentar, Art. 20 VIII, Rdnr. 60

14 Maunz, in: Maunz-Dürig-Herzog-Scholz, a. a. O., Art. 109 GG, Rdnr. 42

15 Das StabG verpflichtet nicht den Gesetzgeber, während Art. 109 Abs. 2 GG alle drei Staatsgewalten verpflichtet. So auch z. B. Battis/Gusy, Öffentliches Wirtschaftsrecht, 1983, S. 41

16 So richtig Maunz, in: Maunz-Dürig-Herzog-Scholz, a. a. O., Art. 109 GG, Rdnr. 36

17 BVerfGE 4,7 ff; siehe auch BVerfGE 21, 78; 36, 66 ff

18 BVerfGE 4, 17 f

19 BVerfGE 50, 290 ff

20 BVerfGE 50, 336

21 BVerfGE, ebenda

22 So z. B. Herzog, in: Maunz-Dürig-Herzog-Scholz, a. a. O., Art. 20 VIII, Rdnr. 24. Zu neueren Sozialstaatsabwertungen unter dem Eindruck der Krise, Kutscha, KJ 1983, S. 383 ff

23 Statt vieler Maunz, in: Maunz-Dürig-Herzog-Scholz, a. a. O., Art. 109 GG, Rdnr. 28

24 Maunz, ebenda

25 BVerfGE 22, 204

26 BVerfGE 5, 198

27 BVerfGE 5, 198

28 BVerfGE 45, 376/387

29 BVerfGE 36, 66 ff; siehe auch 42, 176 ff

30 BVerfGE 36, 72 unter Hinweis auf 29,402/412; 32, 333/339

31 BVerfGE 39, 314

32 BVerfGE 59, 231 ff/262, 263; 60, 1 ff/42,43

33 Die nicht vom Grundgesetz gesicherte Globalsteuerung ist nicht identisch mit der verfassungsrechtlichen Notwendigkeit staatlicher Konjunkturlenkung vermittelt etwa über die Haushaltswirtschaft (Art. 109 Abs. 2–4 GG).

34 Maunz, in: Maunz-Düring-Herzog-Scholz, a. a. O., Art. 109 GG, Rdnr. 24

# Anhang – Materialien

1. «Gesetz über die Bildung eines Sachverständigenrates zur Begutachtung der gesamtwirtschaftlichen Entwicklung»
2. Auszug aus dem «Gesetz zur Förderung der Stabilität und des Wachstums der Wirtschaft»
3. Mitglieder des Sachverständigenrates
4. Verzeichnis der Gutachten des Sachverständigenrates
5. Bücher zum Sachverständigenrat
6. Die Autoren

## Gesetz über die Bildung eines Sachverständigenrates zur Begutachtung der gesamtwirtschaftlichen Entwicklung

Vom 14. August 1963 (Bundesgesetzbl. I S. 685)

in der Fassung des Gesetzes zur Änderung des Gesetzes über die Bildung eines Sachverständigenrates zur Begutachtung der gesamtwirtschaftlichen Entwicklung, vom 8. November 1966 (Bundesgesetzbl. I S. 633) – § 6 Abs. 1 –, und des Gesetzes zur Förderung der Stabilität und des Wachstums der Wirtschaft, vom 8. Juni 1967 (Bundesgesetzbl. I S. 582) – § 6 Abs. 2

Der Bundestag hat das folgende Gesetz beschlossen:

§ 1

(1) Zur periodischen Begutachtung der gesamtwirtschaftlichen Entwicklung in der Bundesrepublik Deutschland und zur Erleichterung der Urteilsbildung bei allen wirtschaftspolitisch verantwortlichen Instanzen sowie in der Öffentlichkeit wird ein Rat von unabhängigen Sachverständigen gebildet.

(2) Der Sachverständigenrat besteht aus fünf Mitgliedern, die über besondere wirtschaftswissenschaftliche Kenntnisse und volkswirtschaftliche Erfahrungen verfügen müssen.

(3) Die Mitglieder des Sachverständigenrates dürfen weder der Regierung oder einer gesetzgebenden Körperschaft des Bundes oder eines Landes noch dem öffentlichen Dienst des Bundes, eines Landes oder einer sonstigen juristischen Person des öffentlichen Rechts, es sei denn als Hochschullehrer oder als Mitarbeiter eines wirtschafts- oder sozialwissenschaftlichen Institutes, angehören. Sie dürfen ferner nicht Repräsentant eines Wirtschaftsverbandes oder einer Organisation der Arbeitgeber oder Arbeitnehmer sein oder zu diesen in einem ständigen Dienst- oder Geschäftsbesorgungsverhältnis stehen. Sie dürfen auch nicht während des letzten Jahres vor der Berufung zum Mitglied des Sachverständigenrates eine derartige Stellung innegehabt haben.

§ 2

Der Sachverständigenrat soll in seinen Gutachten die jeweilige gesamtwirtschaftliche Lage und deren absehbare Entwicklung darstellen. Dabei soll er untersuchen, wie im Rahmen der marktwirtschaftlichen Ordnung gleichzeitig Stabilität des Preisniveaus, hoher Beschäftigungsstand und außenwirtschaftliches Gleichgewicht bei stetigem und angemessenem Wachstum gewährleistet werden können. In die Untersuchung sollen auch die Bildung und die Verteilung von Einkommen und Vermögen einbezogen werden. Insbesondere soll der Sachverständigenrat die Ursachen von aktuellen und möglichen Spannungen zwischen der gesamtwirtschaftlichen Nachfrage und dem gesamtwirtschaftlichen Angebot aufzeigen, welche die in Satz 2 genannten Ziele gefährden. Bei der Untersuchung sollen jeweils verschiedene Annahmen zugrunde gelegt und deren unterschiedliche Wirkungen dargestellt und beurteilt werden. Der Sachverständigenrat soll Fehlentwicklungen und Möglichkeiten zu deren Vermeidung oder deren Beseitigung aufzeigen, jedoch keine Empfehlungen für bestimmte wirtschafts- und sozialpolitische Maßnahmen aussprechen.

§ 3

(1) Der Sachverständigenrat ist nur an den durch dieses Gesetz begründeten Auftrag gebunden und in seiner Tätigkeit unabhängig.

(2) Vertritt eine Minderheit bei der Abfassung der Gutachten zu einzelnen Fragen eine abweichende Auffassung, so hat sie die Möglichkeit, diese in den Gutachten zum Ausdruck zu bringen.

§ 4

Der Sachverständigenrat kann vor Abfassung seiner Gutachten ihm geeignet erscheinenden Personen, insbesondere Vertretern von Organisationen des wirtschaftlichen und sozialen Lebens, Gelegenheit geben, zu wesentlichen sich aus seinem Auftrag ergebenden Fragen Stellung zu nehmen.

§ 5

(1) Der Sachverständigenrat kann, soweit er es zur Durchführung seines Auftrages für erforderlich hält, die fachlich zuständigen Bundesminister und den Präsidenten der Deutschen Bundesbank hören.

(2) Die fachlich zuständigen Bundesminister und der Präsident der Deutschen Bundesbank sind auf ihr Verlangen zu hören.

(3) Die Behörden des Bundes und der Länder leisten dem Sachverständigenrat Amtshilfe.

§ 6

(1) Der Sachverständigenrat erstattet jährlich ein Gutachten (Jahresgutachten) und leitet es der Bundesregierung bis zum 15. November zu. Das Jahresgutachten wird den gesetzgebenden Körperschaften von der Bundesregierung unverzüglich vorgelegt und zum gleichen Zeitpunkt vom Sachverständigenrat veröffentlicht. Spätestens acht Wochen nach der Vorlage nimmt die Bundesregierung gegenüber den gesetzgebenden Körperschaften zu dem Jahresgutachten Stellung. In der Stellungnahme sind insbesondere die wirtschaftspolitischen Schlußfolgerungen, die die Bundesregierung aus dem Gutachten zieht, darzulegen.

(2) Der Sachverständigenrat hat ein zusätzliches Gutachten zu erstatten, wenn auf einzelnen Gebieten Entwicklungen erkennbar werden, welche die in § 2 Satz 2 genannten Ziele gefährden. Die Bundesregierung kann den Sachverständigenrat mit der Erstattung weiterer Gutachten beauftragen. Der Sachverständigenrat leitet Gutachten nach Satz 1 und 2 der Bundesregierung zu und veröffentlicht sie; hinsichtlich des Zeitpunktes der Veröffentlichung führt er das Einvernehmen mit dem Bundesminister für Wirtschaft herbei.

§ 7

(1) Die Mitglieder des Sachverständigenrates werden auf Vorschlag der Bundesregierung durch den Bundespräsidenten berufen. Zum 1. März eines jeden Jahres – erstmals nach Ablauf des dritten Jahres nach Erstattung des ersten Gutachtens gemäß § 6 Abs. 1 Satz 1 – scheidet ein Mitglied aus. Die Reihenfolge des Ausscheidens wird in der ersten Sitzung des Sachverständigenrates durch das Los bestimmt.

(2) Der Bundespräsident beruft auf Vorschlag der Bundesregierung jeweils ein neues Mitglied für die Dauer von fünf Jahren. Wiederberufungen sind zulässig.

Die Bundesregierung hört die Mitglieder des Sachverständigenrates an, bevor sie ein neues Mitglied vorschlägt.

(3) Die Mitglieder sind berechtigt, ihr Amt durch Erklärung gegenüber dem Bundespräsidenten niederzulegen.

(4) Scheidet ein Mitglied vorzeitig aus, so wird ein neues Mitglied für die Dauer der Amtszeit des ausgeschiedenen Mitglieds berufen; Absatz 2 gilt entsprechend.

§ 8

(1) Die Beschlüsse des Sachverständigenrates bedürfen der Zustimmung von mindestens drei Mitgliedern.

(2) Der Sachverständigenrat wählt aus seiner Mitte einen Vorsitzenden für die Dauer von drei Jahren.

(3) Der Sachverständigenrat gibt sich eine Geschäftsordnung.

§ 9

Das Statistische Bundesamt nimmt die Aufgaben einer Geschäftsstelle des Sachverständigenrates wahr. Die Tätigkeit der Geschäftsstelle besteht in der Vermittlung und Zusammenstellung von Quellenmaterial, der technischen Vorbereitung der Sitzungen des Sachverständigenrates, dem Druck und der Veröffentlichung der Gutachten sowie der Erledigung der sonst anfallenden Verwaltungsaufgaben.

§ 10

Die Mitglieder des Sachverständigenrates und die Angehörigen der Geschäftsstelle sind zur Verschwiegenheit über die Beratungen und die vom Sachverständigenrat als vertraulich bezeichneten Beratungsunterlagen verpflichtet. Die Pflicht zur Verschwiegenheit bezieht sich auch auf Informationen, die dem Sachverständigenrat gegeben und als vertraulich bezeichnet werden.

§ 11

(1) Die Mitglieder des Sachverständigenrates erhalten eine pauschale Entschädigung sowie Ersatz ihrer Reisekosten. Diese werden vom Bundesminister für Wirtschaft im Einvernehmen mit dem Bundesminister des Innern festgesetzt.

(2) Die Kosten des Sachverständigenrates trägt der Bund.

§ 12

Dieses Gesetz gilt nach Maßgabe des § 13 Abs. 1 des Dritten Überleitungsgesetzes vom 4. Januar 1952 (Bundesgesetzbl. I S. 1) auch im Land Berlin.

§ 13

Dieses Gesetz tritt am Tage nach seiner Verkündung in Kraft.

**Auszug aus Bundesgesetzblatt, Jahrgang 1967, Teil I S. 582**

## Gesetz zur Förderung der Stabilität und des Wachstums der Wirtschaft

Vom 8. Juni 1967

§ 2

(1) Die Bundesregierung legt im Januar eines jeden Jahres dem Bundestag und dem Bundesrat einen Jahreswirtschaftsbericht vor. Der Jahreswirtschaftsbericht enthält:

1. die Stellungnahme zu dem Jahresgutachten des Sachverständigenrates auf Grund des § 6 Abs. 1 Satz 3 des Gesetzes über die Bildung eines Sachverständigenrates zur Begutachtung der gesamtwirtschaftlichen Entwicklung vom 14. August 1963 (Bundesgesetzbl. I S. 685) in der Fassung des Gesetzes vom 8. November 1966 (Bundesgesetzbl. I S. 633);
2. eine Darlegung der für das laufende Jahr von der Bundesregierung angestrebten wirtschafts- und finanzpolitischen Ziele (Jahresprojektion); die Jahresprojektion bedient sich der Mittel und der Form der volkswirtschaftlichen Gesamtrechnung, gegebenenfalls mit Alternativrechnungen;
3. eine Darlegung der für das laufende Jahr geplanten Wirtschafts- und Finanzpolitik.

(2) ...

§ 3

(1) Im Falle der Gefährdung eines der Ziele des § 1 stellt die Bundesregierung Orientierungsdaten für ein gleichzeitiges aufeinander abgestimmtes Verhalten (konzertierte Aktion) der Gebietskörperschaften, Gewerkschaften und Unternehmensverbände zur Erreichung der Ziele des § 1 zur Verfügung. Diese Orientierungsdaten enthalten insbesondere eine Darstellung der gesamtwirtschaftlichen Zusammenhänge im Hinblick auf die gegebene Situation.

(2) Der Bundesminister für Wirtschaft hat die Orientierungsdaten auf Verlangen eines der Beteiligten zu erläutern.

§ 4

...

# Mitglieder des Sachverständigenrates

## ehemalige Mitglieder

Staatssekretär a. D. Dr. Paul Binder, Wirtschaftsprüfer in Stuttgart 13.2.1964–28.2.1968

Prof. Dr. Herbert Giersch (Institut für Weltwirtschaft, Universität Kiel) 13.2.1964–1.3.1970

Staatsminister a. D. Dr. Harald Koch 13.2.1964–27.5.1969

Prof. Dr. Fritz Meyer, Universität Bonn 13.2.1964–28.2.1966

Prof. Dr. Wolfgang Stützel, Universität Saarbrücken (wegen Meinungsverschiedenheiten über die Aufwertungsdebatte ausgeschieden) 24.2.1966–19.9.1968

Dr. Manfred Schäfer, persönlich haftender Gesellschafter bei der Gebr. Röchling Bank in Saarbrücken (ausgeschieden wegen Übernahme des Ministeriums für Wirtschaft, Verkehr und Landwirtschaft im Saarland) 15.3.1968–13.7.1970

Prof. Dr. Wilhelm Bauer (ehemals Leiter des RWI, Essen; ausgeschieden wegen Tod) 13.2.1964–28.2.1970

Vorsitzender des SVR 1.3.1964–28.2.1970

Prof. Dr. Norbert Kloten, Universität Tübingen (nach Ausscheiden aus dem SVR Präsident der Landeszentralbank Baden-Württemberg) 1.6.1969–23.4.1976

Vorsitzender des SVR 1.3.1970–29.2.1976

Prof. Dr. Armin Gutowski (nach Ausscheiden Präsident des HWWA, Hamburg) 3.12.1970–28.2.1978

Prof. Dr. Gerhard Fels, Institut für Weltwirtschaft Kiel (nach Ausscheiden Leiter des Instituts der Deutschen Wirtschaft) 23.6.1976–28.2.1982

Prof. Dr. Claus Köhler, Universität Hannover (nach Ausscheiden ins Direktorium der Deutschen Bundesbank; Minderheitsvoten vor allem zum monetaristischen Kurs) 1.12.1969–28.2.1974

Prof. Dr. Gerhard Scherhorn, HWP Hamburg und Universität Stuttgart-Hohenheim (Abgabe von längeren Minderheitsvoten) 29.5.1974–28.2.1979

Prof. Dr. Horst Albach, Universität Bonn 2.5.1978–1983

Prof. Dr. Werner Glastetter, Universität Bielefeld (Vorzeitiges Ausscheiden wegen Differenzen mit der Mehrheitsfraktion) 1.8.1979–Mitte August 1981

**derzeitige Mitglieder**

Prof. Dr. Olaf Sievert, Universität Saarbrücken (ehemals Generalsekretär des SVR) 1.5.1970

Vorsitzender des SVR 1.3.1976

Prof. Dr. Kurt Schmidt, Universität Mainz 15.8.1974

Prof. Dr. Hans-Jürgen Krupp (Präsident des DIW, Berlin; Minderheitsvoten gegen die lohn- und finanzpolitische Auffassung der Mehrheitsgruppe) 1.3.1982

Prof. Dr. H. K. Schneider, Universität Köln (Leiter eines energiewirtschaftlichen Instituts) 10.7.1982

Prof. Dr. K. Helmstädter, Universität Münster Anfang 1983

## Verzeichnis der Gutachten des Sachverständigenrates

Als Veröffentlichungen des Sachverständigenrates sind bisher erschienen:

Jahresgutachten 1964/65: «Stabiles Geld – Stetiges Wachstum» (am 11. Januar 1965)

Jahresgutachten 1965/66: «Stabilisierung ohne Stagnation» (am 13. Dezember 1965)

Jahresgutachten 1966/67: «Expansion und Stabilität» (am 30. November 1966)

Jahresgutachten 1967/68: «Stabilität im Wachstum» (am 6. Dezember 1967): darin enthalten: Sondergutachten vom März 1967: «Zur Konjunkturlage im Frühjahr 1967»

Jahresgutachten 1968/69: «Alternativen außenwirtschaftlicher Anpassung» (am 4. Dezember 1968)

Jahresgutachten 1969/70: «Im Sog des Booms» (am 3. Dezember 1969); darin enthalten: Sondergutachten vom 30. Juni 1969 und 3. Juli 1968: «Binnenwirtschaftliche Stabilität und außenwirtschaftliches Gleichgewicht»; Sondergutachten vom 25. September 1969: «Zur lohn- und preispolitischen Situation Ende September 1969»; Sondergutachten vom 4. Oktober 1969: «Zur währungspolitischen Situation Anfang Oktober 1969»

Jahresgutachten 1970/71: «Konjunktur im Umbruch – Risiken und Chancen –» (am 3. Dezember 1970); darin enthalten: Sondergutachten vom 9. Mai 1970: «Zur Konjunkturlage im Frühjahr 1970»

Jahresgutachten 1971/72: «Währung, Geldwert, Wettbewerb – Entscheidungen für morgen –» (am 22. November 1971); darin enthalten: Sondergutachten vom 24. Mai 1971: «Zur konjunktur- und währungspolitischen Lage im Mai 1971»

Jahresgutachten 1972/73: «Gleicher Rang für den Geldwert» (am 6. Dezember 1972); darin enthalten: Sondergutachten vom 3. Juli 1972: «Zur währungspolitischen Lage im Juli 1972»

Jahresgutachten 1973/74: «Mut zur Stabilisierung» (am 22. November 1973); darin enthalten: Sondergutachten vom 4. Mai 1973: «Zur konjunkturpolitischen Lage im Mai 1973»

Jahresgutachten 1974/75: «Vollbeschäftigung für morgen» (am 22. November 1974); darin enthalten: Sondergutachten vom 17. Dezember 1973: «Zu den gesamtwirtschaftlichen Auswirkungen der Ölkrise»

Jahresgutachten 1975/76: «Vor dem Aufschwung» (am 24. November 1975); darin enthalten: Sondergutachten vom 17. August 1975: «Zur konjunkturpolitischen Lage im August 1975»

Jahresgutachten 1976/77: «Zeit zum Investieren» (am 24. November 1976)

Jahresgutachten 1977/78: «Mehr Wachstum – Mehr Beschäftigung» (am 22. November 1977)

Jahresgutachten 1978/79: «Wachstum und Währung» (am 23. November 1978); darin enthalten: Sondergutachten vom 19. Juni 1978: «Zur wirtschaftlichen Lage im Juni 1978»

Jahresgutachten 1979/80: «Herausforderung von außen» (am 22. November 1979)

Jahresgutachten 1980/81: «Unter Anpassungszwang» (am 25. November 1980)

Jahresgutachten 1981/82: «Investieren für mehr Beschäftigung» (am 20. November 1981); darin enthalten: Sondergutachten vom 4. Juli 1981: «Vor Kurskorrekturen – Zur finanzpolitischen und währungspolitischen Situation im Sommer 1981»

Jahresgutachten 1982/83: «Gegen Pessimismus» (am 23. November 1982); darin enthalten: Sondergutachten vom 9. Oktober 1982: «Zur wirtschaftlichen Lage im Oktober 1982»

Alle Veröffentlichungen sind jeweils als Bundestagsdrucksache sowie im W. Kohlhammer Verlag, Stuttgart – Mainz, erschienen.

## Bücher zum SVR (kleine Auswahl)

R. Molitor (Hg.), Zehn Jahre Sachverständigenrat, Frankfurt a. M. 1973

W. Meissner, Die Lehre der Fünf Weisen – Eine kritische Auseinandersetzung mit den Jahresgutachten des Sachverständigenrates zur Begutachtung der gesamtwirtschaftlichen Entwicklung, Köln 1980

K. Wegner, Im Blickpunkt: Sachverständigenrat und Konjunktur- und Wachstumspolitik der Bundesregierung seit 1964; in: Aachener ökonomische Studien, Band 6, Frankfurt a. M. 1981

Ch. C. Roberts, Konjunkturprognosen und Wirtschaftspolitik, Köln 1978

Arbeitsgruppe Alternative Wirtschaftspolitik, Memorandum 1978 – Alternativen der Wirtschaftspolitik, 2. Aufl. Köln 1978

H.-P. Spahn, Die Stabilitätspolitik des Sachverständigenrates; in der Reihe Campus-Forschung Nr. 60, Frankfurt a. M./New York 1980

## Die Autoren

ARNIM BECHMANN, geb. 1943, Professor und Geschäftsführender Direktor des Instituts für Landschaftsökonomie der Technischen Universität Berlin

HELMUT D. FANGMANN, geb. 1943, Professor im Fachgebiet Rechtswissenschaft der Hochschule für Wirtschaft und Politik (HWP), Hamburg

WILHELM HANKEL, geb. 1929, Ministerialdirektor a. D.; ehem. Präsident der Hessischen Landesbank; Sen. Visiting Professor an der Johns Hopkins University, Bologna

DETLEF HENSCHE, geb. 1938, Mitglied im Geschäftsführenden Hauptvorstand der IG Druck und Papier, Stuttgart

RUDOLF HICKEL, geb. 1942, Professor für Politische Ökonomie an der Universität Bremen

JÜRGEN HOFFMANN, geb. 1944, Professor für Politische Soziologie an der HWP, Hamburg

DIETER KAMPE, geb. 1952, freier Journalist, Berlin

HARALD MATTFELDT, geb. 1943, Professor für Volkswirtschaftslehre an der HWP, Hamburg

GERNOT MÜLLER, geb. 1943, Wissenschaftlicher Referent für Konjunkturforschung am WSI des DGB, Düsseldorf

WOLFGANG ROTH, geb. 1941, Bundestagsabgeordneter, Mitglied des Parteivorstands der SPD; Vorsitzender des Arbeitskreises Wirtschaft in der Bundestagsfraktion der SPD

ROLF-DIETRICH SCHWARTZ, geb. 1940, Bonner Wirtschaftskorrespondent der *Frankfurter Rundschau*

KARL GEORG ZINN, geb. 1939, Professor für Volkswirtschaftslehre an der TH-Aachen

2040/2

2009/5a